図説 世界史を変えた50の鉄道

Fifty Railways that changed the course of History

ビル・ローズ
Bill Laws

山本史郎 訳
Shiro Yamamoto

◆著者略歴
ビル・ローズ（Bill Laws）
家、庭園、景観を専門とするライターで、編集者、ジャーナリストとしても活躍。『鋤とムカゴニンジンとパースニップ──野菜の奇妙な歴史』『図説世界史を変えた50の植物』などの著書がある。ガーディアン紙やテレグラフ紙のほかBBCの出版物、エンバイラメント・ナウ、ピリオド・ハウスといった雑誌にも寄稿している。イギリスのヘリフォードシャーに本拠を置いて活動。

◆訳者略歴
山本史郎（やまもと・しろう）
1954年生まれ。東京大学教養学部教養学科卒。東京大学大学院教授。翻訳家。おもな著書に『名作英文学を読み直す』（講談社）『東大の教室で「赤毛のアン」を読む』（東京大学出版会）など、訳書に『ネルソン提督伝』『トールキン 仔犬のローヴァーの冒険』『新版ホビット──ゆきてかえりし物語』『完全版赤毛のアン』『アーサー王と円卓の騎士』『アーサー王と聖杯の物語』『アーサー王最後の戦い』（以上、原書房）などがある。

FIFTY RAILWAYS THAT CHANGED THE COURSE OF HISTORY
by Bill Laws
Copyright © Quid Publishing, 2013
Japanese translation rights arranged with Quid Publishing Ltd., London
through Tuttle-Mori Agency, Inc., Tokyo

図説
世界史を変えた
50の鉄道

●

2014年2月15日　第1刷

著者………ビル・ローズ
訳者………山本史郎
装幀………川島進（スタジオ・ギブ）
本文組版………株式会社ディグ

発行者………成瀬雅人
発行所………株式会社原書房
〒160-0022　東京都新宿区新宿1-25-13
電話・代表 03(3354)0685
http://www.harashobo.co.jp
振替・00150-6-151594
ISBN978-4-562-04950-9

©2014, Printed in China

図説 世界史を変えた50の鉄道

Fifty Railways that changed the course of History

ビル・ローズ
Bill Laws

山本史郎 訳
Shiro Yamamoto

原書房

目次

はじめに　6

マーサーティドフィル鉄道　8

スウォンジー＝マンブルズ鉄道　14

ストックトン＝ダーリントン鉄道　18

リヴァプール＝マンチェスター鉄道　22

ボルティモア＝オハイオ鉄道　28

サウスカロライナ運河・鉄道会社　32

ダブリン＝キングズタウン鉄道　36

ブリュッセル＝メヘレン鉄道　40

ニュルンベルク＝フュルト鉄道　42

パリ＝ルペック鉄道　46

グランドジャンクション、ロンドン＝バーミンガム鉄道　48

ツァールスコエセロー鉄道　52

カマグエイ＝ヌエビタス鉄道　54

ヨーク＝ノースミッドランド鉄道　56

グレートウェスタン鉄道　60

レスター＝ラフバラ鉄道　66

シェフィールド、アシュトンアンダーリン、およびマンチェスター鉄道　72

パリ＝ル・アーヴル鉄道　76

ジョージタウン＝プレザンス鉄道　82

グレートインド半島鉄道　84

ゼメリング鉄道　90

パナマ鉄道　92

グランドクリミア中央鉄道　94

シカゴ＝セントルイス鉄道　100

ハニバル＝セントジョーゼフ鉄道　106

メトロポリタン鉄道	112
セントラルパシフィック鉄道	118
ポートチャーマーズ鉄道	126
カナディアンパシフィック鉄道	128
エルサレム＝ヤッファ鉄道	136
ハイランド鉄道	138
ヴァルテッリーナ鉄道	144
ケープ＝カイロ鉄道	148
京張鉄道	154
グランドセントラル駅	158
シベリア鉄道	164
連合軍の鉄道補給線	168
カルグーリー＝ポートオーガスタ鉄道	174
シドニーシティ鉄道	176

ベルリン＝ハンブルク鉄道	182
プラハ＝リヴァプールストリート駅（ロンドン）	186
サザン鉄道	190
アウシュヴィッツ分岐線	194
ビルマ＝シャム鉄道	196
オランダ鉄道	198
東海道新幹線	202
ベイエリア高速輸送網	204
タリスリン鉄道	210
パリ＝リヨン鉄道	212
イギリス海峡トンネル鉄道	216

参考文献	218
索引	220
図版出典	224

はじめに

目を閉じると、この飛ぶような感覚はとても楽しく、なんともいいようのなくめずらしいものでした。けれども、めずらしくはありましたが、わたしは安心しきっており、なんのおそれも感じていませんでした。
女優にして作家のファニー・ケンブル——1938年のリヴァプール＝マンチェスター間の鉄道開通に際して。

　生まれてから鉄道とまったく無縁に生きてきたような人間は世界中のどこを捜してもいないだろう。19世紀の初期に産声をあげて以来、鉄道はそのたくましい鋼鉄の筋肉で歴史の中に道をきざんできた。そして思いもかけぬ方向に枝道をこしらえてもきた。

鉄道が風景と旅行をかえる

　鉄道が触れると町は近代化し、鉄道にとり残されると町は衰退した。へんぴきわまりない田舎でも、鉄道によって貨物が運ばれてくると、昔からの生活の形が一変してしまう。そして都市の風景には、汽車によって独特の騒音がもたらされた。駅の発車のベル、蒸気の噴出音、絶叫するホイッスル、操車場で客車を連結する音、車輪の検査員が鋼鉄のひび割れをチェックするハンマーの音…。

　イギリスのヴィクトリア女王は、このような進歩にすっかりご満悦であった。はじめて鉄道で旅したのは1842年のこと、グレートウェスタン鉄道に乗ってバッキンガム宮殿までの29キロメートルを旅したのだが、女王はその時のことをこう記している「きのうの朝着いた。ウィンザーから鉄道に乗って30分の旅。ほこりもなく、群衆もなく、暑くもなく、もう魅了されてしまった」。ウェリントン公爵はこれとは正反対の意見をもっていたが、それはこの女王のもとに暮らす数多くの民草の気持ちを代弁するものでもあった。公爵は、1830年に「この機械どもがずうずうしくのさばって、一般に用いられるようになるだろうとはとうてい思えない」と述べている。鉄道が伸展し、増殖していくいっぽうで、乗り遅れたのではないかしら、プラットフォームにまちがいはないかしら、荷物はだいじょうぶだろうかなどと、旅客たちの心配はあいも変わらぬものだった。

　鉄道が風景を一変させてしまったことはまちがいない。R・リチャードソンは、「古い旅行のしかたにはもっと風情があった。無粋な客車をひっぱりながら煙をぷかぷかとはいて走る蒸気機関車よりも、駅馬車のほうがはるかに風景になじんでいた」と、1875年のカッセル社「ファミリーマガジン」

蒸気の力
蒸気機関は炭鉱の作業のために開発されたが、機関車のエンジンに用いられて歴史を変えることになった。

6　世界史を変えた50の鉄道

都会の旅
鉄道がインフラを作り、世界中の風景が一変した。商品がより遠くまでとどき、移動の頻度が減るとともに、都会の人口が急増した。

誌に書いた。いかにも無念そうな口ぶりだが、そのいっぽうで「風情は失ったが、まちがいなく便利にはなった」ことを認めてもいるのだ。

世界中にのびゆく線路

　20世紀に入ると、高速列車、豪華客車、船へと乗り継ぐロマンティックな鉄道便などが登場し、鉄道は最新のテクノロジーに裏打ちされて、わが世の春を謳歌した。基本的ないくつかの要素——列車、線路、車両——は共通してはいるものの、それぞれのお国ぶりの反映は最初から明らかであった。2度の世界大戦を背景に鉄道は全盛期をむかえ、国々の事情にあわせた構造を用いながら、世界中に線路網がはりめぐらされていった。
　ところが20世紀の半ばともなると、鉄道は青息吐息となった。公害を出す、効率がわるい、乗り心地がわるい、独占企業が経営する、運賃が高いなどいわれ、鉄道人気は地に落ちた。鉄道の命運がつきるのを待っていたかのように——そして、まるで死者をむち打つかのように——道路建設のラッシュとなった。こうして道路網が発達したために天然資源がいやが上にも浪費され、そのつけを皆が払わされ、環境汚染の張本人たちは知らぬ顔というありさまであった。ところが、そこに救世主があらわれた。1964年、まるで未来の夢の中から抜けて出てきたかのように、流線型の列車が東京駅にすべりこんできたのだ。それから10年もたたないうちに、高速鉄道と快速の運輸システムがふたたび、先を争うようにして歴史を変えようとしていた。そして、それとともに、旧来の線路や鉄道が、古く楽しい思い出として輝きを増すこととなった。鉄道技師ジョージ・スティーヴンソンの伝記を書いたサミュエル・スマイルズが、1868年にこう書いている。「鉄道についてはさまざまな欠陥や不備をあげつらう者がいるが…鉄道は世界が手に入れたものとしては…とびぬけて価値ある交通手段と認めなければならないとわれわれは思っている」と。

未来への特急
20世紀後半、高速鉄道の誕生は鉄道の新時代の幕開けを告げるものとなった。

はじめに　7

1804年 マーサーティドフィル鉄道

国：ウェールズ
タイプ：貨物輸送
全長：16キロメートル

どろにきざまれた轍が鉄のレールへと進化するのに500年の年月を要したが、産業化時代の夜が明けると、熱く燃えはじめた炎から蒸気機関車が産み落とされるまでにはほんの数年しかかからなかった。馬がてくてく引いていた荷車から石炭で動く機械へと進歩していく道程の先頭をきって走っていったもの、それがマーサーティドフィル鉄道である。

蒸気の時代へと道を切り開いた人々

◆社　会
◆商　業
◆政　治
◆技　術
◆軍　事

蒸気機関車のエンジニアだったリチャード・トレヴィシックの銅像が、生まれ故郷であるコーンウォールのキャンボーンの町にほこらしげに立っている。トレヴィシックは高圧蒸気の機関車を発明した人物で、ペニダレンの製鉄所で行なった実験は鉄道の歴史に大きな一歩を記すことになり、それによってウェールズの小さな町が地図の上に黒々と記されることとなった。だが、その他の先駆者たちの名も忘れてはならない。蒸気シリンダーの性能を向上させたジェイムズ・ワットは、同じく発明の才にたけていた同僚たち、すなわちバーミンガムのマシュー・ボールトン、ウィリアム・マードックとともに名が残っている（48ページ参照）。フランスのヴォアヴァコンにはオベリスクが建っていて、ニコラ゠ジョゼフ・キュニョが記念されている。「大砲を牽引することのできる蒸気の車をはじめて作った」人物だ。シカゴのグレースランド墓地には、ジョージ・プルマン（100ページ参照）の埋葬された場所に記念碑が建っている。そんな目印を作ると、プルマンの遺体が工場で働いていた不満分子たちに盗まれるのではないかと、家族は難色を示したが、けっきょくは建てられてしまったのだった。

くわえて、鉄道に貢献した無名の労働者たちのことも思い出しておこう。車輪のついた木製の荷車、そして木製のレールを並行に固定し、延々と伸ばしていくという工夫を

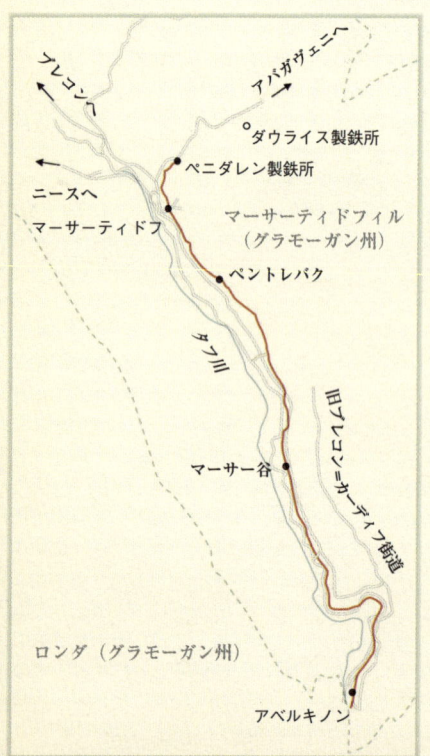

ウェールズの蒸気
リチャード・トレヴィシックと、進取の気性にとむ炭鉱経営者クリストファー・ブラケットのおかげで、蒸気の時代はウェールズで始まった。

8　世界史を変えた50の鉄道

思いついた人、「そうか、小さな荷車を、それ用のレールの上で走らせればいいだけの話じゃないか!」と思いついた人が、いつか、どこかにいたのだ。そんなひらめきの瞬間は——鉄道にまつわる数多くの発明がそうだったが——複数の場所で同時におとずれたのではなかろうか。

レールに荷車を走らせた先駆者たち

　轍をレールに変えて（37ページ参照）、その上に荷をのせた車を走らせようという発想は、重い荷を背負わなければならない坑夫や石切り工のあいだから生まれた。そのような荷車が、1350年、フライブルク・イム・ブライスガウの教会の窓に、ドイツ人の絵描きによって描かれている。その2世紀後、ドイツ人のゲオルク・バウアー（1494-1555）による『デ・レ・メタリカ』[鉱山学]の第12巻に、鉱石を運ぶ荷車のイラストが描かれている。

　バウアーは「鉱物学の父」といわれるが、敬虔なカトリック教徒でもあった。ゲオルギウス・アグリコラの名で執筆したその著作では、化石とは鉱物であり、大地の熱によって発酵し、動物のような形になった神秘的な物質であると述べられている。同じように、アグリコラのイラストに描かれた荷車の車輪にも不備がある。荷車は木製の細長い板の上を走っているが、車輪にフランジがないので、あれではしじゅう脱線することだろう。フランジのついた木製の車輪で走る荷車が登場したのは、ドイツのルール地方の炭鉱でのことであった。

　イギリスで炭鉱のためにレールが用いられた記録としては1604年のものが残っており、これがもっとも早い例の1つだ。そこに記されているのは、ノッティンガムシャー州のストレリーからウォラトンにいたる3.2キロメートルである。ハンティンドン・ボーモントという小粋な名前の人物が「いまやレールの敷かれた路線」を経営し——最後はノッティンガムの債務者監獄で亡くなることになるのだが——イングランド北東部の数か所の鉱山へと路線を拡張していた。こうしたイングランド北部の鉱物資源の豊富な地方——ノーサンバーランド、ダーラム州、タイン＝アンド＝ウィア州、ティーズサイド、今日のヨークシャー州北部など——は、鉄道のための絶好のためし場となった。ダーラム州の「タンフィールド軌道」もその1つだ。石炭を丘陵地帯の鉱山からタイン川の船にまで輸送するために作られたルートである。その後、丘陵地帯の石炭が枯渇したために用ずみとなった（177ページ参照）。

　貨物輸送には水が必要であり、石炭輸送とてその例外ではない。コンスタンティノープル、ヴェネツィア、サンクトペテルブルク、ロンドン、リヴァプール、ニューヨーク、オークランドなど、水深のある良港に恵まれた都市が富を

鉄道を敷く
ドイツの学者ゲオルク・バウアーは16世紀の鉱山学の本の挿絵に、初期の鉄道を詳しく描いている。

マーサーティドフィル鉄道　9

たくわえた例は歴史の上で枚挙にいとまがない。19世紀の初めまでは、貨物を港まで運ぶには、航行可能な河川や運河、もしくはこの両者を組みあわせるのがもっとも賢い方法だった。ところが、イングランド北東部で炭鉱が次々と作られていくにつれて、深い谷やそそりたった岩山が運河造りを邪魔するようになってきた。そこで切り札となったのが鉄道だ。まもなく炭鉱地帯には、一面に線路網が張りめぐらされるようになった。

イギリスでは、それ以外の地方でも石炭を運ぶのにレールが用いられた。アイアンブリッジ峡谷では、コールブルックデール［世界で初の鉄橋がかけられた場所］のエイブラハム・ダービーが、地元で調達された鉱石を用いて、より質のよい鉄を、より安く生産する工程を考え出した。その近くのケトリーでは、木製のレールの上にかぶせて強化するための鋳鉄の板が生産された。これは大発明ともてはやされ、イギリスとアメリカで採用されたが、まもなく破損事故が頻発するようになった。そこで、機をうかがっていたかのように鎌首をもたげたのが、全鉄製のレールだった。というわけで、鋳鉄カバーのついた木製レールに代わって、0.9-1.2メートルの長さの型で製造された鉄製のレールが、ウェールズ南部の炭鉱のある渓谷、マーサーティドフィルやブレナヴォンで用いられはじめた。さて、こうして頑丈な金属製レールが誕生したからには、石炭と鉄の需要が高まりをみせるなか、産業界が次に求めたのは何だったのだろうか？　それは、いうまでもなく、強い馬の牽引力にまさる強力な動力だった。

馬と蒸気機関の対決

リチャード・トレヴィシックはイングランド西部の炭鉱が、世界で有数の富める炭鉱だった時代に生まれ育った。コーンウォールのキャンボーンという小村は、錫と銅の価格が高騰したため、鉱山町として急成長したばかりだった。坑道を地下深くに掘り進めるにつれて、坑道からの排水が焦眉の急となった。その際、水をくみ出すのにボールトンとワットの蒸気機関が用いられることが多かった（コラム参照）。トレヴィシックはボールトンとワットに特許料を支払わずにすむよう、自作の鉱山用ポンプの開発に力をそそいだ。(後々、トレヴィシックと、ボールトン、ワットとのあいだにはたえず競争心がはたらいていた。たとえば、トレヴィシックの蒸気機関がロンドンのグリニッジで爆発して3人の犠牲者を出したとき、ボールトンとワットは即座にその拙劣な技術を非難した。)

30歳のトレヴィシックがなによりもなしとげたかったのは、蒸気の生み出す力をねじふせて、動かない機械でなく、機関車の動力として役立たせたいということだった。機関車、すなわち「ロコモティヴ（locomotive）」という語

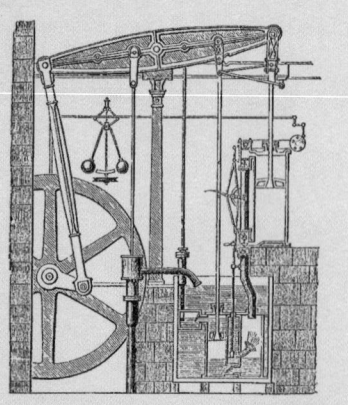

ボールトンとワット
◆
18世紀なかば、スコットランド人エンジニア、ジェイムズ・ワットと、ビジネスパートナーであるマシュー・ボールトンは、急な斜面で荷車を引き上げることのできる蒸気のエンジンを商品化した。蒸気の機械自体はそれ以前に特許をとってあった。デヴォン州のバプティスト派の牧師トマス・ニューコメンが鉱山で揚水に用いる蒸気エンジンを発明した。同じくデヴォン州の発明家トマス・セイヴァリーは、産声をあげた蒸気機関に、技術的側面で重要な改良をくわえた。これに対して、ワットとボールトンは、すえ置きの蒸気エンジンに回転式のドラムをつけることで、穴を掘ったり、地面をならしたり、土地を耕したり、レールの上で荷車を引いたりすることができることを示した。彼らの雇用主であるウィリアム・マードックは、路上を走る蒸気自動車の実用モデルの設計までした。もしも実際に作られていたら、世界初の自動車となったことだろう。

行動の人
コーンウォールの鉱山エンジニア、リチャード・トレヴィシック。彼の蒸気機関は動力としての馬を歴史の本の中に追いやって、「機関車」という概念を生み出した。

は、ラテン語の「場所」を表す「ロクス（locus）」と、「動く」という意味の「モウェオ（moveo）」の組みあわさったものだ。そもそも「移動のために機械を用いる」という考え自体が新しかったが、「ロコモティヴ」という語は、その考えと同時に誕生したばかりの、新鮮な響きのある言葉だった。トレヴィシックが新発明の蒸気自動車〈パフィング・デヴィル〉［プカプカ悪魔］をテストしているとき、ちょっとした爆発がおきたが、これは馬の力がいつの日か不要になることを予言する、最初の一声だったのかもしれない。

〈パフィング・デヴィル〉がはじめてキャンボーンヒルをよじ登っていったのは1801年のクリスマスイヴのことだった。トレヴィシックは〈デヴィル〉の試運転の成功に祝杯をとばかりに、さっさと近くのパブへくりだしてしまい、ボイラーの下の火を始末することを忘れてしまった。蒸気の圧力が高まり、ボイラーは爆発した。ちょうどこのころ、イギリス政府はレールに興味をしめし、公共鉄道を認可した。それはサリー・アイアン鉄道で、テムズ川畔のウォンズワースとクロイドンをつなぐものだった。レールの敷設がはじまった、いずれ馬の力ではなく蒸気の動力が必要とされる日がやってくるだろうとトレヴィシックは確信し、駅馬車に飛び乗って、製鉄地帯の中心地コールブルックデールへと乗りこんでいった。次のモデルを製作するためだった。

こうしたトレヴィシックの試みの噂は、ウェールズ南部のビジネスマンで、マーサーティドフィルに住むサミュエル・ホムフレイの耳にとどいた。ホムフレイはただ一介の製鉄業の資本家というにはとどまらず、ばくちうちでもあった。マーサーの豪邸を建てるための資金を賭博で手に入れたというほどの人物であったが、こんどは自分の見こんだ男トレヴィシックをなんとか説得して、ペニダレンからマーサーのアベルシノンまでの線路の上を、10トンの鉄を牽引させることができるということに、500ギニーの大金を賭けようというのだった。1頭の馬と御者の場合だと、石炭をのせた3トンの貨車を時速6キロでひっぱるのが関の山だったから、ホムフレイのこの賭けは大評判となった。距離がほとんど16キロあったというのも興味を引く点だった。

1804年、トレヴィシックの最新の——その名もペニダレン号という——機関車が、5台の貨車に10トンの鉄ばかりか人間を70人ものせて引いた。この

> キャンボーンの丘を上っては下る馬は動かず、車輪は空まわり。キャンボーンの丘を上っては下る。
>
> （作者不詳）

マーサーティドフィル鉄道　11

試みはイギリスの内外で大きな興味と興奮をかきたてた。ペニダレン号は草分け的な存在だったが、その実験には、初期の鉄道エンジニアが悩まされた1つの問題がすでに出ていた。すなわち、レールにたびたび断裂が生じるのである。

トレヴィシックは4年後の1808年に行なった次の実験でも、同じ種類のレールを使わざるをえなかった。その実験とは「蒸気サーカス」と称して、円形の線路の上に新たに製作した蒸気機関車を走らせ、客から料金を取ってのせるというものであった。この機関車の名は〈キャッチ・ミー・フー・キャン号〉[「捕まえられるものなら捕まえてごらん」の意]だった。この汽車は後にロンドンのユーストン駅となる地点からほど遠からぬ野原にしつらえた場所で、時速13キロという目のまわるスピードで走った。ここでトレヴィシックは彼の「鉄の馬」を、本物の馬を相手に24時間レースで対決させた。勝ったのは機械のほうだった。

しかしながら、黎明期をむかえた鉄道にとって、その発達は興行主ではなく、炭鉱の所有者の手にになわれていた。ニューカースルの西、ノーサンバーランドのウィラム村にあるウィラム炭鉱を所有していたクリストファー・ブラケットほど汽車の発達に大きな影響をおよぼした人はいない。このころになると、石炭輸送のための鉄道はウェールズ南部の谷間や、ディーンの森[イングランド西部の王室御料林]に徐々に張りめぐらされつつあり、イングランドの北東部でも、「ニューカースル道路」と称される石炭輸送の線路が全長241キロメートルにまでおよんでいた。ブラケットをはじめとする近隣の炭鉱主たちは、タイン河畔のレミントンの波止場に、より大量の石炭を運びたいと思っていた。そこからは石炭を喫水の浅いキール船にのせてタイン川を航行させ、さらに平底のバージ船へと移しかえて他のイギリスの港湾へと輸送することがで

蒸気サーカス
1808年、トレヴィシックの蒸気機関車はロンドン北部、未来のユーストン駅の近くで公開実演を行なった。

12　世界史を変えた50の鉄道

ペニダレン号
トレヴィシックの蒸気機関車。それらしくは見えないが近代の機関車の祖先で、鉄道の未来を切り開いた。

きる。ブラケットはトレヴィシックに接触をとって、ペニダレン号のような機関車の製作を依頼した。しかし、トレヴィシックの試みはまたもやもろい線路のせいで挫折させられ、計画は中止となった。

歴史の中にモクモクと登場

リチャード・トレヴィシックのその後はあまりぱっとしなかったが、息子のフランシスも親の衣鉢を継いで鉄道のエンジニアとなった。フランシスはロンドンと南アメリカでさまざまのプロジェクトにかかわったがすべて不発におわり、そんなある時のこと、コロンビアでジョージ・スティーヴンソンにばったりと出会った。蒸気機関車の先駆者だというのにフランシスはかなりの金欠病で、帰国のための費用として、スティーヴンソンからの50ポンドの申し出に甘んじなければならなかった。イギリスに帰っても鉄道の歴史への貢献には見るべきものがないままに、1833年に死去した。

これに対してブラケットはというと、自分のもとで働いていた炭鉱エンジニアのウィリアム・ヘドリーに話をもちかけた。ヘドリーは炭鉱の現場監督だった鍛冶職人のティモシー・ハックワースと協力し、トレヴィシックの機関車に代わるものとして、大きな、だんご鼻のような機械をこしらえあげた。これは〈パフィング・ビリー〉[モクモク・ビリー]と名づけられ、弟分の〈ウィラム・ディリー〉とともに、1814年モクモクと煙を吐きながら、さっそうと歴史に登場した。〈パフィング・ビリー〉はその後もずっと動きつづけ、1862年になって、ひどく値切られたすえに、200ポンドでサウス・ケンジントン特許局に売却された。鉄道の歴史はなだれのように始まろうとしていた。

蒸気の象
◆

ずんぐりした、ジョージ・スティーヴンソン風の蒸気機関車の絵が、1909年に見つかった。画家の名も、絵のタイトルもついていなかったので、この風変わりな機関車は〈蒸気の象〉と名づけられた。後になって、〈象〉はニューカースルの鉱山エンジニア、ジョン・バドル（地元の鉱山の多くに安全灯を導入した人物）と、ホイットビー生まれのエンジニア、ウィリアム・チャップマンが描いたものと判明した。絵だけを見れば、〈象〉は、ボイラー、煙突、車輪、ピストンなど蒸気機関車の基本的要素はそなえているように見える。だが、走るのだろうか？　ダラム州のビーミッシュ博物館の委託により実物の複製が製作され、試験用のレールの上で実験された。〈蒸気の象〉はきちんと動いてくれた。

マーサーティドフィル鉄道　13

1807年 スウォンジー＝マンブルズ鉄道

国：ウェールズ
タイプ：旅客・貨物輸送
全長：8キロメートル

◆社　会
◆商　業
◆政　治
◆技　術
◆軍　事

世はたった1つの馬車が12人の乗客を運んでいた時代から、蒸気機関車が1度に1800人の乗客をのせた客車を引いて走る時代へとかわる。スウォンジー＝マンブルズ鉄道とともに旅客輸送のビジネスがはじまった。

マンブルズ行きの小さな汽車

　2007年、ウェールズ南部で世界初の鉄道サービスが開始してから200年後のこと、休日の散策を楽しんでいる人たちは汽車がくると道をゆずった。汽車とはいっても完全な蒸気機関車ではなく、アメリカ西部開拓時代の様式を模した、ゴムの車輪で路上をはしる汽車だ。もともとの由緒ある鉄道は1960年にそそくさと運行を中止し、線路は解体されてしまった。そのとき、廃線をおしむ乗客たちが腕に黒い腕章をまき、棺桶をかついで抗議した。〈マンブルズへの小さな汽車〉の野辺への道ゆきを悼んでのことであった。
　線路の起点はスウォンジーのブルーワリーバンク、すなわちウェールズの石炭を谷の炭鉱から港へと運んでくる運河のわきにある駅だ。海岸線にそってマンブルズ岬をめざし、終点はオイスターマウス村である。石炭の時代が終わると、路面馬車へと転換された（コラム参照）。スウォンジーのクムドンキンドライヴで生まれた詩人のディラン・トマスは、この路面馬車に乗り、みずからの詩にもうたった。道すがらスウォンジー湾が一望のもとに見渡され、あでやかな言葉を愛する詩人ウォルター・サヴィッジ・ランドーの言では、イタリアのナポリ湾にもまさるともおとらぬ名勝とのこと。スウォンジーの住民もわが

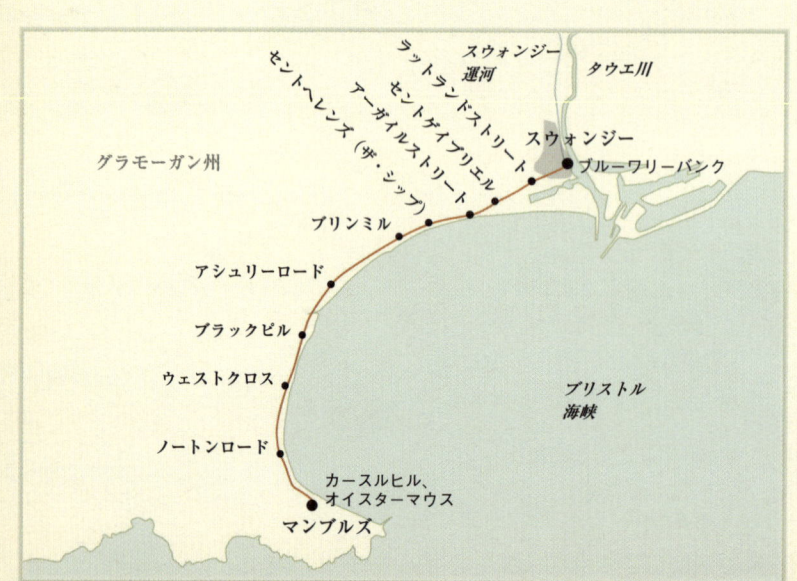

乗客の力
鉄道は石炭をより速くより遠くへ運ぶために設計された。だが、ウェールズの小さなマンブルズ鉄道は、案に相違して乗客の人気を集めた。

意を得たりというところで、日曜の定番であった「マンブルズ下り」のためにこの馬車に乗って、心ゆくまで風景と潮風を満喫し、オイスターマウスの浜辺の散策を楽しんだものだった。

絵のように美しい旅

　この鉄道は炭鉱と石切場のために1806年に開通したが、1807年になると乗客から運賃をとって走っていた。その2年後、旅客のなかにエリザベス・イザベラ・スペンスという旅人が乗っていた。「オイスターマウスのロマンティックな風景」を探訪するうちに、この鉄道がすっかり気に入ってしまったのだ。「定員は12人、奇妙なつくりの客車で、ほとんどの部分が鉄でできている。1頭の馬にひかれて、4つの車輪が鉄の線路の上をはしる。手軽で軽量の乗り物だ」。この女性が当地にやってきたのは、18世紀に生きた聖職者にして学校教師でもあるウィリアム・ギルピンの本に刺激されたということもあったのだろう。ギルピンは1770年に「絵になる風景」についての本を上梓した。『ワイ川をはじめとするウェールズ南部の名所の数々、主としてその絵画的美についての観察』という舌をかみそうなタイトルである。当時はウィリアム・ワーズワースやサミュエル・コールリジらの詩に触発された人も多かったが、観光旅行の草分けたちはギルピンの知識たっぷりの観察記録を読んで心そぞろとなり、イギリスの田舎の美を研究しなければとの思いにそそられ、ワーズワースとコールリジの『叙情民謡集』を片手に、路上の雲を追ってきたのだろう。

　マンブルズの海、砂浜、急斜面となった岬は、晴れた日にはたしかに絵になる。ウェールズだから雨が多いのは仕方ないにしても、スウォンジーの町は産業化の進展によってずたずたになっていた。コーンウォールから船で輸送されてくる銅を溶解するのに、ウェールズの石炭が用いられたので、煤煙が町の空いちめんに黒々とたれこめていた。

　マンブルズの鉄道は、ディラン・トマスの時代にはもうすでに石炭と石材の輸送の仕事は卒業していたので、トマスの「みにくく、かわいい」故郷から、町の人々を海辺に輸送することに役目をかえていた。がんらいは全長8キロの単線を馬の引く客車が走っているだけだったが、1860年にはこの路線に別の会社が参入し、蒸気機関車のライバルがあらわれた。石炭を焚いて走るヘンリー・ヒューズ機関車が運行をはじめたのだ（次ページコラム参照）。その初日、一説によれば、汽車は後ろからやってくる馬に牽引された客車を妨害するため、燃える石炭を線路にふりまきながら走ったという。ただし馬が事故にあうことはまれで

馬に引かれて
初期の観光旅行客は、ロマンティックな風景を楽しむために、「マンブルズ行きの小さな汽車」に乗った。

Train と Tram

　英語では、〈train〉[列車]とは、1つにつないだ客車が、機関車に引かれてレールの上を走るもののこと。〈tram〉[路面電車]は乗客を運ぶ乗物一般を意味する。もともと〈tram〉は鉱山で用いられた語で、レールの上を動く、車輪付きの手押し車やそりを意味した。レールロード（railroad）やレールウェイ（railway）も同じだが（昔はイギリスでどちらの語も用いられたが、現在ではイギリスではrailway, アメリカではrailroadがスタンダードになっている）、時間とともに意味が変わってきた。熱狂的な鉄道ファンは〈train〉と〈tram〉はまったく異なるテクノロジーの産物だというが、鉄道の世界では、スウォンジー＝マンブルズ鉄道の例が示しているように、その時々でもっとも適切なものを利用するのだ。未来は軽量鉄道にこそあり、と考える人たちもいる。それは〈tram〉と〈train〉の両方のテクノロジーを用いるものである。

あったようだ。むしろ、いつも鉄道の犠牲になっていたのは農場の家畜のほうである。まよえる羊が汽車に轢かれるのはよくあることだった。

1880年に、夜の酒を楽しんだ酩酊警官が命知らずにも線路を歩いて帰ろうとして、一頭の馬に踏みたおされて死亡するという事件がおきた。この事故はスウォンジー在住の女性、とくにメアリー・グレンフェルの心を痛ましめた。グレンフェル女史は裕福なオールドミスで、英国女性禁酒協会のスウォンジー支部で活動中であった。女史は「鉄道伝道キャンペーン」をはじめ、利用者たちよ、飲酒の愚に目ざめよ、いまこそミッドランド鉄道の駅の隣にある「ゴールデン＝グリフィン珈琲店」の暖かい胸にいだかれよと、魅惑たっぷりに宣伝した。（スウォンジーにはすくなくとも6つの鉄道の駅があったが、気のきかないことにどれも他との接続がなかった。）しかし、グレンフェル女史のてこ入れも功を奏することなく、ウェールズの新聞には、マンブルズから帰宅する最終列車での飲酒事件の報告がのりつづけた。

乗客の増加と蓄電池

客車を馬がひく便は1896年に廃止となった。その7年前に、この路線は単一の鉄道会社の経営になっており、線路が延長されて、スウォンジー湾灯台、そしてこれぞいかにもヴィクトリア朝といいたくなる大がかりなマンブルズ埠頭まで行くようになった。馬の牽引はなくなったものの、汽車のスピードはあいかわらずだった。時速8キロで威風堂々と進むのはよいが、これは車掌泣かせだった。あっぱれ客車の外側にしがみつき、ただ乗りをきめこむ者たちがあとをたたなかったからだ。この蝸牛のようにのろのろ歩む汽車をめあてに、近所の子どもたちは線路わきに集まって、ここぞとばかりに側転やとんぼ返りの芸を披露したものだった。

乗客がふえ、ついには、1800名という1度の運行で運ぶ乗客の数の世界記録を樹立した。ただし、もう一つ世界初のことがあった。客車をひくのに、さまざまの動力が試みられたのだ。馬力と蒸気のほかに風力まで利用されたことすら驚きだが、それにくわえて1902年には蓄電池がためされた。ただしこれはうまくいかなかった。そのころにはすでに、走っていたのは汽車というより路面電車に近かったが、1925年になるとピカピカの2階建て電車（右の写真参照）が11台導入された。これはイングランドのラフバラのブラッシュ電工が製造したもので、1台に100人強の乗客が乗ることができた。これで人気が出た。1945年には年間で500万人の乗客が利用し、ディラン・トマスの小説『後を追う者』に描かれているような「くしゃみ

ヘンリー・ヒューズ
◆

1833年生まれ。工学にあくことなき興味をもちつづけた人で、蒸気機関車への夢を追い求めるのに、うってつけの時代、うってつけの場所に生まれた。アイディアを生みだし、特許をとる（そのなかには蒸気機関車の煙を処理するうまい仕組みもあった）なかで、ブルネルの蒸気船グレートブリテン号の製作や、1862年のロンドン万国博覧会にかかわった。蒸気機関車と路面電車を製造するラフバラ製作所を設立した後、ニュージーランドに移住し、ハットバレーとネルソンで鉄道の仕事にたずさわってから、ウェリントンに居をかまえ、ニュージーランドではじめての特許専門の法律家となった。

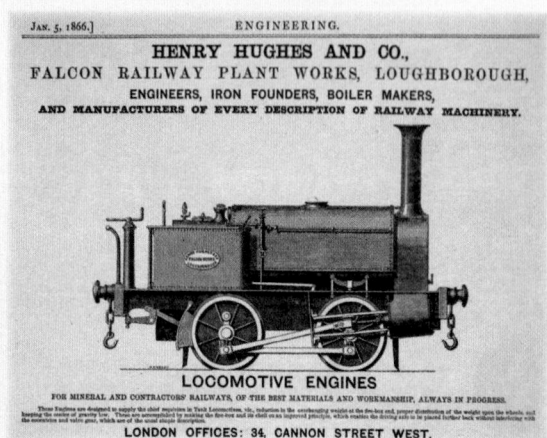

しながらゴロゴロ走るやせた市電、霧につっこんだ梟のような、湾内で響く汽笛の声」を楽しんだのだった。

悲しい別れ

第2次世界大戦のあいだ市電が生き残ったのは奇跡だった。沿線の別々の駅に隠されていたからこそぶじだったのだ。町のドックや製油施設はドイツ空軍のターゲットとなり、1941年には町の上に爆弾と焼夷弾が雨のようにふりそそいだ。マンブルズ鉄道は爆撃をのがれ、1804年という議会によって認可された年の150周年を祝った。ところが、めでたい垂れ幕の後ろには深刻な問題がかくされていた。この鉄道はバス会社の南ウェールズ輸送会社の手にわたっていたのだが、この会社は小出しのメンテナンスしか行わず、みずからの資産を毀損しているのだとささやかれた。そして、ついに会社が議会に閉鎖の申請をする。この路線は大赤字で維持不可能だというのが理由だ。後になって、会社はみずからの路線の使用料を自社に課していたせいで、赤字がふくらんだのだという噂がたった。鉄道の閉鎖についての判断は政府にゆだねられ、計画が認可された。「あのよき闇の中にやさしく消えてはならない」というトマスの詩的な格言とは裏腹に、マンブルズ鉄道はまるで幽霊のようにそっと立ち去ってしまったのだ。

マンブルズの波止場
世界でもっとも古い旅客用の鉄道は、1960年に不明朗な状況の下、有無をいわさぬ形で廃業となった。ほんの数年前に開業150周年を祝ったばかりだった。

これ以上楽しい午後をすごしたことはない。
——1809年、スウォンジー＝マンブルズ鉄道に乗った
　　エリザベス・イザベラ・スペンス

スウォンジー＝マンブルズ鉄道　17

ストックトン＝ダーリントン鉄道

1825年

国：イングランド
タイプ：旅客・貨物輸送
全長：42キロメートル

◆社　会
◆商　業
◆政　治
◆技　術
◆軍　事

ストックトン＝ダーリントン鉄道はイングランド北部のごく短い路線にすぎないが、蒸気機関車の黎明期にあって、鉄道のジグソーパズルの、欠かすことのできない1ピースとなっている。世界初の鉄道の1つで、鉄道の父ジョージ・スティーヴンソンの登場へと道をひらいた。

ビジネスの頭脳が集結する

　イギリスの非国教徒の牧師ジョージ・フォックスが1652年にカンブリア地方の丘から説教を垂れるのを聴いた人々は、神の御言葉にぶるぶると身を震わせた──すなわち「クエーク」した、といわれている。その後、国教にたてつくクエーカー教徒は苛烈な迫害にさらされた。そのせいでアメリカにのがれた者たちも多かった。だが、時代が下り、寛容な風土となるにつれて、勤勉を旨とするクエーカー教徒たちは、有能なビジネスマンとして頭角をあらわしてきた。アイアンブリッジの製鉄所を作ったエイブラハム・ダービーはクエーカー教徒だった。バーミンガムの銀行家サンプソン・ロイドも、バーミンガムのチョコレートメーカーであったジョージ・キャドベリーも、そして有名な靴製造業者のサイラスとジェイムズのクラーク兄弟もクエーカーだった。鉄道にビジネスチャンスを見たクエーカーも何人か存在したが、その中にエドワード・ピーズとジョーゼフ・ピーズの親子がいた。19世紀の初め、この2人は蒸気時代の幕を開けるため、舞台の袖でそのときを待ちかまえていた。
　エドワード・ピーズは羊毛の販売業者で、ダラム州のダーリントン出身であった。17世紀にダニエル・デフォーがこの町をおとずれ、そのときの印象

イングランド北東部
ストックトン＝ダーリントン鉄道の開業は鉄道ブームへの導火線となった。

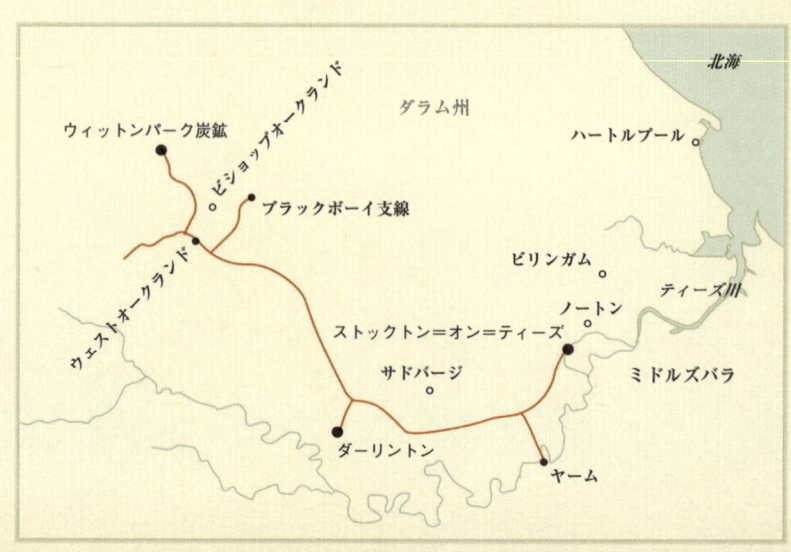

18　世界史を変えた50の鉄道

を旅行記に残している。漂白したリンネル布の質の良さに感心するいっぽう、道路のひどさを呪った。ピーズは、よけいな飾りは不要、人生は単純であれというクエーカー哲学に忠実な男だったが、同じ町の出身で、これもクエーカー教徒であったジョナサン・バックハウスという銀行家とともに、現実を見る目にすぐれていた。この2人は、自分たちの町と発展しつつある港町ストックトンのあいだの輸送路を改善することで、商業的な利益が上がることを見抜いた。そして、19世紀の初頭に、ピーズは鉄道の設置を提案した。おまけに、それを現実のものにしてくれるエンジニアまで見つけてきた。すなわち、ジョージ・スティーヴンソンがその人である。

悩み多きスティーヴンソン

ウィラム炭鉱で育ったスティーヴンソンは、18の年になるまで読み書きができなかった。しかし父親の働いていたブラッケット炭鉱に移り、夜学に通って熱心に自己教育にはげんだ。ピーズがエンジニアを求めてやってきたとき、ジョージ・スティーヴンソンは結婚したものの妻を亡くしたあとだったが（コラム参照）、すでに有能な蒸気機関エンジニアとして頭角をあらわし、近所にあるキリングワース炭鉱で鉱山の蒸気機関の扱いをまかされていた。スティーヴンソンの伝記を書いたサミュエル・スマイルズは、ピーズがおめあての人に出会ったときの第一印象を、「スティーヴンソンは正直で良識のある顔をしており、謙虚で、気どりやはったりのない人柄に見えた」と記している。

「スティーヴンソンはたしかにふりかえって見たくなるほどの人物だった」と若くて有名な女優だったファニー・ケンブルが、中年のスティーヴンソンに会ったときの印象を記している。「立派な顔だちだが苦労人のようで、考えの深そうな表情をしている。自分の考えを述べるときの話しぶりは独特で、とてもユニーク。力強く印象深い。なまりが強いので北部生まれであることがわかるが、言葉づかいには卑しく下品なところはまったくない」

新たな路線は〈ストックトン＝ダーリントン線〉と呼ばれることになるが、ピーズが資金のほとんどすべてを出した。1824年にジョージ・スティーヴンソンがニューカースル・アポン・タインに最初の機関車製作所（息子の名にちなんで〈ロバート製作所〉と命名）を設立したときにも、ほとんどすべて出資した。この路線で、「蒸気機関の牽引によって」物資と乗客の両方を輸送することが議会によって承認されると、〈ストックトン＝ダーリントン線〉は世界初の公共輸送鉄道となり、ダラム南西部の炭鉱から、48キロほど離れているストックトンまでをつなぐドル箱路線となった。それはまた、ジョージ・スティーヴンソンと彼の機関車のための試験運転の場としても、大きな役割をはたした。

鉄道野郎の妻たち

◆

トレヴィシックとスティーヴンソンという鉄道を作った男たちについては書かれたものも多く、女優のファニー・ケンブルをふくめて、女性たちも信頼のできる文章を残している。だが、この2人の妻のことはまったく話題にのぼらない。リチャード・トレヴィシックの妻ジェインは製鉄工場の経営者の家の出身だったが、夫より長く生きて、1868年に96歳で亡くなった。家計が火の車の時にも夫を助け、4人の子どもを生んだ。ジョージ・スティーヴンソンは3度結婚した。最初の妻ファニーは1806年に娘とともに亡くなった。2番目の妻ベティ（スティーヴンソンが本当に好きだった女性だが、最初は父親に反対されて結婚できなかった）は、1845年に死亡した。妻が亡くなると、物事にこだわらないスティーヴンソンは家政婦のエレン・グレゴリーを妻にした。スティーヴンソンが亡くなると、2番目の妻のベティのわきに葬られた。

エンジニアのスーパースター
ジョージ・スティーヴンソンの銅像。葬られた町チェスターフィールドの駅の外に立っている。

蒸気を出して全速力！

　1822年に〈ストックトン＝ダーリントン線〉の最初のレールが敷かれたころ、スティーヴンソンはそこで走らせる世界で初の蒸気機関車の製作にかかっていた。それは一風かわった姿の、ずんぐりとした機関車で、トレヴィシックのペニダレン号に他人のそら似というにはとどまらない類似点があった。スティーヴンソンは自分で作った鋳鉄のレールを大量にかかえていたが、ノーサンバーランドの鉄道技師ジョン・バーキンショーの技術革新によって作られた錬鉄のレールに投資した。これは賢明な措置であった。バーキンショーのレールがもっと早く発明されていたなら、トレヴィシックには別な運命が待っていたことだろう。それはともかく、この錬鉄のレールが次の時代を開く鍵となったのである。

　スティーヴンソンは飾らない人柄だったので、自分の蒸気機関車に〈機関車第1号〉という、そのものずばりの名をつけた。（彼はすでに〈マイ・ロード（わが主）号〉——つい感嘆符「！」をつけたくなる名前だ——と、キリングワース炭鉱で〈ブリュッヒャー号〉を製作していた。）1825年の9月、いらずもがなの旗をふりながら警告する騎馬の人物に先導されながら、ずんぐりむっくりの〈機関車第1号〉はぶち空の石炭貨車に約600人の乗客をすしづめにして走った。客車も1両だけついていて、こちらには名士たちがぎっしりと乗っていた。この客車には〈実験号〉という名がつけられていたが、鉄道によって引導を渡されることになる駅馬車に外見がそっくりだった。

　この路線が開通したのは、イギリスのウェリントン公爵がワーテルローの戦いでナポレオンに圧勝してからわずか10年後のことだった。そのころ、エジプトはスーダンにハルツームという町を作ろうとしていた。シモン・ボリバルはベネズエラのボリビアの礎を着々とかためつつあった。イギリスの産業は、いまだに幼児労働を許容していたが、奴隷貿易が法律によって禁止された打撃からようやく快復しようとしていた。そんななかで、ストックトン＝ダーリントン線の開通は歴史的な大事件だった。シドニー・スミスといえば今ではおかたい19世紀の文人としての顔より、サラダドレッシングのことをうたったこっけいな詩のほうで有名だが、1825年の鉄道開通の影響について、「今では、わたしはキツネやウサギよりも早く走れるし、100マイル［約161キロ］競争をやっても伝書バトやワシにも負けない」と、いかにもこの人らしい言葉で感想を述べている。まさにそのとおりだった。歴史を通じてはじめて、人間が動物のスピードに追いついたのだ。馬よりも早く、遠く、長い時間にわたって移動することができた。馬はあいかわらず客車を引きつづけたが、やがて機関車の性能と信頼性が向上するにつれて廃れていった。

鉱山の安全灯をめぐる争い
◆

　ジョージ・スティーヴンソンの経歴の若いころの一幕に、鉱山の安全灯をめぐる紛争があった。18世紀の後半には、2種類の安全灯が出まわっていた。イングランド北東部の坑夫たちは、彼が発明した〈スティーヴンソン〉を使っていた。よそでは、〈デイヴィー〉が主流だった。こちらはサー・ハンフリー・デイヴィーが、ほぼ同じころに発明したものだ。デイヴィーはスティーヴンソンのことを産業スパイだと告発した。最後には議会の調査委員会が組織され、スティーヴンソンは白だとされ、1000ポンドの賠償金を決めた。デイヴィーはこの評決をこばんだ。いっぽうのスティーヴンソンのほうでも、口だけは達者な貴族に終生嫌悪感をもちつづけることとなった。

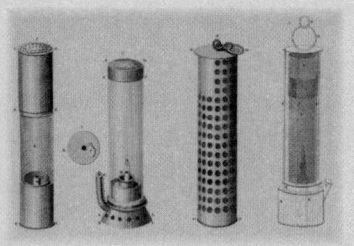

設計者が運転
ジョージ・スティーヴンソンは、〈機関車第1号〉の1825年の処女運行のとき、みずから運転した。この機関車は保存され、国立鉄道博物館によってダーリントンで展示されている。

ダラムの石炭に火がついた

　いっぽう、ジョーゼフ・ピーズは、父のエドワードに輪をかけて有能なビジネスマンぶりを発揮していた。ジョーゼフは石炭こそがこの先々、産業、家庭のどちらでも燃料として用いられるであろうことを見抜いた。家庭での石炭人気は空前の高まりをみせていた。これには、ラムフォード伯爵が英国の暖炉の改良に力をそそいでくれた功績が大きい。ラムフォード伯爵はアメリカはマサチューセッツ州の生まれだが、30年前にロンドンにきて以来、石炭の炎を制御することに情熱を燃やした。そして、パーマストン卿やジョーゼフ・バンクス卿の屋敷など、ロンドンのいくつかの有名な邸宅で、「開放式暖炉において石炭を燃やすための炉」の問題（家中が石炭の煙でいっぱいになることが多かった）を解決した。

　ジョーゼフ・ピーズはダラムの石炭を運び出すあらたな出口を確保するため、ストックトン＝ダーリントン線の終点に、新しい港を作った。東側の海岸ミドルズバラにあった小さなひなびた農村が選ばれた。この村はなんの変哲もない〈ジェイン〉という名で呼ばれていたが、やがて人口2万人を要するイングランド北部で最大の港となった。（また、世界で最初の鉄道町でもあった。）ジョーゼフ・ピーズはクエーカー教徒としては初の国会議員になった。そして1872年に亡くなったときには莫大な遺産を残した。

黒いダイヤ
ストックトン＝ダーリントン鉄道は内陸の炭鉱と港をつないだ。産業革命の原動力となった石炭への渇望が、鉄道の発展をうながしたのだ。

ストックトン＝ダーリントン鉄道　21

1830年 リヴァプール＝マンチェスター鉄道

国：イングランド
タイプ：旅客・貨物輸送
全長：56キロメートル

　都市と都市をむすぶ世界初の鉄道はリヴァプールからマンチェスターの工場へ綿を運ぶよう設計されたものだったが、そもそも、その建設のなされたこと自体が奇跡だった。政治的陰謀、技術者たちの嫉妬合戦、深刻な地理上の障害など、ことごとに妨害が入った。しかしその完成によって、さまざまの意味で歴史が作られた。

◆社　会
◆商　業
◆政　治
◆技　術
◆軍　事

実験の失敗

　ストラトフォード・アポン・エイヴォンに行って、夕方ロイヤル・シェイクスピア・カンパニーの劇を見ようと思っている人は、よく、開演までの時間を利用してエイヴォン川にかかった劇場の近くの橋を渡って散策する。この煉瓦(レンガ)づくりの橋は、「鉄道の父」と称されることもある（ただし、そのように言うのはもっぱら一族の人々だけだが）ウィリアム・ジェイムズの功績を証(あか)すものであることはあまり知られていない。

　ジェイムズは測量技師でもありエンジニアでもあったが、野心的な鉄道建設の夢に湯水のように私財をつぎこんだ。彼には、いつの日か人々が蒸気機関で動く鉄道に乗って都市から都市へと飛びまわる時代がくるだろうという確信があった。そしてイングランドの中央部をつらぬいて、ストラトフォード・アポン・エイボンからロンドンへと走る路線さえをも夢にみて設計をはじめた。この設計は縮小に縮小をかさねて、ストラトフォードからモアトンの運河の開始点までのわずか24キロになってしまった。あげくのはて、トレヴィシックの〈キャッチ・ミー・フー・キャン号〉の製作を手伝い、みずからもイギリスの機関車製作者の草分けの1人となったジョン・ラストリックから、この路線には馬を使うのがよいと説得され、けっきょくそれを通させてしまった。こうし

リヴァプール＝マンチェスター鉄道

リヴァプール＝マンチェスター鉄道の開通が、鉄道ブームへの道を開いた。路線は後にウォリントンとボールトンまで延長された。

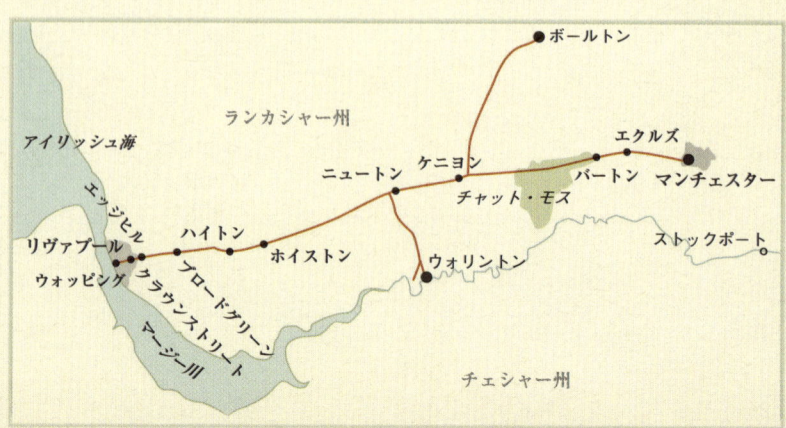

22　世界史を変えた50の鉄道

運河を越える
鉄道以前には、貨物は川と運河で運ばれていた。ジョージ・スティーヴンソンは、マージー川を通過する平底船のマストがひっからないよう、サンキー運河の高架橋を高く架けなければならなかった。

て、この鉄道は1826年に開通したものの、客がこず、やがて消滅してしまったのだが、それはラストリックのせいなのだろうか？　それともジェイムズが悪かったのだろうか？　だが、そんなことはジェイムズにとってはどうでもよかった。当時イギリスで最大の測量会社を経営していたジェイムズは、すでに1820年に測量をすませていたルートのことで頭がいっぱいだった。すなわち、リヴァプールとマンチェスターのあいだに鉄道を通そうという提案の実現にむけて、すでに動きはじめていたのである。

トラファルガーの三角形

　馬がひくか、帆をはるか、それとも蒸気機関を用いるかはともかく、リヴァプールからマンチェスターへ鉄道を敷いて貨車を走らせようというのは、どちらの市のビジネス関係者にとっても魅力たっぷりのアイディアだった。リヴァプールは奴隷貿易の町だった。町の富は「トラファルガーの三角形」といわれる三角貿易によってもたらされていた。まずリヴァプールから布や銃などが船に積まれて、西アフリカの、奴隷積み出し港へと向かう。そこで船の積み荷は降ろされ、その代わりに奴隷が積みこまれる。船はこんどは「奴隷貿易」の代名詞である「中間航路」を通って、西インド諸島のプランテーションへと向かう。（「奴隷は今日の列車で普通料金を払って確保できる空間の10分の1の空間に押しこまれた」などと、汽車が奇妙な喩えに用いられることがある。）そして船が、イギリスの上流階級のお茶を楽しむ人々のために、ラム酒や砂糖をもって帰るというのが、三角貿易の最後の段階である。

　これに対して、マンチェスターの市民たちは綿織物の商売で利をあげてい

> 黄金の時代はすぎた。鉄の時代にかわったように思われる。
> ——リヴァプール＝マンチェスター鉄道の役員、
> 　　ヘンリー・ブース（1830）

た。水力や蒸気機関を用いる工場で、原材料から布への加工が行われていた。そのためにはリヴァプールから木綿を運んできて、完成した商品をマンチェスターから送り返すことが必要で、マージー川・アーウェル川の運河と、ブリッジウォーター運河という2つの運河を通って、平底の荷船にのせて輸送しなければならない。どちらの運河も独占企業であることが強みで、通行料金は言い値市場であった。ジョン・ケネディやクエーカー教徒で小麦商人であるジョーゼフ・サンダーズらのビジネスマンは法外な料金だと思った。マンチェスターのビジネスマンだったジョン・ケネディの紡績工場ではとても大きな利益があがっていた。そのため、マンチェスターで最大規模の工場を、最新の技術を用いた鋳鉄のフレームを用いて建設することができるほどであった。イギリスの鉄道をぐいぐい前進させた、あの鋳鉄であった。

ストックトン=ダーリントンの鉄道(18ページ参照)によって石炭の値段が下がったのを見て、ケネディとサンダーズはリヴァプール・マンチェスターの間に線路を敷くというアイディアを打ち上げた。ただし、ウィリアム・ジェイムズと最初に接触したのはサンダーズのほうだった。「ジェイムズ氏はサンダーズ氏への紹介状をもってきた。サンダーズ氏はリヴァプール・マンチェスター間に現存する輸送手段の非効率を現実に経験しており、立証ずみの問題の解決を約束するいかなる計画もそれ相応に考慮する準備があった」と、ディレクターだったヘンリー・ブースが『リヴァプール=マンチェスター鉄道の記録』(1830)に記している。

障害をのりこえて

鉄道のことを心の底からうさん臭く思っている人は多かったので、1821年に予定ルートの測量をはじめるウィリアム・ジェイムズに対して、サンダーズは慎重にことを進めるよう助言した。ジェイムズと測量助手がコンパスと経緯儀(セオドライト)と地図をもって出てきたとたん、いなかの人々が反対運動に立ち上がった。「彼らを追い返すため、農場主たちは、干し草用の熊手をかまえた小作人たちを農場の門のところに立たせた。銃をもたせることもあった」と、サミュエル・スマイルズは『ジョージ・スティーヴンソンとその息子ロバート・スティーヴンソンの生涯』で述べている。測量技師の姿がみえると、老若男女がこぞってあとを追いかけながら「悪口雑言をぶつけ、石をなげつけた」という。

1人の測量技師が熊手で刺されると、用心棒──「名うてのボクサー」──が雇われた。測量のシンボルである経緯儀(セオドライト)を守るのがこの男の役割であった。うてば響くように、いなかの人々も、自分たちの用心棒──すなわ

のりこえられる障害
マンチェスター郊外の荒涼たる湿地帯チャット・モスは、鉄道建設者にとって新たな難問をつきつけた。スティーヴンソンの斬新な解決策は材木や枝を沈めてその上に線路を「浮かべる」というものであった。

ち「セント・ヘレン鉱山の炭鉱夫、近隣でぶいぶい言わせている男」（とスマイルズは書いている）を雇って対抗した。「戦いがおきて、炭鉱夫はさんざんなぐられたものの、地元民たちは測量技師たちと器具に向けて石の一斉射撃をはなち、経緯儀(セオドライト)はこなごなになってしまった」

しかし、ジェイムズが測量の際にぶつかった問題は、鉄道を建設する者たちが出会った物理的な障害にくらべるとものの数ではなかった。マンチェスターのすぐ郊外にチャット・モスと呼ばれる荒涼とした湿地帯があった。そこに牛が迷いこむと、まるごとのみこまれてしまうという噂があった。（1950年代に、昔のケルト人の切断された頭蓋骨が出てきた。ブリテン島がローマ人に支配されていたころ、気の毒にも殺害されたのだろう。）肥りすぎのウィリアム・ジェイムズもあやうく犠牲になりかけたことがあった。ある時、ジェイムズは沼に沈みはじめたので「さっと身をなげ、かたい地面の上までごろごろと転がっていった。泥まみれだった」とサミュエル・スマイルズは書いている。

もしも水平に線路を敷こうとするなら、サンキー・ブルック渓谷に橋を渡して通さねばならない。また、砂岩でできたオリーヴ・マウント——まるで聖書にでも出てきそうな名前だ——の丘には切り通しを掘って、真っ二つにしなければならない。くわえて、リヴァプールそのものが問題だった。1760年に入港税を払った船舶は2500隻あまりだったが、今では1万隻に近い。またこの10年だけでも、船の大きさは倍になっている。その結果、市域は波止場から膨張して、近隣の集落や農村にまで広がっている。運河の掘削の場合にもトンネルはいくらも掘られたが、市全体の下にトンネルを掘った例などいまだかつてなかった。

ジェイムズは測量を終えて、助手とともに報告のためにニューカースルに戻った。助手というのはロバート・スティーヴンソンであった。ロバートの父ジョージは、その時、議会に対して新しい路線の敷設認可を申請するというやっかいな仕事に取り組んでいた。ところが、ウィリアム・ジェイムズはもはや手をかすことができなかった。鉄道に執心のあまりビジネスの採算を度外視したため、暗礁にのりあげてしまっていたのだ。サミュエル・スマイルズがスティーヴンソン親子の伝記に記しているところによれば、「ジェイムズ氏の財政的不如意はその頂点にたっし、病苦と負債のために委員会への約束をはたせるような状態ではなかった」とのこと。鉄道の到来を説いた偉大なる伝道者はこうして舞台から去っていった。そしてコーンウォールに引っこみ、家族をやしなうためにささやかなサービス業の仕事をはじめたのだった（皮肉にも、蒸気機関車のビジネスが始まったのはこの地であった）。

さて、こんどはジョージ・スティーヴンソンがこのプロジェクトについて考えをめぐらす番であった。全長56キロの線路——世界で初の都市の地下トンネル、3.2キロのオリーヴ・マウントの丘の切り通し、全部で約60の橋を作る必要があり、サンキー・ブルック渓谷には高架橋をかけなければならず、すく

チャット・モスの丘陵
◆

ジョージ・スティーヴンソンは、木材、ヒース、石などを沼に沈めて、ある種の〈いかだ基礎〉を作り、その上に線路を敷いた。このアイディアは、歴史家転じて農夫になったウィリアム・ロスコー（1753–1831）からヒントを得たようだ。ロスコーはリヴァプールの菜園経営者の息子だったが、あるとき荒れ地の開墾を思い立ち、木靴を履き、鋤をつけた馬を使って地面を耕した人物だ。女優のファニー・ケンブルが、スティーヴンソンとともに汽車に乗ってこの丘陵にさしかかったときのことを、こう述べている。「時速25マイル［約40キロ］のスピードで通りすぎた。右でも左でも、よどんだ沼の水がゆれていた」と。

なくとも9つのアーチが必要になる。オリーヴ・マウントの丘から切り出した石材は橋の素材になるだろうし、土盛りのおさえとして敷きつめるのにも使える。だが、チャット・モスの泥炭の沼に6.4キロにもおよぶ線路を敷くにはいったいどうすればよいのだろう？　いまや息子のロバートは南米に行ってしまい、そこの鉄道プロジェクトにかかわっているので、ジョージ・スティーヴンソンは独自で作成した計画書を議会に提出した。反対派の急先鋒であったロバート・ブラッドショウは「このたくらみにのせられたカモども」を非難し、申請の不認可に肩入れした。（ブラッドショウはブリッジウォーター公爵の代理人であり、運河からの「利益に目を細くしている」といわれた。）鉄道推進派は、運河では36時間かかる両都市間の旅を、5、6時間にまで縮めることを約束した。ブラッドショウは事業に一口のらないかと誘いをうけたが、それをこばんだ。鉄道というものそれ自体が「絵空事」だと思いこんでいたからである。

推進派はスティーヴンソンをおはらい箱にして、はじめからやりなおした。今度はチャールズ・ヴィグノールズと、兄弟で測量技師・エンジニアのジョージ・レニーおよびジョン・レニーをかつぎ上げた。この兄弟の父親とジョンは、当時すでに、ロンドンのテムズ川にサザック橋とウォーターロー橋という2つの橋を架けたことで名が知られていた。2人の兄弟による計画の再提出が功を奏すると、鉄道の出資者たちはジョージ・スティーヴンソンをふたたび任命した。レニー兄弟はたたき上げの鉄道エンジニアなどと同列にならべられるのが気にくわなかったようで、仕事から手をひいた。ブラッドショウは計画に猛反対していたのに、説得されてねがえり、支援するほうとなった。ついに仕事開始の準備がととのった。

新たな地平を切り開く

けっきょく、リヴァプール＝マンチェスター鉄道を建設するのに──ウィリアム・ジェイムズの当初の見積もりでは18か月だったが──ほぼ5年の歳月がかかってしまった。これによってスティーヴンソンの声価が定まった。また、多くの人夫が犠牲となった。一例をあげるなら、1830年5月1日付けのリヴァプール・マーキュリー紙には、人夫たちを朝食へと運ぶボートが転覆し、アーウェル川に投げ出されたようすが報道されている。「彼らを救うための必死の努力がなされたが、それが可能となるまでに、すくなくとも12名が水死した」と報じたあとで、さらに「鉄道会社が葬儀の費用を肩代わりした」と述べられている。

その前年、すなわち1829年に、どの機関車がよいのかを選ぶため、レインヒルで速度試験がおこなわれた。そして1830

先進的なトンネル
ウォッピング・トンネルは、鉄道を港の埠頭とつなぐためにリヴァプール市の下に掘られた。この絵は画家トマス・ベリーの描いたものだが、ガス灯で照らされたトンネル内の大きさが誇張されて描かれている。

無敵の汽車

ノヴェルティ号、サン・パレイユ号、ロケット号の3台は1929年に、新しい線路の上で競走をした。ノヴェルティ号、サン・パレイユ号は、ロケット号に勝つことができなかった。

年の9月、ロケット号とプラネット号（どちらもスティーヴンソン製作の機関車）がマンチェスター・リヴァプール間の処女運行をおこなった。その他にも、ノーサンブリアン号、フィーニックス号、ノース・スター号など6台の機関車が走った。リヴァプール＝マンチェスター鉄道はいくつかの新記録を鉄道の歴史に残したが、よりによって開通の日に歓迎せざる先例を記録した。つまり、鉄道の旅客犠牲者の第一号が出てしまったのである。

サミュエル・スマイルズが何が起きたのかを記している。「リヴァプールから約17マイル［約27キロ］のパークサイドで、水の補給のために機関車が止まった。ノーサンブリアン号は、ウェリントン公爵の乗った客車とともに、線路の上で停車した。公爵とその一行の観閲に供すべく、むかい側の線路に列車の全体を通過させようというのだ。このとき、ハスキッソン氏（リヴァプール選出の国会議員）が客車から降りて、反対側の線路に立っていた。その線路の上をロケット号がみるみる近づいてくる。その瞬間、ウェリントン公爵は——ハスキッソン氏とのあいだにはわずかな確執があったが——相手に気づいた好意的な身ぶりをみせ、手をさし出した。あわただしくも、心のこもった握手がかわされたが、まだ手の離れない前に、周囲の人々が口々に『乗って、乗って！』と叫んだ。混乱し、あわてたハスキッソン氏は、反対側の線路につきだしていた客車のドアのまわりをめぐろうとした。だが、その最中にロケット号に衝突されて倒れ、片脚が曲がったままレールと交差した。その瞬間、脚がつぶれた。助け上げられて最初の言葉は、『もうだめだ』だった。悲しいことにそのとおりとなった。その日の夕方、エクレスの牧師館で息を引き取ったのだ」

しかし、悪いことばかりではなかった。スマイルズの文章が続く。「このことは、その当時おどろくべき事実として受けとめられた。ジョージ・スティーヴンソン自身が運転するノーサンブリアン号は、気の毒な紳士の傷ついた体をのせて、約15マイル［約24キロ］の距離を25分、つまり時速36マイル［約58キロ］で走り抜けたのだ。この信じられないスピードは、予想もしなかった新現象として、世界を震撼させたのだった」

記録ラッシュ
◆

リヴァプール＝マンチェスター鉄道は「世界初」づくめだった。ピックフォーズという運輸会社から話があって引き受けたことで、世界初のコンテナを運ぶことになった。手紙と小包を2つの都市のあいだで運ぶ契約をしたが、郵便を汽車で運ぶのも世界初だった。またどういうわけか汽車に乗りたい人が増加してきたので、乗客輸送の便をしだいに増やしていった。線路は複線で、列車は左側通行をしたが、これが世界標準となっていく。列車が列車の後尾に追突する事故がよく起きたので、基本的な信号システムが考案された。赤は「止まれ」、緑は「危険」、白は「進め」——［鉄道の歴史のごく初期では］これも世界中で採用されることになった。

1830年 ボルティモア＝オハイオ鉄道

国：アメリカ合衆国
タイプ：旅客輸送
全長：611キロメートル

◆社　会
◆商　業
◆政　治
◆技　術
◆軍　事

　1830年、ボルティモア。駅馬車と蒸気機関車〈親指トム号〉が勝負したら駅馬車のほうが勝つだろう――馬を見る目のある人なら、誰だってそう思ったことだろう。たしかに、その日には、彼らの葦毛の駿馬が勝利をおさめた。だが、時代の流れには勝てなかった。アメリカで最初の蒸気機関車による旅客定期便サービスを始めた、ボルティモア＝オハイオ鉄道が歴史を作った。

　1830年の8月、ピーター・クーパーが発明し、みずから運転する〈親指トム号〉が、メリーランド州のエリコットの工場まで乗客をぎっしりつめこんだ1両の客車をひいていった。この時のことを、弁護士のジョン・H・B・ラトロープが1868年にこう書いている。「とても興味深い旅だった。カーブも時速15マイル［約24キロ］で難なく曲がった。上り坂も比較的容易にのぼった。天気も上々、乗客はみんなご機嫌だった」

　帰りみち、〈親指トム号〉は、「リレー・ハウス」［中継所］で、たまたま馬車の横に停車した。汽車の線路のとなりに、馬車便の路線があったのだ。馬車をひいているのは「とても美しく力の強い葦毛の名馬」、運転するのは「当代屈指の駅馬車会社」である〈ストックトン＆ストークス〉の所有者たちだった。帰途の旅は思いもかけないレースとなってしまった。最初は馬がぐいぐいと加速して先頭に立つ。しだいに〈親指トム号〉もスピードを上げて馬に追いついたものの、駆動輪のベルトがはずれて停車を余儀なくされる。クーパーは手に火傷を負いながら熱いベルトをなんとか修復し、ふたたび蒸気を上げたが、馬のあとから終点についた」

馬から機関車へ

　いうまでもなく、馬が機関車を打ち負かしたこの話の裏には、もっと複雑な物語がかくされている。機関車の設計・製作を行なったエンジニアのピーター・クーパーはニューヨーク出身。もとはといえば屠殺業で財をなした、発明が飯よりも好きという人物だった。メリーランド州のボルティモアからウェ

ボルティモア＝オハイオ鉄道
ボルティモア＝オハイオ鉄道は、最初の19.3キロがエリコッツ・ミルズまで通じた後、1835年にはワシントン、1853年にはホイーリング、1857年にはパーカーズバーグまで延長された。

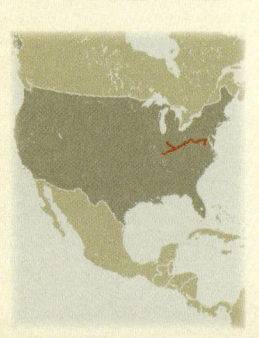

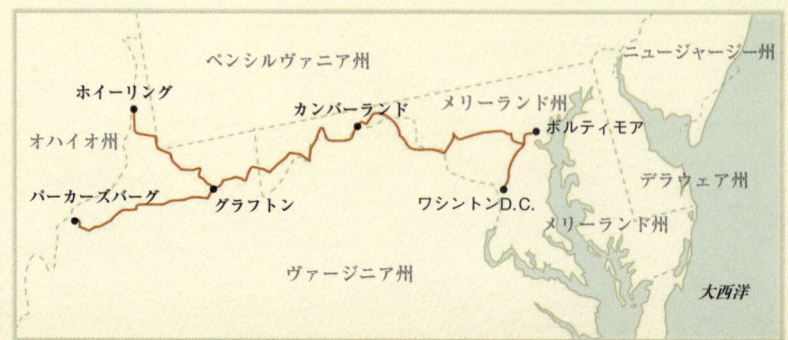

小さな機関車
アメリカ初の機関車〈親指トム号〉は、ピーター・クーパーがボルティモア＝オハイオ鉄道のために作った。アメリカ初の公共輸送の鉄道だった。

ストヴァージニア州の都市ホイーリングのオハイオ川までを結ぶ鉄道の計画があることを聞きつけたクーパーは、屠殺業の利益を担保に借金をして、メリーランド州に広い土地を買収した。鉄道の通ることをあてこんでのことだ。ところがなんと整地する際に、鉄道に用いられる天然資源、つまり鉄鉱石の鉱床に行きあたった。そこでクーパーは、鉄道会社に線路を供給するため、ボルティモアに製鉄所の建設をはじめた。

最初、ボルティモア・オハイオ鉄道の重役たちは蒸気機関にいかがわしさを感じていた。そしてカリフォルニア南部で用いられていた動力（32ページ参照）、すなわち馬の力のほうがよいと思っていた。そんな背景があってクーパーは〈親指トム号〉を見よう見まねでこしらえたのだった。しばらくのあいだボルティモア・オハイオ線では馬が用いられていたが、〈親指トム号〉の健闘ぶりをみて、重役たちも、未来は蒸気機関車にこそありと納得したのだった。

歴史余話として、さらに1つの物語が残っている。2年後、駅馬車の所有者であるウィリアム・B・ストークスが、気の毒にもメリーランド州の法廷で被告席に立たされていた。ボルティモアとホイーラーを結ぶ駅馬車が横倒しになって女性客が負傷し、その家族が会社を相手取って訴訟を起こしたのだった。共同経営者だったリチャード・ストックトンは亡くなっていたので、ストークスは、御者が酩酊していたという告発に対して1人で立ち向かわなければならなかった。会社の敗訴だった。

その裏で、鉄道会社は昇龍のいきおいだった。立ち上げたのはクエーカー教徒のフィリップ・E・トマス。最初、トマスとビジネス仲間だったジョージ・ブラウンはイギリスに行って、ストックトン＝ダーリントン線（18ページ参照）を見学した。チャールストンのビジネスマンたちと同様、この2人は西部の商品市場が拡大するなかで、このビジネスチャンスをむざむざ逃してなるものかと思っていた。ボルティモアは良港を擁する町なのだ。だが、ボルティモアのライバルであるニューヨークやフィラデルフィアやワシントンは、すでに西部との鉄道路線の建設にいそしんでいた。西部でも、オハイオヴァレーのよ

> これは、かりに順番がつけられるとして、独立宣言書への署名についで、わが人生で行なったもっとも重要な行為の1つである。
> ——チャールズ・キャロル、鉄道建設の鍬入れ式に際しての言葉（1828）

ボルティモア＝オハイオ鉄道　29

転向台車で安全運行

1860年代、ボルティモア＝オハイオ鉄道はさまざまなアメリカ製の機関車を走らせていた。その1つがボルティモアで製造された〈サッチャー・パーキンズ号〉。火の粉よけのついた煙突、カウキャッチャー、ボギー転向台車などが特徴である。ボギー転向台車は1830年代にはじめて試験的に使われた。

うな場所は穀物が主要輸出品だ。ウィスキーに変えればもうかるが、そうでなければ、値段が安くかさの大きな農産物を輸送しなければならないという問題がある。直接港に送ることができれば、もうけはもっと大きい。19世紀のはじめの時点で、そうするには、エリー湖とハドソン川およびニューヨークを接続するエリー運河を通すのがもっとも簡単な方法だった。

エリー運河はイギリスのブリッジウォーター公爵の運河が利益を上げている（ただしリヴァプール＝マンチェスター鉄道によって王座から蹴落とされた）ことに刺激されて造られ、このプロジェクトを推進したデウィット・クリントン知事にちなんで〈クリントンの大水路〉という通称で呼ばれた。1825年に開通式がおこなわれ、クリントンが運河を下ってきて、2つの樽にくんだエリー湖の水をニューヨーク湾にそそいでみせた。運河はまもなく、最大30トンの積み荷を積んだ平底船がひしめきあいながら港へとむかう光景でにぎわうようになった。

トマスとブラウンは、エリー運河に対抗して、2方向の交通に対応させるため、611キロメートルにもおよぶ鉄道を複線で建設しようという、壮大な計画をたてた。ゆるやかな傾斜を維持するため、蛇行する川の流れに沿ったかたちで設計されたが、それでもこれだけの距離があると、ほとんど馬による牽引しか頭にない重役たちの思惑とは裏腹に、何個所か急な傾斜が生じることは避けがたい。鍬入れを行なったのは90歳のチャールズ・キャロル、すなわち1776年の独立宣言書に署名した名士であった。その2年後、最初の19.3キロのレールが敷かれ、1番目のボルティモア・ウェストからエリコット工場への区間が開通した。最初は馬が列車を牽引していたが、しだいに蒸気機関車がとって代わるようになった。

鉄道輸送のパイオニア

初期の機関車は風変わりな〈バッタ型〉蒸気機関車だった。このように名づけられたのは、その構造が足の長いコオロギが歩くような印象をあたえたから

である。だが、その後まもなく、機関車らしい機関車がやってきた。ラファイエット号である。この名は独立戦争のおりにアメリカのために戦って武勲をたてたフランス人の軍人にあやかったものだが、前にストーブ式の煙突が立ち、まん中は太った樽を寝かせたようなボイラー、そして後ろに機関士のデッキがあるという、いかにも機関車という姿であった。また、発明されたばかりの、転向台車［車軸が自由にまわる車両の車輪とりつけ部分］もついていた。これがあると車輪がレールにしっくりと乗った。

　ラファイエット号を作ったのはウィリアム・ノリスという人物だ。最初は反物屋だったが、商売がえをして1831年にフィラデルフィアで機関車の製造業に転じた。後には機関車製造の大手となり、機関車を本家のイギリスに売るまでなった。1836年には、ワシントン・カントリー・ファーマー号をフィラデルフィア＝コロンビア鉄道会社に供給した。この機関車には4つの車輪のための転向台車がそなわっていた。まるで軸のついた独自の荷車が前についているように見えた。転向台車は、すでに、ニューヨーク・ウェスト・ポイント鋳物工場でジョン・B・ジャーヴィスによって製造され、ブラザー・ジョナソン号で試験ずみであった（「ブラザー・ジョナソン」はかつて「アメリカ」を意味する代名詞として用いられた）。4車輪の転向台車のおかげで、ファーマー号も、その後継車種のラファイエット号も（そして将来のほとんどすべての旅客用機関車も）、カーブの部分でしっかりと線路をかむことができるようになった。ボルティモア＝オハイオ鉄道の経営陣は転向台車のアイディアがすっかり気に入り、8台の機関車のために発注した。

　この鉄道がオハイオ川まで通じるには1842年までかかった。そしてその頃になると、東部海岸に沿って、新設の鉄道網が張りめぐらされていた（ボルティモア＝オハイオ鉄道に遅れをとるまいとばかりに、キャムデン＝アムボイ鉄道、モホーク＝ハドソン鉄道が建設された）。しかしながら、ボルティモア＝オハイオ鉄道はアメリカの鉄道史をリードしつづけた。時刻表をはじめて発行したのも、電気機関車をはじめて導入したのもボルティモア＝オハイオ鉄道だった。また、1930年には、全国にさきがけて空調設備を入れた列車を導入したのだった。

ラトローブの長物

　ボルティモア＝オハイオ鉄道を推進した人物フィリップ・トマスの名は、土木工学の粋ともいうべき建造物に燦然と残っている。すなわち〈トマス高架橋〉である。鉄道は1831年にボルティモアからワシントンへの延長の認可が下りて、〈トマス高架橋〉が完成した後、1835年に開業した。この高架橋は8スパンの構造で、作られた時にはアメリカ一の長さだった。またアメリカ大陸で初の、曲線の上に作られた石造りの橋でもあった。パタプスコ川と谷を渡るには曲線でなければならなかった。〈ラトローブの長物〉（ジョン・H・B・ラトローブの兄で設計家のベンジャミン・ヘンリー・ラトローブ2世の名にちなんで、こう呼ばれる）はすぐ落ちるだろうと信じた者は多かった。だが、この谷の歴史で最悪の、1868年、1972年という2度の洪水でも流されなかった。

ボルティモア＝オハイオ鉄道　31

1833年 サウスカロライナ運河・鉄道会社

国：アメリカ合衆国
タイプ：旅客・貨物輸送
全長：219キロメートル

◆ 社　会
◆ 商　業
◆ 政　治
◆ 技　術
◆ 軍　事

1920年代にダンスの流行でチャールストンという名が一躍アメリカの全国区の名となったが、その火種となったのは町の波止場周辺の産業地区だった。そのちょうど100年前のこと、この同じ町がアメリカで最初の公共鉄道の1つを作ることで、歴史を作ろうとしていた。

空飛ぶ鳥のようなスピード

1813年に、ボルティモアで朝食をたべて、その同じ日の夕食をニューヨークでとるなどと言いだすと、何をばかげたことをと笑われるのがおちだった。だが、それを言ったのは、モノの見える人物だった。50年もたたないうちに、「マンスリー・クロニクル」誌に、「ボルティモアとニューヨークの距離は、(汽車で) ゆうゆう1日で行ける」と記されるまでになった。

オリヴァー・エヴァンズは1755年に生まれ、車大工の徒弟となった。鍛冶屋の店と同じで、村の車大工の店は夕方に人が集まってくる場所だった。暖かく、明るく、仕事のあるときは、活気に満ちた場所だったからだ。車輪を作るには、まず鉄の輪金をまっ赤になるまで火で熱し、十分に膨張したところで木製の外輪にかぶせる。徒弟がそれに冷水をあびせて車輪のまわりで収縮させるのだが、あたりにはもうもうと水蒸気がたちこめる。それと、鍛治屋の徒弟のお遊びは人気のまとだった。ライフルの銃身に水を入れ、つめ物で密封してから鍛治屋の火で熱すると、蒸気で爆発がおき、ねぐらについたカラスたちが一斉にばたばたと飛び上がったものだ。このような光景を見て、エヴァンズは深く思うところがあった。

エヴァンズが学んだのは蒸気の力だ。ボイラーで水を熱すると水蒸気となって膨張する。エヴァンズは水蒸気がピストンを動かせることを知った。ボールトンとワットの低圧蒸気エンジンを調べて、その欠点がどこにあるかを見つけた。そしてリチャード・トレヴィシックがペニダレン号のために設計を洗練させていったように、エヴァンズは蒸気を動力とする車両を線路の上で走らせることを構想した。そればかりか「蒸気のエンジンで動く客車に乗って、鳥が飛ぶほどのスピード、すなわち時速15-20マイル［約24-32キロメートル］で都市から都市へと移動できる日がくるだろう。空中をそのようなスピードで飛んでいき、次々と風景が変わっていくさまを見るのは、とても心躍る楽しい経験だろう」と述べている。

先見の明
オリヴァー・エヴァンズはやがて蒸気の力が機関車を走らせ、人を何百マイルも移動させる可能性を予見していた。

> 乗物が朝ワシントンを出て、乗客がボルティモアで朝食をとり、フィラデルフィアで昼食を食べ、同じ日の夕食をニューヨークでとるだろう。
> ──鉄道の予言者、オリヴァー・エヴァンズ (1813)

32　世界史を変えた50の鉄道

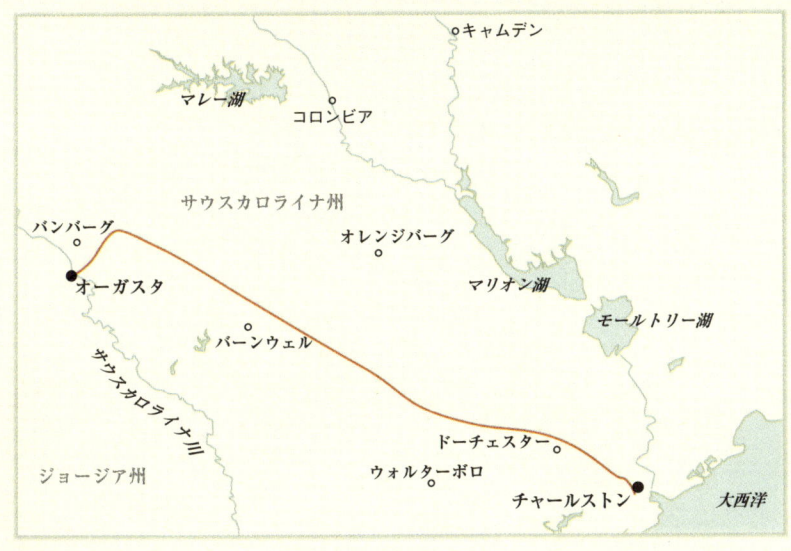

チャールストン港
チャールストンに鉄道がやってきたことによって、近隣の町よりも商売が圧倒的に有利になるだろうと、町の人々は期待した。

　1789年という時点ですでに、エヴァンズは水陸両用の蒸気機関車の設計で特許をとっている。ところが19世紀初頭のアメリカにはベンチャービジネスのアイディアはきら星のようにあったものの、自由資本がほとんどなかった。エヴァンズは特許から収入を得るにも、新たなプロジェクトの資金繰りをするにも困難にみまわれた。イギリスで出資をつのろうと、エヴァンズの友人が海を渡った。出資者が見つかる前にこの友人は死亡したが、リチャード・トレヴィシックがオリヴァー・エヴァンズの蒸気機関車の設計図を見てしまった可能性もあると想像するむきもある。ペニダレン号にはアメリカの発明家エヴァンズの創案が入りこんでいるのだろうか？
　エヴァンズは1819年に亡くなった。その少し前に製作工場で火事があったが、不満をもった従業員が起こしたものではないかと考えられている。彼の死の1年後のこと、「蒸気のエンジンで動く客車に乗る」というエヴァンズの夢が軌道に乗りはじめた。サウスカロライナのチャールストンが、アメリカで最

水陸両用
オリヴァー・エヴァンズは1780年代に、蒸気力を利用した水陸両用の乗物の設計で特許をとった。

サウスカロライナ運河・鉄道会社　33

初期の鉄道の1つを建設しはじめたのだ。

チャールストンがんばる

　ジャズミュージシャンのジミー・ジョンソンは、1920年代の半ばごろ、ダンスのヒット曲でチャールストンの町の名声を不滅のものとした。ジョンソンによれば、この音楽は波止場で働く黒人からヒントを得たものだったという。町の名はもとはといえばイギリス王チャールズ2世にちなむもので（独立戦争の際にイギリス軍に攻撃された後は、いくらか恨みもこもったが）、初期のイギリス人入植者のことばを借りるなら「偉大なる港町」にいつかなりたいという野心をも表していた。栄えに栄えた奴隷貿易からの血まみれの金、バックスキンのズボンの流行（1700年代には商取引の大きな部分を占めた）により、チャールストンはアメリカの10大都市の1つに躍り出た。ところが1820年代になると雲行きが怪しくなった。奴隷の反乱のうわさがたえず、白人たちはびくびくしていた（首謀者とされるデンマーク・ヴィージーほか35名の者たちが大急ぎで絞首刑に処された）。そればかりか、西部の経済的成長により、チャールストンの商業的地位もゆらぎはじめていた。1827年に設立された〈サウスカロライナ運河・鉄道会社〉のメンバーたちは、地域経済活性の起爆剤として、チャールストンと内陸の市場を鉄道で結ぶことを考えた。

開業の日
1830年のクリスマスの日に、〈ベスト・フレンド・オヴ・チャールストン号〉が最初の列車を引いて、チャールストンを出ていった。

　開通は1830年のクリスマスの日だった。チャールストン新報の報じるところによれば、「141名の乗客は風の翼に乗って、時速15から25マイル［約25から40キロメートル］のスピードで飛んでゆき…またたくまに帰ってきた」とある。10キロメートルの区間を5両の客車を引いて走ったのは、アメリカ大陸初のフルサイズの蒸気機関車だった。ニューヨークのウェスト・ポイント工場で製造され、分解されてチャールストンまで輸送されてきたもので、〈ベスト・フレンド・オヴ・チャールストン号［チャールストンの最高の友］〉と名づけられた。

蒸気の最高の友

　ベスト・フレンド号はそれまでの蒸気機関車とは異なる外見をしていた。運転士は機関車の前方の安全柵の後ろに乗り、縦置きにされたロケットのようなボイラーが運転士の背後にあった。このような縦置きのボイラーと貯水タンクを見るかぎり、50名以上の乗客をのせた5両の客車を引いて、時速32キロで走ることのできる頑丈でしっかりとした機械ではあった。ただ、1つだけ難点があった。蒸気が上がるとボイラーの安全弁がヒュウヒュウとあえぐのだった。ある機関助士がこの問題を解決しようとして、弁をしばりつけた。悲劇が起こるべくして起きた。1831年、ボイラーが爆発してこの気の毒な機関助士は死亡、機関車も大破した。機関車は再生され、みずからの灰からよみがえるという神話の鳥にちなんでフィーニックス号と改名された。ボイラーの安全弁は、人の手で小細工できないものとなった。

この蒸気機関車の背後にいたのは、地元のビジネスマン、エズラ・L・ミラーだった。ミラーも「鉄道屋」たちのように鉄道の未来に楽観的で（イギリスのレインヒルで速度試験が行われたとき、ミラーはチャールストン鉄道会社の主任エンジニアだったホレイショ・アレンとともに、見物人の群れの中にいた可能性がある）、すばやく鉄道会社の経営陣に名をつらねた。蒸気機関車の製造を委託するという案に仲間たちがためらいを見せたときには、現金（4000ドル）をぽんと出して、設計図までもってきた。マシアス・ボールドウィンと組んだミラーはボールドウィン蒸気機関車工場を設立した。そしてサウスカロライナ運河・鉄道会社に売られた〈E・L・ミラー号〉、それに有名な〈オールド・アイアンサイズ号〉が製造された。

鉄道に投資する

　ミラーのベスト・フレンド号は、アメリカ本土にはじめてお目見えした蒸気機関車というわけではない。イギリスでも大陸ヨーロッパでもそうだったが、最初に線路を敷設して、その上で人もしくは動物の引く荷車を走らせたのは炭鉱夫や石切職人であった。デラウェア＝ハドソン運河会社は、イギリスのスタウアーブリッジにあるフォスター＝ラストリック社から、蒸気で走る〈スタウアーブリッジ・ライオン号〉を輸入した（これはイギリスの外で走るはじめての蒸気機関車だった）。このときホレイショ・アレンはデラウェア＝ハドソン運河会社のエンジニアで、4台の機関車を発注した。〈スタウアーブリッジ・ライオン号〉にくわえてさらに2台をラストリック社から、そして4台目をジョージ・スティーヴンソンに注文した。完成され輸送されたのはスティーヴンソンの機関車のほうが早かったが、処女運行の栄誉に浴したのはラストリック社の〈スタウアーブリッジ・ライオン号〉のほうだ。その1年後に、小柄な〈親指トム号〉がボルティモアの線路を走りはじめたのだった。

　一見したところ、チャールストンから伸びはじめたわずかばかりの線路は、ちっぽけで、おそまつなシロモノのようではあった。だが、それは鉄道の建設戦争の開幕を告げる一斉射撃のようなものだった。アメリカにおける鉄道の発展は、イギリスとはまるで違っていた。イギリスでは距離も短く、輸送量も比較的多かった。だから、ジョージ・スティーヴンソンが説得して銀行家のサイフのひもがゆるんだら、資本はどっさりと供給された。これに対して19世紀初期のアメリカでは現金もなければ、輸送量もそう多くはなかった。とはいえ土地の値段は安かったので、チャールストン線の成功を見て、ビジネスマンや政治家は鉄道への投資に目を向けるようになった。10年もたたないうちに、約4828キロメートルの鉄道ができることになる。そしてその後の20年でこの数字は3倍になるのである。

アメリカで最初のエンジニア
◆
　ある新聞の報道によれば、1869年のニコラス・W・ダレルの葬儀に、サウスカロライナの鉄道従業員が集団で参列した。亡くなったダレルはアメリカで最初の機関車エンジニアだったと、彼らは思っていた。ニューヨークから来たジョン・デグノンという人物は、のちに、自分はダレルに知っていることをすべて教えたと述べたが、〈ベスト・フレンド号〉ばかりか、2番目の機関車〈ウェスト・ポイント号〉（ニューヨークの製鉄所にちなんで命名）を走らせたのも、ダレルだったようだ。最終的には、もう1台、〈サウスカロライナ号〉（8つの車輪をもつはじめての機関車）がくわわって、ボルティモア＝オハイオ線を走った。

1834年 ダブリン＝キングズタウン鉄道

国：アイルランド
タイプ：旅客輸送
全長：10キロメートル

◆社　会
◆商　業
◆政　治
◆技　術
◆軍　事

アイルランドの線路が、ウィリアム・ダーガンがダブリン＝キングズタウン間に敷いた線路の幅に合わせてくれていたなら、その後の鉄道の発展は順風満帆だったはずだ。ところが、アイルランドでは異なるゲージが採用されたため茨の道となった。そしてその余波は遠く海のはてオーストラリアにまでおよんだ。

ラバの尻？

ウィリアム・ダーガンはアイルランドの農民の子として生まれ、村の小学校で教育を受けて育った人物だった。1820年代のこと、彼は収支決算をみて気をよくしていた。300ポンドの黒字だった。これはスコットランドのエンジニア、トマス・テルフォードのもとで働いて得た成果だった。テルフォードはシュロップシャー州シュルーズベリーの聖チャッド教会の一部が崩れおちることを予言したことで、名声が高まっていた。その3日後に、じっさいに落ちたのである。

ダーガンは、ウェールズ北部とダブリンでの道路建設の仕事でテルフォードに雇われた。そしてストックトン＝ダーリントン鉄道に続けとばかりに鉄道建設ラッシュがおきると、アイルランドで初の乗客輸送のための鉄道、すなわち

海岸線
ウィリアム・ダーガンはジョージ・スティーヴンソンと同じゲージで、ダブリン＝キングズタウン鉄道を敷設した。

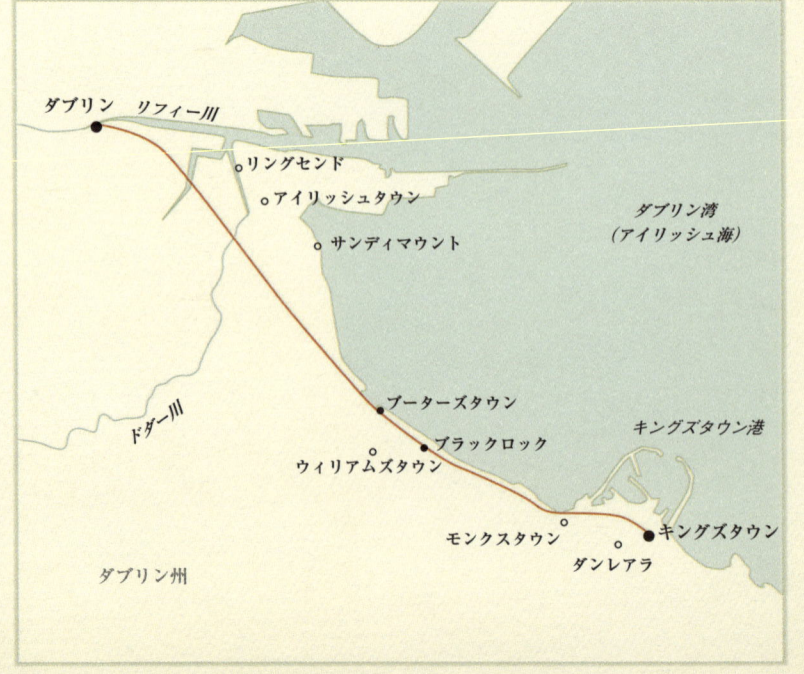

ダーガンの鉄道
ウィリアム・ダーガンはアイルランド初の旅客鉄道を建設した人物で、当時の標準ゲージを用いた。

ダブリン＝キングズタウン線10キロの設計にくわわることになった。敷設作業としては比較的容易な路線ではあったが、各地で問題がもちあがった。海辺を走るのだが、ある地主から、自分は毎日アイリッシュ海で健康のために泳いでいる、鉄道はプライバシーの侵害だと苦情があった。鉄道会社は、浜辺に行くための線路をまたぐ歩道橋、海水浴場にロマネスク風の神殿のような建物まで作られた。

ダーガンはレールとレールのあいだの幅、すなわちゲージについてはこだわりがあった。正確に1.435メートル（56.5インチ）、すなわち〈スティーヴンソン式ゲージ〉と呼ばれるものにしようとした。これはストックトン＝ダーリントン線で採用されたものだった。スティーヴンソンがこれを採用したのは、〈チョールドロン〉すなわち石炭を運ぶ荷車が昔からそのゲージだったからで、あらたな鉄道が、鉱山の鉄道と相互に乗り入れできることを狙ったのだ。

荷車のこのゲージには何千年もの歴史がある。ギリシアのコリントスの近くにディオルコスと呼ばれる、石でたたまれた軌道がある。そこでは今でも、轍の跡のきざみこまれているのが見える。約1.5メートル幅の線路のような跡である。これは古代ギリシアの鉄道だったのだと唱える歴史家がいる。では、なぜこの幅なのかというと、奴隷を除けば、古来荷を引くのは馬、牛、ラバの仕事ときまっており、レールのあいだは２頭の動物がならべるほどの間隔でなければならないという、じつに単純な理由があったのだという。この説が正しいとするなら、〈スティーヴンソン式ゲージ〉はラバの尻の横幅によって決まったということになるのである。

> わたしは商業的な企画を進めることはすばらしいと思う…それがどこに行こうと、われわれが文明と呼ぶものがそれについてくるからだ。
> ──トマス・テルフォード

ひょっとすれば、スティーヴンソンはリヴァプール＝マンチェスター線を作ったとき、もっと広いゲージを採用したかったのかもしれない。その方が幅の広い客車が利用でき、乗り心地もよくなったはずだ。しかし、その頃にはもう蒸気機関車を次々と製作し、さまざまな鉄道の設計を行なっていた。いままでおなじみのものを踏襲するのがよいと感じられたのだろう。

ゲージ
ゲージ、すなわちレールの間隔は、ジョージ・スティーヴンソンがストックトン＝ダーリントン線を作るときに決めたが、荷車の車輪の間隔がその起源だ。

ダブリン＝キングズタウン鉄道　37

アイルランド式ゲージへの変更

　アイルランド初の鉄道が1834年に開業し、通勤路線として人気が出た。これに続いて、アイルランドでは1839年にアルスター鉄道、1844年にはダブリン＝ドロエダ鉄道が開通した。ところが困ったことに、エンジニアが異なると、ゲージについても独自の方針でのぞんだ。アルスター鉄道はゆったりとして快適な1.880メートルを採用したのに対して、ダブリン＝ドロエダ鉄道はこれよりは細い1.575メートルとした。このままだと先々問題が大きくなることが予想されたので委員会が設置され、この問題について検討した結果、まったく新たな1.600メートルというゲージを答申し、これがアイルランドの標準となった。先発のダブリン＝キングズタウン鉄道は線路をはぎとって、転換しなければならなくなった。

　ちょうどその頃、オーストラリア、ニューサウスウェールズ州の総督が、線路のゲージについて思案中だったが、スティーヴンソン式ゲージを採用することに決めた。また、かつてダブリン＝キングズタウン鉄道のエンジニアだったフランシス・シールズによってシドニー＝パラマタ間にニューサウルウェールズ初の鉄道の建設が始められると、サウスオーストラリア州とヴィクトリア州も右にならえであった。その後シールズは辞任し、アイルランド式ゲージに変えられることとなった。この時点でその他の鉄道は設計段階にあった。ヴィクトリア鉄道の完成は1854年、サウスオーストラリア鉄道が完成したのは1856年のことだったが、どちらもニューサウスウェールズに合わせて、アイラン

1等、2等、3等
1843年の「ブラッドショウ月刊鉄道ガイド」には、ダブリン＝キングズタウン鉄道の乗車料金がのっている。「1等1シリング、2等8ペンス、3等6ペンス」とのこと。

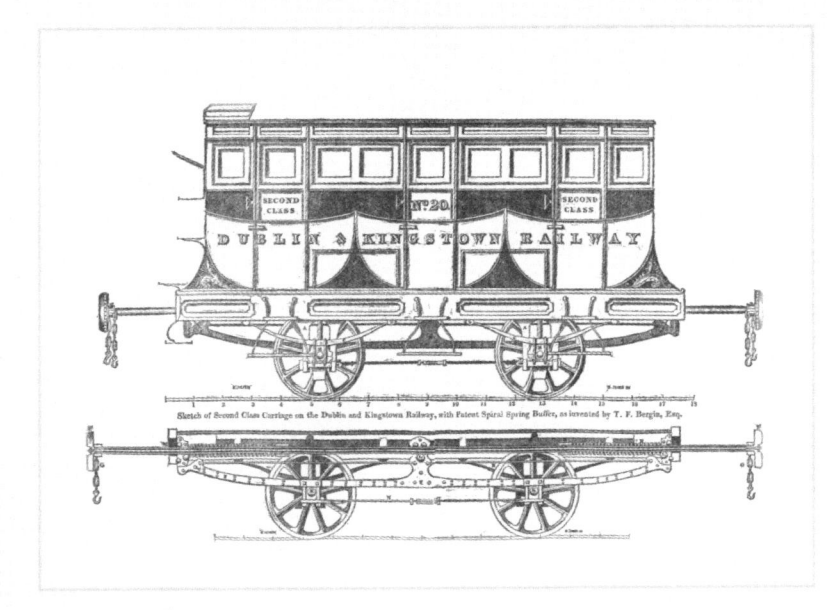

乗り心地がよくなる
客車の設計は、この「特許の螺旋スプリングバッファー付き」の2等車のように、旅客が増えるにつれて改良されていった。

ド式ゲージに変更されていた。

シールズの後任となったのはスコットランドのエンジニア、ジェイムズ・ウォレスだった。ウォレスはスティーヴンソン式ゲージに戻ることにし、不思議なことに、総督のウィリアム・デニスンもこれを許可した。シドニーの鉄道は1855年に開通した。オーストラリアのどの線路とも異なるゲージだった。その後、オーストラリアはゲージの問題と格闘し、多大の出費をさせられることになる。

鉄道が広まるにつれて、その他のゲージも登場してきた。世界の鉄道の60パーセントは〈スティーヴンソン式〉、すなわち〈標準〉ゲージを選んだ。ロシア、イベリア半島、インドの一部、パキスタン、アイルランドなど25パーセント弱の鉄道は広いゲージだ。その他、南米、アフリカの中央部・南部などでは、狭いゲージが用いられている。異なるゲージが出会う場所では、乗客には待ち時間ができてしまう。1つの解決法は、二重ゲージの線路を作ることだ。そうすれば汽車が違っても走れる。

ちょっとしたトリビアを1つ。ゲージの広さは近年だけの問題ではなかった。新石器時代の農夫たちも荷車のゲージについては考えがまちまちだったようで、1.3メートルから1.7メートルと大きな幅があった。青銅器時代になってようやく、荷車の製作者のあいだに標準サイズができたようだ。それはスティーヴンソン式ゲージと大差ない1.4–1.45メートルであった。

リストウェルから
バリーバニオンへ
◆

1888年、アイルランドの鉄道がまたしても革新的な方向へと走り出した。フランス人の設計家シャルル・ラルティーグが、ゲージの問題に過激な解決策を提案した──レールを1本にすればよいのだ、と。鉄の架台をケリー州の海岸沿いにリストウェルからバリーバニオンまで作り、その上に1本の線路を敷いていくのだ。双子のボイラーを線路にまたがらせる必要があるほか、乗客と貨物も左右バランスをとってのせなければならなかった。アイルランドの内乱で損傷をうけ、1924年に廃止となったが、2003年に線路の一部が再建された。

ダブリン＝キングズタウン鉄道 39

1835年 ブリュッセル＝メヘレン鉄道

国：ベルギー
タイプ：貨物・旅客輸送
全長：20キロメートル

◆社　会
◆商　業
◆政　治
◆技　術
◆軍　事

イギリスで鉄道の歴史が始まると、ベルギーはヨーロッパの他の国々への追従をやめ、ヨーロッパ大陸で初の鉄道建設へと向かいはじめた。そしてついには、小さな国ながら世界中でもっとも鉄道網の発達した国となった。

レオポルド王の線路

1830年、まるで蝶がさなぎの殻を破って出てくるように、ベルギーという新興国がオランダから独立した。1815年にナポレオンが敗れた後で隣国に吸収されていた国が、1830年の反乱を契機として国民国家として生まれたのだ。国王レオポルド1世のもと独立国とはなったものの、国境周辺では小さな紛争がたえなかった。ブリュッセルを中心として、東から西へ、北から南へと国中に四通八達する戦略的な線路網の案を作れという命令が飛んだ。

1834年には、この国家鉄道ネットワークの大枠案が国王のデスクの上にのり、王の裁可を待っていた。それは壮大な計画だったが、レオポルドはその第一歩、すなわちブリュッセルからメヘレンへの鉄道計画にゴーサインをあたえた。ヨーロッパ大陸で最初の旅客鉄道となるものであった。

そのころ、レオポルドは王家の血を引く2人の親戚――姪のヴィクトリアと、甥にあたるザクセン＝コーブルク＝ゴータ公子アルバートの婚礼の儀を整えようとしていた。ヴィクトリアはイギリスの王位を継承して（イギリス王家は第1次世界大戦中、反独感情への配慮からドイツ名をすて、イギリス風の響きをもつ「ウィンザー」という名に変わった）、鉄道を土台にして築き上げられた帝国の君主となる運命にあった。

レオポルドの鉄道建設はどんどん進展していた。線路が敷設されるいっぽうで、機関車の注文が海峡の向こうのイギリスへと出された。いかにも重そうな名前の〈レレファン［象］号〉が、マージーサイドにあるチャールズ・テイラーの工場

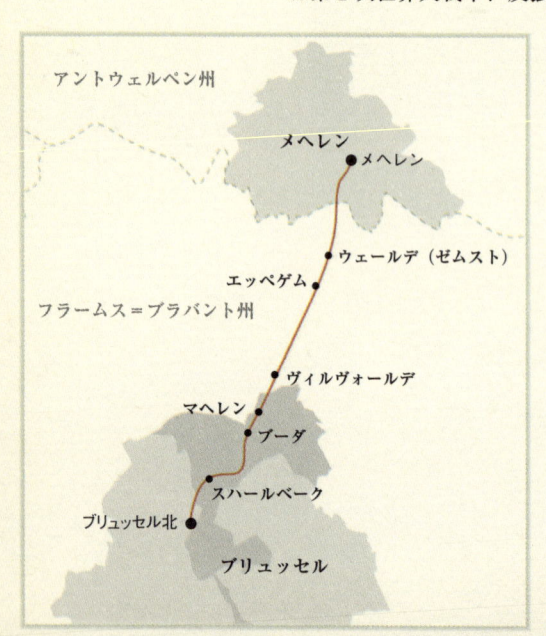

ベルギー
ベルギー王レオポルト1世が、ヨーロッパ大陸で最初の鉄道の建設を推進した。

（もともとリヴァプール＝マンチェスター鉄道への機関車納入のために設立された）からやってきた。またスティーヴンソンから〈ラフレッシュ［矢］号〉と、〈スティーヴンソン号〉が納品された。1835年の開通式の日、この3台の機関車が、約1000名の乗客を乗せた30両の客車をひいて走った。ジョージ・スティーヴンソン自身も「おしのび」ということで、乗客にまじっていた。戻りは、〈レレファン号〉だけで客車を引いて帰った。

ベルギーのロケットダッシュ

　ベルギーにとってやっかいな隣人であるオランダは、やっといまからスタートを切ろうかというところだった。国を代表するアムステルダム港からライン地方へと鉄道ルートを建設するといううわさはあった。しかし、以前にリヴァプール＝マンチェスター鉄道のエンジニアだったウィリアム・ベイクが考えた初期の案──アムステルダムからドイツの都市ケルンへの鉄道を建設しようという案──は頓挫してしまった。そこでベイクの部下だったW・C・ブレイドに白羽の矢が立ち、アムステルダムからハールレムまで線路を試しに敷設することになった。乗客の輸送のみが当初の予定だった。建設は順調に進み1839年に開通したものの、何をまちがえたのか1.945メートルという「誤った」ゲージとなっていたため、急いで取り換えなければならなかった。ここでも、最初に列車を牽引するのはイギリスで製造された2台の機関車、すなわち〈アーレント［ワシ］号〉と〈デスネルヘイト［スピード］号〉であった。

　ふたたびベルギーに戻ろう。1年後の1836年にはメヘレンまでの線路が延長されてアントウェルペンに達しており、8年以内にヘントとオーステンデにまで伸び、ドイツとフランスの国境に達していた。1830年の独立戦争のあいだ、シタルトの町は独立派の側についた。オランダとの条約のなかで、ベルギーはオランダの領土を通過してプロイセン国境に達する道路もしくは運河を造ることが認められていた。1868年、ベルギーはシタルトからのこのルートに、〈鉄のライン川〉と称されるようになった鉄道を敷設することにした。ベルギーはスタート直後のロケットダッシュのあともペースをゆるめることなく、1平方マイルあたり、世界でもっとも密度の高い鉄道網を誇るまでになったのだ。

走りはじめ
処女運行の際、ジョージ・スティーヴンソンがおしのびでブリュッセルからメヘレンまで乗っていった。

1835年 ニュルンベルク＝フュルト鉄道

国：バイエルン
タイプ：貨物・旅客輸送
全長：6.4キロメートル

◆社　会
◆商　業
◆政　治
◆技　術
◆軍　事

　どの国においても、最初の鉄道は国の発展の歴史のなかに重要な一歩をしるすことになる。バイエルンの〈ルートヴィヒ鉄道〉は中央ヨーロッパの鉄道建設ラッシュを予感させたばかりでなく、統一ドイツの成立にも貢献した。

バイエルンはイギリスから何を学んだか

　1835年12月にバイエルンの〈ルートヴィヒ鉄道〉が開通したとき、そこに群衆はいたけれど、名前の由来となった国王の姿はなかった。これに対して、4年前のプロイセンでは、プロイセン王の弟にあたるヴィルヘルム王子が、彼の名にちなんで名づけられることになる鉄道の開通式に列席し、王族の人々が、カーペットを敷いた、がらんとした貨車に乗って処女運行を楽しんでいた。

　ところがバイエルンの王ルートヴィヒはといえば、この心おどる新企画に自分の名前まで使わせたにもかかわらず、すっかり興味を失っていた。今はドナウ川とマイン川を結ぶ運河の計画に夢中で、心ここにあらずというありさまだったのだ（この人は運河の熱狂的なファンだった）。それに、最近、愛人だったジェイン・ディグビーにふられたばかりで、その意味でも心ここにあらずだったのかもしれない。ジェインはイギリスの貴婦人で、目もさめるほどの美人だった。ニュルンベルクとフュルトを鉄の線路で結ぶという案が浮上した当初は、王もそれに熱狂した。その上を貨車を馬に引かせることもできるが、ジョージ・スティーヴンソンのイギリスの製作所で作られているという、まだ見たこともない機関車に引かせるなどという話が出ると、みな大喜びした。イ

ドイツ
バイエルンで最初の鉄道の建設を促進させたのは、国王のルートヴィヒ1世だった。

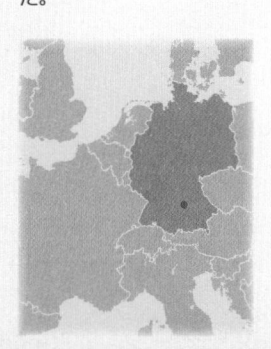

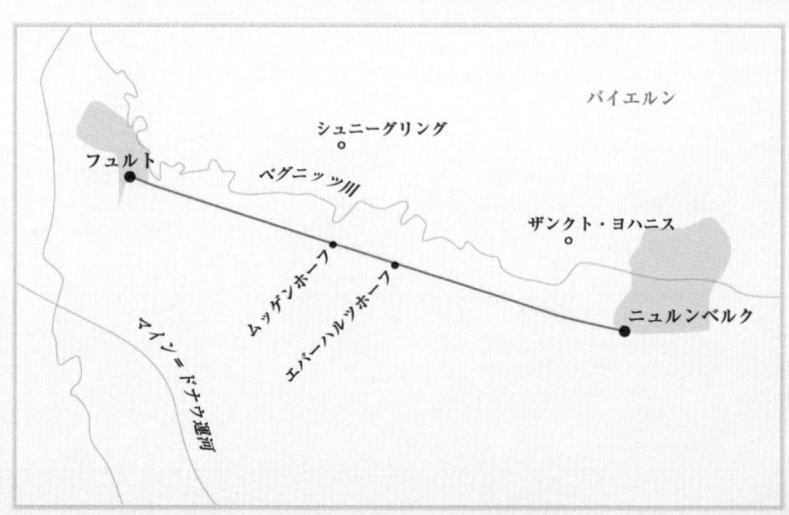

42　世界史を変えた50の鉄道

旅客の輸送
人間よりも貨物を運ぶ予定だったが、この鉄道はまもなく週に9000人の乗客を運ぶようになっていた。

ギリスの鉄道の発達を、ヨーロッパは興味津々で見ていたのだ。
　フランスはじっと静観しているというふうだった。ナポレオン戦争による疲労感が影響していたのかもしれない。ベルギーとオランダは指をくわえて見ているつもりはなく、早々に蒸気を上げはじめた。ところがバイエルンは行くべき方向に迷いがあった。最初、王は臣下のヨセフ・フォン・バーダーをイギリスに派遣し、鉄道を研究させた（その後この人物はバイエルンの鉄道の草分けとなる）。さらに、鉄道の問題はバイエルンの議会でも議論された。ミュンヘンのニンフェンブルク城で、円形線路を敷いて、蒸気機関車を走らせようという案まであったが、いつのまにかうやむやになってしまった。
　最初の第一歩をふみ出したのは地元のビジネス界の人たちだった。1833年、いかにもドイツらしい〈機関車付きニュルンベルク・フュルト間鉄道敷設会社〉という長い名前の会社が設立された。その後ろ盾となった中心人物の名はもっと短く記すことができる。ジョージ・プラトナーとヨハネス・シャーラーだ。プラトナーとシャーラーは必要な資本、13万2000ギルダーを苦もなくぽんと差し出し、ついでエンジニアが指名されるとみんなあっけにとられた。指名されたのはフランス生まれのポール・カミーユ・ドゥニ。なぜフランス人が、と思ったのだ。バイエルンはナポレオンのオーストリア侵略の際にはナポレオンを支持したが、その後立場を変え、今は同じドイツ文化圏として、オーストリアおよびプロイセンとゆるやかな同盟関係にあった。指名のあと政治的なごたごたがあり、ドゥニはみずからの政治的立場を明らかにした。それを非難されたので、ヘソを曲げたドゥニはヨセフ・フォン・バーダーにならって、そそくさとイギリスに行ってしまった。めざましく発展する鉄道の研究にうちこもうというのであった。

ニュルンベルク＝フュルト鉄道　43

アドラー号

◆

1935年に、アドラー号の複製が、ルートヴィヒ鉄道の100周年を記念して製作された。1935年の映画『ダス・シュタールティア』[鋼鉄の野獣]では、鉄道の開通式で、エクストラとして登場して動くシーンがある。ゲシュタポを創設したヘルマン・ゲーリングはドイツの鉄道でイギリス製の機関車を見せるのは好ましくないとして、上映禁止にした。アドラー号はニュルンベルク鉄道博物館に展示されていたが、2005年の火災で一部破損し、2年後に再生された。

ドゥニの政治的立場には感心しないにしても、シャーラーとプラトナーはこの男を見こんで指名したのであり、その期待が裏切られることはなかった。ドゥニの指導によって、リヴァプール＝マンチェスター線と同じく、スティーヴンソン式(すなわち「標準」)ゲージで線路が敷設された。そしてその後ヨーロッパの大部分が(少数の例外をのぞき)これを踏襲することになった。(〈プリンツ・ヴィルヘルム鉄道〉は狭軌で作られていたので、開通の16年後にレールを敷きなおさなければならなくなった。)

資金もあり、ルートも土地も確保できたとなると、次に目が行くのは機関車だ。ほとんどの列車は馬に引かせるつもりだった。プリンツ・ヴィルヘルム鉄道がそうだった。だがスティーヴンソンの機関車の成功談が耳に入ってくる。イギリス製の機関車1台、スティーヴンソンはいくら要求してくるだろうかとシャーラーは自問した。しかし、とても手が出ないと思ったようだ。というのも、まもなくシャーラーは2人のバイエルンの機関車製作者に、わずか560ポンドで機関車を納入するよう発注しているからだ。線路の完成がまぢかになってきたころ、シャーラーは機関車製作の進捗を確認したところ、あきれたことに請け負いの者たちが(オーストリアに)移転してしまったばかりか、完成させるのに2倍の料金を要求してきた。シャーラーはあわててニューカスルにあるスティーヴンソンの工場をふたたびおとずれ、1750ポンドという値段をのむことで、アドラー[ワシ]号と記した名札も誇らかな14.5トンの機関車をとどけてもらい、開通式にまにあったというしだいだった。

処女運行のとき、このイギリス製の機関車にはイギリス人運転士ウィリアム・ウィルソンが運転台にいた。リヴァプール＝マンチェスター鉄道で働いた経験のあるウィルソンは、アドラー号を誇らかに運転した。その場面を描いた絵を見ると、アドラー号が引いている客車はきれいな黄色で、それ自身の緑と赤に塗り分けられた装いとの対照がなかなか鮮やかで目に心地よい。

国家の神経組織網

ウィルソンはバイエルンが気に入り、そこに住むことにした。ただし、夜の間ニュルンベルクにとどまることは許されなかった。奇妙な条例があって、「労働者と外国人」はその日の仕事が終わったあとにとどまることが禁じられていたのだ。この法律はルートヴィヒ鉄道の重役に思わぬボーナスをもたらした。それによって汽車の利用が増えたからである。ルートヴィヒ鉄道はがんらいビールと新聞を輸送するために作られたが、まもなく週に最大9000人の乗客を運び、出資者にもたんまりと配当を運んできてくれた。

ルートヴィヒ鉄道が開通したとき、まだドイツという統一国家はなく、やっと農業経済から立ち上がろうとして、互いに張りあっているばらばらの小国のよせ集めだった。農民が家族でよりそって暮らし、季節と調和しながら働く村の生活には牧歌的な楽しさがあったが、その反面、地域ごとの孤立、くだらな

いいさかい、家どうしの血で血を洗う争いなど負の部分もあった。ドイツの経済学者フリードリヒ・リストは、これは不健全な状況であり、俗物根性、虚栄心、おらが村根性を助長すると考えた。ドイツ諸邦に必要なのは、鉄のレールでできた国家の神経組織網だと、リストは主張した。

　先見の明とはよくいったものである。フリードリヒ・リストは鉄道の知識が豊富だった。かつて、アメリカのリトル・スクールキルのブルー山脈を抜ける全長32キロの鉱山鉄道で働いていたことがあった。これは木製の土台に鉄をかぶせた線路で、当時としてはアメリカで最長のものだった。リストは、まだバイエルンのニュルンベルク線ができてもいないのに、1833年に出したパンフレットの中で、ベルリンを中心とした鉄道網によって、ドイツ統一への道筋がつけられるということを主張した。そればかりか、馬ではなく蒸気によって牽引される先進的な鉄道を、ライプツィヒ・ドレスデン間に提案した。ザクセンの当局は納得して21万ポンドの資本を提供することとし、スコットランド出身のエンジニアで、かつてリヴァプール＝マンチェスター鉄道で働いていたジェイムズ・ウォーカーがルートの測量を行なった。ウォーカーは設計図をジョン・ホークショウという名の別のイギリス人鉄道マンにゆだね（ホークショウは後にイギリスとフランスを結ぶトンネルを夢見て、不十分な、時期尚早の案を練り上げることになる。216ページ参照）、ニュルンベルク＝フュルト鉄道が完成して4年後に、ライプツィヒ＝ドレスデン線が開通した。1839年のことだった。

　フリードリヒ・リストは1980年に功績がたたえらた。その肖像が、ライプツィヒ＝ドレスデン線の開通150周年を記念する切手となったのだ。リストは私心のない一途な思い、混じりけのない純な信念の持ち主だったが、予言が実現するのをみずからの目で見とどけることはできなかった。世に認められることもなく、開通した路線からはほとんど感謝も（報酬も）なく、思いあまったリストはアルプスのティロルで休暇保養中に銃でみずからの命を絶った。

　ドイツの39の小国がようやく統一を見たのは1871年のこと、ニュルンベルク線が開通してから32年の年月がたっていたが、その頃になると、各鉄道会社にはすでに無国境の方針で合意ができており、国境をまたぐ列車を運行させていた。ドイツが国家として成立するはるか以前から、鉄道がドイツを作りつつあったのである。

> イギリスと北アメリカで鉄道がめざましい効果をもたらしているのを見ると、わが祖国ドイツも同じ恩恵にあずかることを望まないではいられない。
> ——フリードリヒ・リストのパンフレット（1833）

蒸気の予言者
フリードリヒ・リストは、鉄道によって統合された未来のドイツを予見した。

1837年 パリ=ルペック鉄道

国：フランス
タイプ：旅客輸送
全長：19キロメートル

◆社　会
◆商　業
◆政　治
◆技　術
◆軍　事

　共和制の実験、徴兵制度、そして鉄道の影響によって19世紀のフランスが生み出されたのだといわれる。だが、早々に首都で起きた事故によって、鉄道の歴史があやうく脱線・停車しかけたことがあった。

シュマン・ド・フェール──「鉄の道」

　1830年、ウジェーヌ・ドラクロアがフランス革命を描いた、心奮いたつ絵画「民衆を導く自由の女神」が一般大衆の前でヴェールを脱いだ。この絵には三色旗をもった自由の女神がバリケードを越えて、民衆を自由・平等・友愛というあらたな理想へと導こうとしている。しかし、1830年代のフランスではどちらに目を向けても「近代」が芽生えはじめていたが（リヨンの絹職人たちは、世界史的にみても早い時期に労働者の蜂起を起こしている）、「シュマン・ド・フェール」、すなわち〈鉄の道〉に走りだそうという気にはなかなかなれなかったようだ。

　パリとルーアンのあいだに132キロの鉄道を作ろうとしたとき、フランスは積年の怨念をすてて、イギリス人を雇った。ジョーゼフ・ロックがエンジニア、精力の塊のようなトマス・ブラッシーとウィリアム・マッケンジーが建設請負となり、約5000人のイギリス人の人夫によって、かつてセーヌ川が氾濫した原野を切り裂くように北へ北へとレールが敷かれていった。見物人たちは、人夫の熱心な働きぶりに驚嘆の声をあげた。

　この路線は1843年には開通し、ぶじ運行されていた。ただし、そこにいたる道のりは平坦ではなかった。ルーアンの一部のビジネスマンたちが、鉄の馬は古きよきフランスの風習を破壊する、運河と河川の商業を滅亡させるといって反対した（フランスの運河網は国の誇りだったのだ）。彼らのこのような反対には、フランスで最初の本格的な鉄道で起きた出来事が影をおとしていた。

　この鉄道とはパリの西部でセーヌ川をまたぐ全長19キロの、パリ=ルペック線のことである。この路線は機関車の走る鉄道で、銀行家のロスチャイルド家が一部出資し、旅客の運搬を目的として作られたものだった。

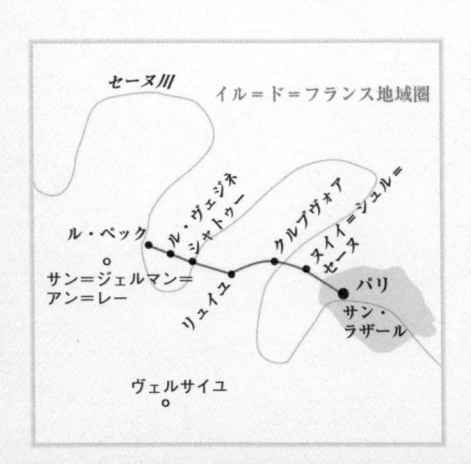

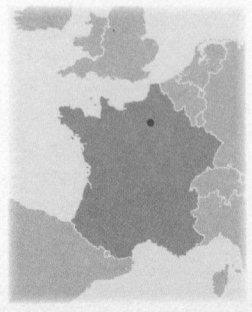

パリジャンの楽しみ
フランスには、鉄道時代を喜んで迎えようという気運がなかなか盛り上がってこなかった。とくにパリ=ルペック鉄道の死亡事故の後はなおさらだった。

46　世界史を変えた50の鉄道

この鉄道はエミール・ペレールの〈パリ＝サン・ジェルマン鉄道会社〉の財政的支援をうけて作られ、1837年8月にルイ・フィリップ王の王妃マリー・アメリーの臨席をえて開通したときには大成功かと思われた。屋根なしの客車、それに屋根付きで4つの扉のついた〈ベルリーヌ・フェルメ〉［閉じた客車］での旅を、公式発表で100万人以上の乗客が楽しんだ後で、複線化がなされた。また後には、この30分の旅が延長されて、旧体制のシンボルであるヴェルサイユ宮もふくまれるようになった。

　ようやくのことに鉄道歓迎の気運が高まってきたように思われ、大臣のルイ・ルグランは、パリを中心に太陽の光線のように放射状に出ている国家鉄道網を提案するにいたった。しかし、地平線には暗雲がたちこめていた。

ムードンを忘れるな！

　1842年5月のある日のこと、ヴェルサイユから乗客を乗せた客車が帰ってきたとき、大惨事が起きた。鉄道の揺籃期にはよくあったことだが、先頭を走る機関車の車軸が断裂し、機関車は脱線して炎に包まれた。（後日、車軸に金属疲労が生じていたと、スコットランド人エンジニアのウィリアム・ランカインは結論した。）チャールズ・アダムズが1879年の『鉄道事故覚え書き』に、この話をのせている。「乗客で混みあった3つの車両が…燃えている塊の上にのりあげた。客車の扉はロックされており…まのわるいことに、ペンキを塗りなおしたばかりだった。まるで松のたきぎのように炎を吹き上げた」。55名の犠牲者が出て、そのなかには著名な探検家ジュール・デュモン・デュルヴィルの名もあった。誕生したばかりの法科学の出番となり、最近デュルヴィルの頭部の型をとったばかりだった骨相学者が、人定鑑定をした。

　この事故は〈ムードン付近で起きた惨事〉と呼ばれるようになり、その後何年も、フランスで鉄道を推進しようとすると、「ムードンを忘れるな！」といって門前払いをくらわされることとなったのだ。

鉄道
◆
　エミール・ペレールと弟のイザークはユダヤ系の資本家だったが、鉄道は国と国の架け橋となり、人々に職を、世界に平和をもたらすものと信じていた。同時に鉄道は富をもたらすとも信じてもいたので、ロスチャイルド家がフランス北部の鉄道に大きな投資をしたのに対して、ペレール兄弟は南部に推定1万キロの鉄道を作った。さらに1852年に、2人はフランスの鉄道債権信用銀行、〈クレディ・モビリエ銀行〉を設立した。この銀行は、アメリカで大問題となった鉄道スキャンダルに登場することになる。

悲劇の日
パリの列車が脱線炎上し、ヴェルサイユ帰りの55人の乗客が死亡した。

パリ＝ルペック鉄道　47

1837年 グランドジャンクション、ロンドン＝バーミンガム鉄道

国：イギリス
タイプ：貨物・旅客輸送
全長：132キロメートル、および180キロメートル

◆ 社　会
◆ 商　業
◆ 政　治
◆ 技　術
◆ 軍　事

ロンドン＝バーミンガム鉄道とグランドジャンクション鉄道は２つの別々の路線だといわれるが、この２つによって、世界初の真の意味でのインターシティ鉄道が成立したのである。反対者は、自分たちの大切にしているものがすべて破壊されると言っておそれた。推進派の人々、鉄道関係者たちは口をそろえて社会変化の起きることを約束した。そして、その予言のとおりとなった。

鉄道のもたらす利益

ジェイムズ・ワットは機械工学の父だ。だが、同じジェイムズという名をもらった息子はそうではなかった。むしろ、それを毛嫌いする人物だった。すくなくとも、蒸気機関車が自分の地所を通りぬけることには猛反対だった。

親の財産のおかげで、息子のジェイムズは「アストン館」に住んで、貴族的な環境のなかで悠然と暮らすことができた。「アストン館」というのは、バーミンガム近郊にある、ジェイムズ王時代に建てられたいなかの豪邸だ。ロンドン＝バーミンガム線のためのルートが測量されたとき、ほとんどが秘密裏に行われた。ウィリアム・ジェイムズがリヴァプール＝マンチェスター間の測量を

イングランド中央部
インターシティ鉄道は、まずリヴァプール＝マンチェスター線のウォリントンからバーミンガムまで敷かれ、その１年後にバーミンガムからロンドンに接続された。

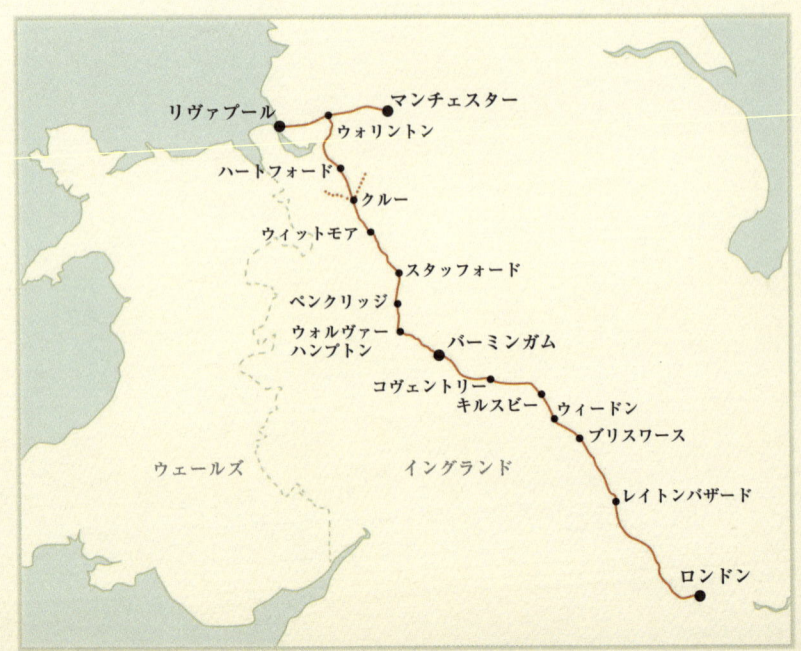

48　世界史を変えた50の鉄道

行なったときに生じたような紛争を、なんとしても避けようとしたのである。この測量によれば、「アストン館」はまさに鉄道の通り道になっていた。そしてジェイムズ・ワットが鉄道の通過を阻止したために、ロンドン＝バーミンガム線は、お金をかけてバーミンガムのカーゾン通りへ迂回路を作らねばならなくなった。これも、すべてグランドジャンクション鉄道と接続するという目的のためだった。

反対したのはワットだけではなかった。ある牧師が、教会での説教に忙殺されていなければ、自分の土地には測量人を入れないと言い張った。さらに、国王の主治医を勤めた功で爵位をもらった医師が、ロバート・スティーヴンソンに対して、社会の組織そのものをがたがたにするのかとつめ寄った。「貴殿の計画は荒唐無稽のきわみである。必要のない道を造るために、われわれの地所を四方八方切りきざもうとしている」と。交渉にあたったある人物が、腹にすえかねてこうつぶやいた。「ジョージ４世の首から腫れ物を切りとって『サー』の称号をもらっただけなのに、貴族の名に傷がつくなどといってわれわれを責めるのは笑止千万だ。われわれはこの御仁や近隣の人たちに鉄道の恩恵をあたえようとしているのに」と。

これとは逆に鉄道の利点を予想した人たちもいた。２つの新路線の経営陣は、リヴァプール＝マンチェスター線の株の配当が大きいことに注目している。また、興味深いことに汽車の旅が人々に喜ばれているらしい、とも記している。ある初期の鉄道作家フランシス・コフランは、鉄道旅行は快適の正反対だと述べている――「かならず機関車に背をむけ、客車の壁ぎわに座ること。そうすることで、屋根のない客車を吹き抜ける冷たい風で体を冷やすこともなく、煙突から出る小さな燃え殻で目が見えなくなることもない」と。このように不愉快な点が多いにもかかわらず、リヴァプール＝マンチェスター線の乗客の数は増加する一方であった。

では、貨物輸送はどうだったのだろうか？ リヴァプール＝マンチェスター線のおかげで石炭の価格が下がり、運河の輸送料金も下げざるをえなくなったが、石炭の輸送量を飛躍的に増加させたばかりではなかった。農場経営者も鉄道を重宝するようになった。家畜を生きたまま市場に運ぶことができたからだ。

構想されたのは２つの新路線だった。総延長がリヴァプール＝マンチェスター線のほぼ６倍となり、ウォリントンという小さな街でそれと接続するという計画だった。もっと詳しくいうなら、ロンドン＝バーミンガム線、それにバーミンガムからウォリントンまでをつなぐグランドジャンクション

蛙跳びの鉄道
◆

ロンドン＝バーミンガム線が開通したのと同じ年に、ロンドンに公共鉄道を作ろうという「驚嘆すべき野心」は、驚嘆すべき費用がかかる企画でもあった。ロンドン＝グリニッジ線は、ロンドンの市中わずか5.6キロを通過するのに、リヴァプール・マンチェスター間の56キロと同じ費用がかかった。ロンドンの無数の街路と交差するので、それをまたぐために、870以上のレンガ造りのアーチをこしらえたのである。完成するのに５年かかり、大量のレンガが用いられたので、全国的にレンガが不足したほどだった。それでも、鉄道会社の重役たちは客の利用があるかどうか不安だった。列車が右側を走るようにし（異例な構造で、イギリスでは４つの路線のみ）、線路に沿って散歩道を作って料金をとろうとした。ほとんど開業の日から乗客であふれかえり、散歩道は放棄された。

蒸気の先駆者たち
マシュー・ボールトン、ジェイムズ・ワット、ウィリアム・マードックの像がバーミンガムに立っている。

発達する蒸気機関車
社会は〈ウィラム・ビリー号〉のような蒸気機関車の導入によって発展しようとしているのだと、鉄道の建設者たちは説いた。

線という2つの路線である（この2つの路線は1846年に接合され、ロンドン＝ノース・ウェスタン線が誕生した）。グランドジャンクション線の主任エンジニアにはジョージ・スティーヴンソンが（ただし、後日後任のジョーゼフ・ロックに譲った）、そしてロンドン＝バーミンガム線のほうには息子のロバート・スティーヴンソンが任命された。

ロバートは路線の予定地を全線にわたって20度以上も歩いたという噂だったが、その180.2キロのすべてをほぼ水平にするよう計画した。唯一の例外はロンドンのユーストン駅から出ていく部分で、そこは短いながらも急な斜面となっている。この問題は、太いロープと固定したエンジンによって列車をひっぱり上げることで解決された。

「文明と進歩」

125.5キロのグランドジャンクション線の建設者にも、のりこえなければならない障害があった。プレストン・ブルックに3.2キロの深い切り通しを掘らなければならないばかりか、4つの大きな高架橋を作る必要があった。そのうちもっともやっかいだったのはダットンでウィーヴァー川を渡るもので、その完成には700名の労働者を動員して2年かかった。しかし、グランドジャンクション線は1837年、ロンドン＝バーミンガム線は1838年に竣工し、北に向かう玄関口となるユーストン駅で汽車に乗ると、はるかリヴァプールまで直通で行くことができるようになった。

ピーター・レカウントはロンドン＝バーミンガム線のエンジニア助手だったが、この人物の言を借りるなら、それはほとんど奇跡だった。レカウントは『鉄道についての現実的議論』（1835）という著書の中で、鉄道建設はピラミッドの建設よりも野心的なことであると述べ、どのような点でそうなのか詳しい数字をあげている。そればかりか、レカウントの本は鉄道の運行について詳細な事実が記されている宝の山である。たとえば、「機関士の義務」は次のようなものであった。「水位計にたえず気を配り、検水器の目盛りを見て必要と思われるときにはテストすべきである。ポンプを使用するときにはかならず小コックをひねり、すべてが正常に作動しているか確認しなければならない」

鉄道が都市の中へと入りこんでいったとき、社会にはいったい何が起きたのだろう？ それをくわしく描いて見せてくれたのはチャールズ・ディケンズだ（この場合の鉄道は、ロンドン＝バーミンガム線とみてほぼまちがいないだろ

威風堂々たる門
ロンドン発のインターシティ鉄道の駅に行こうとする人々は、有名なユーストンアーチをくぐった。このアーチは1960年代にとり壊された。

バーカムステッド駅
鉄道は「文明と進歩」を地方にもたらすことを約束した。同時に、運河産業を消滅させようとしていた。

う）。「できたてほやほやの酒場が〈鉄道亭〉なる看板をかかげ、モルタルと壁紙の糊の臭いをふんぷんと漂わせてはいるものの、向かいには何もなくがらんとしている。ビールを売っていた店が装いもあらたに〈穴掘り屋の宿〉なる木賃宿となり、由緒ある肉屋の〈ハム＆ビーフ〉が〈鉄道食堂〉に変身し、豚の脚のローストがいつでも食べられる」。「鉄道がまだ開通していないところでは」、「線路のすぐ目の先にみぐるしい畑、牛小屋、堆肥、どぶ、庭園、別荘、カーペットの埃をたたく地面があった。杭や、柵や、古い立ち入り禁止の札や、貧相な家の裏側や、いじけた草木を生やした庭によって鉄道はにらみつけられ、すくみこんでいた」。ところが線路が完成すると、「この恐ろしい混沌のまん真ん中から線路がなめらかに伸びて、力づよく文明と進歩への道を進んでいった」のである。

　この社会変化の予感、「文明と進歩」の約束は空手形ではなかった。ラグビー校の校長だったトマス・アーノルド博士は、開通したばかりのロンドン＝バーミンガム線を渡っている、スティーヴンソンの作った橋に上がって、汽車を眺めたといわれている。『ジョージ・スティーヴンソンの生涯』（1857）の作者サミュエル・スマイルズによれば、汽車が通りすぎるときアーノルドはこう言ったという。「なんとも楽しい光景だ。これで封建社会が永遠に去ったと思うと嬉しいかぎりだ。ひとつの悪がほんとうに消滅したと思えるのは大きな幸せである」。「文明と進歩」へのレールが敷かれたことは明らかだった。

グランドジャンクション、ロンドン＝バーミンガム鉄道　51

1837年 ツァールスコエ セロー鉄道

国：ロシア
タイプ：旅客輸送
全長：25.7キロメートル

◆ 社　会
◆ 商　業
◆ 政　治
◆ 技　術
◆ 軍　事

　ロシア初の鉄道は1830年代に作られたごく短いものだった。そして次に鉄道が敷かれ、サンクトペテルブルクがモスクワと結ばれるにはほとんど15年の歳月が必要だった。しかし、サンクトペテルブルクを起点とするこの鉄道は、ロシア帝政の歴史の中で大きな前進の一歩だった。

金持ちのおもちゃ

　1830年代には、鉄道など面倒ばかり運んでくるものだと考えている人々がいた。蒸気機関車が通りすぎると、草を食べている羊の毛が真っ黒になると信じて疑わない人たちがいた。汽車のスピードによって、人間の内臓に取り返しのきかない損傷がもたらされると思った者たちもいた。概してロシアの冬は寒いので、蒸気の時代だなどといっても、先に進まないうちに凍りついてしまうのが落ちだなどと考える者もいた。

　2人の男が——1人はオーストリア人、1人はロシア人だったが——それとはまったく逆の発想をもっていた。フランツ・アントン・フォン・ゲルストナーと、パーヴェル・ペトロヴィチ・メルニコフの2人。メルニコフはエンジニアで、ロシアの交通相をつとめたこともあった。この2人に鉄道の将来性を確信させたのは、海外での経験だった。2人ともアメリカの鉄道が動くさまを自分の目で見たのである。

　ロシアはむずかしい国だった。国境を接しているバルト海沿岸の国々、すなわちフィンランド、スウェーデン、ノルウェーと同じで、長距離を移動すれば、かならず何もない広大な荒れ地を横断しなければならない。しかもそのような荒野では、冬には川が凍結し、夏には干上がった。カスピ海のほとりの町から首都のサンクトペテルブルクまで物品を輸送しようとすれば、最大2年かかった。

　フォン・ゲルストナーは半信半疑の皇帝ニコ

きびしい条件
ロシアが鉄道の時代に飛びこもうとする際、疑問をもった人も多かった。機関車はサンクトペテルブルクの冬に耐えて動きつづけるだろうか、と。

52　世界史を変えた50の鉄道

ライ1世を説得して、サンクトペテルブルクからモスクワまでの643.7キロの鉄道には未来があると信じさせた。アイルランドが面倒を起こしかけたとき、イギリスはリヴァプール港まで鉄道で兵を送り、すみやかに展開させることで、問題を処理したではありませんかと、フォン・ゲルストナーは説いた。1825年に自国の反乱に手を焼いた皇帝にとって、これは殺し文句だった。1837年、鉄道の新設が命じられた。

　この鉄道は定規で引いたようにまっすぐに敷かれたが、1か所だけ急な曲がりがあるのはなぜか、ロシア人のジャーナリスト、ニコライ・グレッチュが語っている。皇帝が容赦なく線をえいとばかりに引いたところが、たまたまペンが指の上を通過してしまった。エンジニアたちは線が歪んでおりますなどとは、おそれおおくて言い出せなかったというわけである。

　メルニコフの監督のもと、この鉄道はサンクトペテルブルクとツァールスコエセロー、パブロフスク宮殿の間で試運転されたあと、1851年に開通した。作業が始まったのは1836年5月のことで、イギリス人技術者の一団および労働者、それにロシア人兵士たちがそこにいた。1年後に線路はできあがったが、ゲルストナーの発注した蒸気機関車のほうが追いつかない。鉄道貨車ときたらお決まりの動物である馬が、機関車がとどくまでのあいだ、冬の雪をついて列車を引くことになった。蒸気機関車がロシアの冬のあいだじゅうもつだろうかという心配はまもなく消えたものの、汽車には貴族以外の者を近づけてはまずいのではないかという皇帝の危惧のほうが根強かった。皇帝の存命中、ツァールスコエセロー鉄道はお金持ちのおもちゃでありつづけた。裕福なロシア人たちがパブロフスクの豪華コンサートへの足として使い、ウィーンの作曲家ヨハン・シュトラウス2世のような芸術家が、ワルツなどというめずらしい舞踏を演奏するのを愛でたのだった。

　しだいに、その他の北ヨーロッパの国々も、それぞれ鉄道の建設に手を染めはじめた。デンマーク初の鉄道の誕生は1847年である。ノルウェーは1854年にオスロ（クリスチャニア）からアイツヴォルまでの鉄道を開いた。スウェーデンは1862年にストックホルムからイェーテボリまでの418キロを開通させた（スウェーデンは最終的には、人口1人あたりの線路長が世界一となった）。そしてフィンランドはヘルシンキからサンクトペテルブルクまでの路線を完成させた。保守的な皇帝ニコライ1世は鉄道をロシアにもたらしたことが自慢の種だったが、1855年になってもたった805キロの線路をもっているにすぎなかった。そうはいっても、この小さなロシアの鉄道が第一歩となって、最終的には世界で最長の鉄道、シベリア鉄道（164ページ参照）へと発達してゆくのである。

ステータスシンボル
パブロフスク宮殿までの鉄道を使うのは、金持ちと著名人の特権だった。

ピョートル1世の志を継ぐニコライ1世が、ロシアに鉄道を導入した。
——ロシア初の鉄道の開通記念メダル

1837年 カマグエイ＝ヌエビタス鉄道

国：キューバ
タイプ：貨物輸送
全長：27.5キロメートル

スペインは隣国のフランスを信用しておらず、その鉄道の侵入を防ぐために、初期の鉄道のゲージをフランスと違えて作った。ところが、その結果、経済的孤立が長引くことになった。ただし、スペイン初の鉄道が作られたのはキューバでのことであった。これはラテンアメリカで初でもあった。

◆社　会
◆商　業
◆政　治
◆技　術
◆軍　事

孤立した老人

3世紀にわたって植民地大国として君臨してきたスペイン帝国も、19世紀に入ると、年相応に老いぼれてきたという印象がぬぐえなくなってきた。スペイン領の各地で——メキシコで、ベネズエラで、チリで、ペルーで独立運動が起きはじめていた。スペインはなおもラテンアメリカの植民地をにぎっていたが、それは乾いた砂をつかんでいるようなものだった。ぎゅっとにぎればにぎるほど、砂が手からこぼれていった。

イギリス、アメリカ合衆国、フランス、バイエルン、オーストリア、そしてロシアでさえ、すでに鉄道建設のスタートを切っていた。イタリアはナポリで8キロの短い路線を建設中で、ミラノ＝ヴェネツィアの長距離鉄道を設計しているところだった。スペインはバス（汽車？）に乗り遅れ、1848年になってようやく、バルセロナとマタロという小さな港町のあいだに32キロの鉄道を開通させた。ただし、この鉄道の設計はミケル・ビアダという勤勉なカタルーニャ人が行ない、カスティーリャ人ではなかったので、この鉄道はスペインという国の輝かしい栄誉とはいえなかった。帝国スペインが本気で鉄道建設へと突入していったとき、採用されたのはヨーロッパの他の国々よりも広いゲージであった。フランス軍の兵士たちが汽車によって運ばれ、国境に襲いかかってくるのを防ぐためであった。

大陸の他の国々から鉄道を物理的に切り離す決定は（ポルトガルもスペイン

ラテンアメリカ
キューバは南米ではじめて鉄道を建設した国だった。サトウキビの輸送が主たる目的だった。

54　世界史を変えた50の鉄道

のゲージを採用したが)、オーストリアでもそうだったように、次から次へと山のように問題をひき起こした。(さらにまずいことに、51万8000平方キロの国土にその後造られたその他の多くの鉄道は、乗り入れのできない狭いゲージを採用したのだ。)スペインが鉄道建設へと猛進したがらない理由がもう一つあった。スペインにはのこぎりの歯のような山々が縦横に走っており、スイス以南ではもっとも山の多い国だ。そんなところに鉄道を造るのは手間がかかるのである。

キューバでスタート

　1834年、「両シチリア王国」のマリア・クリスティーナ(というありそうにない名前の王女)がスペインの摂政であったときに、スペインの鉄道建設にゴーサインを出した。ただし王女自身は乗りそうもない鉄道だった。7242キロ離れたキューバに造られたからだ。

　キューバは奴隷の島だった。1492年にスペイン人が定住をはじめ、原住民はまたたくまに消し去られ、新たにアフリカからの奴隷が住むようになった。現在では、キューバはタバコと砂糖の世界の工場となっており、世界中の砂糖の3分の1を生産している。キューバ以外の土地では初期の鉄道は鉱山や石切場のために作られたが、馬に引かれる〈カマグエイ＝ヌエビタス鉄道〉は、農業のために作られたもっとも初期の例の1つだ。

　1837年になると、もう少し西のほう、ハバナとベフカルを結ぶ26キロのルートで蒸気機関車が走っていた。1843年には、この線が島を北から南につらぬいて、17世紀の港町バタバノにまで達していた。

　ラテンアメリカでは、鉄道は大量高速輸送機関の第一号であった。その後の南アメリカ大陸で、鉄道はきわめて重要な役割を果たすこととなった。1855年にはパナマ(最初の大陸横断鉄道の建設場所については92ページ参照)、1870年代にはコスタリカ、1880年代にはエルサルバドルとグアテマラという風に、次々と僻地を切り開いていった。〈カマグエイ＝ヌエビタス鉄道〉はちっぽけだったが、広大な未来の到来を知らせるシンボルだったのだ。

砂糖列車
1837年までに、カマグエイ＝ヌエビタス鉄道では、馬が引く貨車が廃止され、蒸気機関車による牽引になっていた。

祝福された列車
◆
　カマグエイ＝ヌエビタス鉄道を訪れた人の中に、ミケル・ビアダがいた。ビアダは、フランスによって故郷のマタロの町が攻撃されたときに、アメリカ大陸にのがれた。キューバの鉄道に感銘したビアダは、鉄道を作ろうと決意してスペイン北東部のカタルーニャに帰ってきた。ロンドンで多少の資本を確保したものの、慢性的に資金がたりず、反感をもった村人の破壊活動にたびたびさらされた。そんな逆風をはねかえして、44の橋を造り、ムンガットの町の下にトンネルを通して線路が完成し、聖職者たちの祝福とともに開通が宣せられ、機関車マタロ号によって牽引された列車が初の運行に出ていった。ビアダはともに喜ぶことができなかった。肺炎に屈して数か月前に亡くなっていたのだ。

1839年 ヨーク＝ノースミッドランド鉄道

国：イギリス
タイプ：旅客・貨物輸送
全長：61キロメートル

　ある産業が好況を呈し、そこに人が引き寄せられてくるなかには、聖人もいれば悪人もいる。ジョージ・ハドソンは後者だった。鉄道によって巨万の富を手に入れ、そして失った最初の1人である。

鉄道王

　ジョージ・ハドソンは、1840年代のロンドンではおなじみの人物だった。国の鉄道の4分の1をその手ににぎり、しかも時あたかもイギリスの鉄道ブームが頂点にたっしようとしていたので、仕事は山のようにあった。この人が通ると、人々はひそひそとささやきあったものだ。──「ほらハドソンだ。〈鉄道王〉だよ」と。

　鉄道王は英国議会の名誉ある国会議員であり、ヨーク市長にもなった。ヴィクトリア女王に謁見すらした。だが、最初は服地屋の店員だったこの人物、詐欺師でもあった。1840年代、ハドソンはさかんにいかがわしい取り引きのブローカーをやっていた。今も当時も変わりはないが、新たなビジネスが誕生すると資本を集め（この場合は出資をつのり）、影響力のある人々（とくに政治家）に対してロビー活動をし、宣伝してプラスのイメージを大衆に植えつけるなどといったことが行われる。何をやっても不発なら、いざとなればたっぷりとまき餌をしたり、変名を使って買収するなどということだってやりかねない。

　ハドソンはもとはといえばヨークシャー州の自作農の息子で、15歳の時にはヨークの服地屋で働いていた。そればかりか上司の娘の気を引いて、1821

◆社　会
◆商　業
◆政　治
◆技　術
◆軍　事

ミッドランド北部
ヨークのビジネスマンは、リーズ＝セルビー線につながり、さらにロンドンにまで行ける鉄道のリンクがあれば商売上有利になるだろうと考えた。

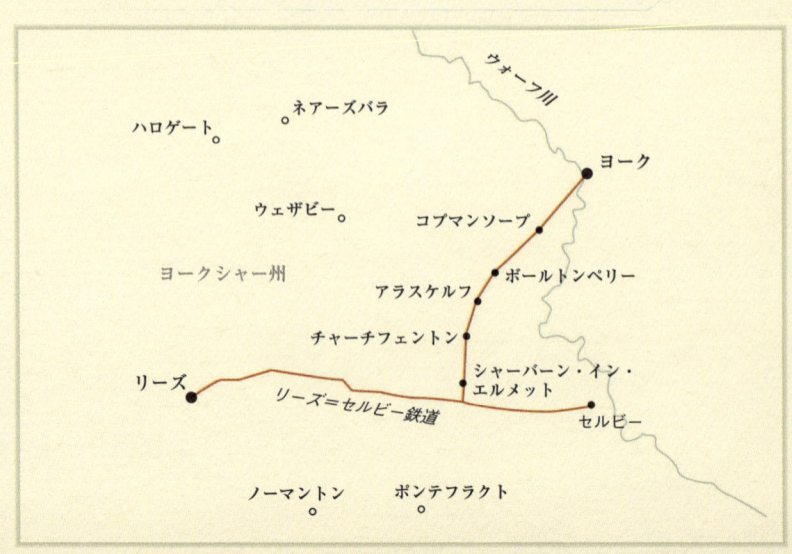

年に結婚し、共同経営者となって店に入りこんだ。この人物の消息がここでとだえていたとしても不思議はない。だが、ここで大事件が起きた。ハドソンがせっせと見舞いにいった大叔父がたまたま亡くなり、3万ポンドの財産とヨークの立派な屋敷がハドソンに遺されたのだった。

ヨークシャーの計画が認可される

　ヨーク市の富は、中世の羊毛産業によって築かれたが、19世紀のこの当時、これからはイギリス人の甘い物好きに乗じて富を得ようという思惑があった。すなわちヨークを本拠地とする「ラウントリー」と「テリー」という2つの、ヴィクトリア時代を代表するお菓子メーカーの大胆なビジネスプランで大いに潤おうという夢を思い描いていたのだ。これに対してハドソンの夢は、ヨークをこの地域の鉄道網の中心にしようというものであった。ハドソンは早くに鉄道の魅力にとりつかれ、1833年に地元の馬の牽引する鉄道会社で出納係となっていたが、この時、ホイットビーでジョージ・スティーヴンソンにばったりと出くわした。スティーヴンソンはホイットビーの町の人々にアドバイスするために来ていた。ホイットビーというのはイギリスの東海岸の港町で主要産業は捕鯨関連、今は時代の動きに追いつこうとしているまっ最中だった。町から出て、ヨークシャーの丘陵を越える有料の道路は傾斜がはげしく、鯨油を町から輸送するには適切でなく、近隣のピカリングまでの鉄道を作って、そちらに切り替えようという計画を町では考えていた（1836年にヨークシャー初の鉄道としてオープンする）。そして最終的にはヨークまで延長したいと思っていた。

　いっぽう、ヨークの有力者たちは鉄道建設のレースで置いてきぼりをくうことに危機感を覚え、隣接するリーズとヨークを結ぶことがいかに将来性のあることか気づいたので、出資してくれるハドソンをよろこんで重役に迎えた。ジョージ・スティーヴンソンを新たな鉄道会社のエンジニアに指名すると、かつて一介の服地屋の店員だった男が、新会社の会長におさまった。後のヨーク＝ノースミッドランド鉄道会社である。

脱線！
ジョージ・ハドソンは弁舌さわやかな詐欺師だったが、その鉄道王国は最後には崩壊した。その結果、国の経済に大きな影響がおよんだ。

ホイットビーで電車を待つ
ノースヨークシャー州の町ホイットビーは、鉄道ができて地元経済が活性化するのを期待していた。

ヨーク＝ノースミッドランド鉄道　57

1837年に計画の認可がおりた。30ばかりの橋を造り、ヨークの中世以来の城壁に穴をあけなければならないことを除けば、大きな建設上の問題はなかった。1839年に開通すると、ヨークとロンドンを結ぶ人気路線となった。ハドソン自身定期乗車券をもって、昔の駅馬車の4分の1の時間でロンドンに行った。

中産階級の投資

ハドソンは他の鉄道会社の株を取得しはじめ、それぞれがたんまりと配当金を生み出した。「鉄道王のハドソンは儲かるぞ」、そんな言葉が合い言葉のようにシティをかけめぐった。新たな鉄道の路線がひきも切らずに議会に提案され、投資しようという者の波は引く気配がなかった。ヴィクトリア女王が王位についたのが1837年のこと、1840年にはバッキンガム宮殿を出たところで狙撃され、王位ばかりか、腹に宿している子まであやうく失うところだったが、いまや国は安定し、女王のもとで自信に満ちた歩みをはじめていた。国民は国の経済への投資に熱をあげ、鉄道はそんな金を吸いとろうと蒸気をあげていた。スティーヴンソンの伝記を書いたサミュエル・スマイルズによると、投資家は貴族や地主のわくを超えて、「商人、製造業者、紳士階級、商店の経営者、公務員、クラブでのらくらしている者」にまでおよんだ。「おとなしい人たち」は「投資しないことで家族に害をおよぼしている」といわれて非難されるほどだった。上げ潮にのっていた中産階級は金を稼いでおり、副業として鉄道株でこづかい銭を稼げるというのはなんとも魅力的だった。1630年代のチューリップ熱、1720年代の南海泡沫事件、そして2005年のサブプライムローンの金融危機と歴史上の例は枚挙にいとまないが、鉄道バブルもどんどんふくらんでいき、財務チェックの不足と、あくことなき利欲が化合してバブルがはじけた。

サミュエル・スマイルズの言葉を借りるなら、「愚昧と欺瞞が世をあまねくおおいつくした」のである。

鉄道株の暴落

そんな間にも、ハドソンは名声を担保に新たな路線を手に入れ、みずからの鉄道王国をどんどん拡張していった。そんな時、イースタンカウンティーズ鉄道の経営が怪しくなった。マーケットはほぼ飽和状態なのに資金を得るための救済策を考え、ハドソンを役員に迎えようとした。これは最悪の選択だった。この頃になると、ハドソンは新たな投資者の金を用いて株主への支払いをしており、自分の株をみずからが所有する会社に法外な値で買わせ、ファンドの甘い汁を自分の個人口座にそそぎこんでいたのだ。こんなことがいつまでも続けられるわけがない。投資者たちが帳簿をじっくりと見れば、改ざんされていることは明らか

> 鉄道への熱狂の悪影響は多くあるが、最悪の1つは、鉄道の取り引きにモラルの低下をもたらしたことである。
> ——サミュエル・スマイルズ（1859）

最初の切符

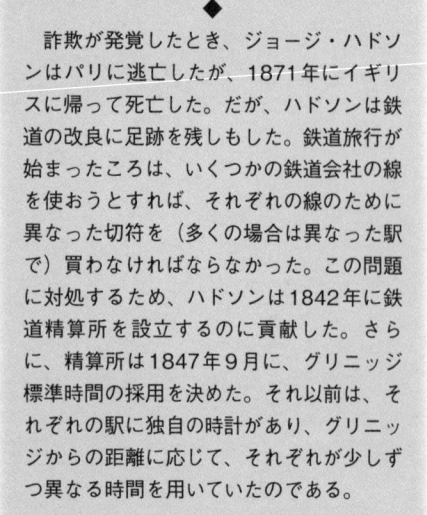

◆

詐欺が発覚したとき、ジョージ・ハドソンはパリに逃亡したが、1871年にイギリスに帰って死亡した。だが、ハドソンは鉄道の改良に足跡を残しもした。鉄道旅行が始まったころは、いくつかの鉄道会社の線を使おうとすれば、それぞれの線のために異なった切符を（多くの場合は異なった駅で）買わなければならなかった。この問題に対処するため、ハドソンは1842年に鉄道精算所を設立するのに貢献した。さらに、精算所が1847年9月に、グリニッジ標準時間の採用を決めた。それ以前は、それぞれの駅に独自の時計があり、グリニッジからの距離に応じて、それぞれが少しずつ異なる時間を用いていたのである。

だった。鉄道王ではなく、鉄道ゴロであるハドソンの本性が天下に露見した。

ヨーク＝ノースミッドランド鉄道はこの衝撃をのりこえることができたが、同社のかつての会長は歴史の中に黒々と鉄道詐欺師の名を記されることとなった。ハドソンが最初でも最後でもなかった。1856年にはアイルランド人の資本家ジョン・サドラーが、「スウェーデン鉄道会社」で投資者をだましたあとで、ロンドンのハムステッドヒースで拳銃自殺をとげた。1870年代には、アメリカで初の大陸横断鉄道の建設中に、合衆国の下院議員オークス・エイムズが、他の議員を買収するため、フランスの金融会社クレディ・モビリエで株を安値でばらまいているところを捕まった。1873年、カナダの大陸横断鉄道にからむスキャンダルで、カナダの首相ジョン・マクドナルドが辞任に追いこまれた。サドラーやオークス・エイムズやハドソンたちには、スコットランドで1850年代に発表された作者不詳の「魂の鉄道」という詩をささげよう。

鉄道株
鉄道の建設者たちは、事業の資金を得るために株の発行を行なった。ハドソン事件は一時的に信用の低下をまねいた。

　　天国に続く線路、キリストが作りたまい
　　天の真実によってレールが敷かれ
　　地から天へとまっすぐに伸び
　　終点は永遠
　　されば今こそ来たれ、あわれな罪人よ
　　この線路のどこの駅でも、
　　汝、悔い改め、罪の道より戻りきたらば、
　　汽車は止まり、汝を迎え入れん

零落
最後には、ハドソンはヨーク＝ノースミッドランド鉄道の3等車（下の図）にさえ乗れなかった。

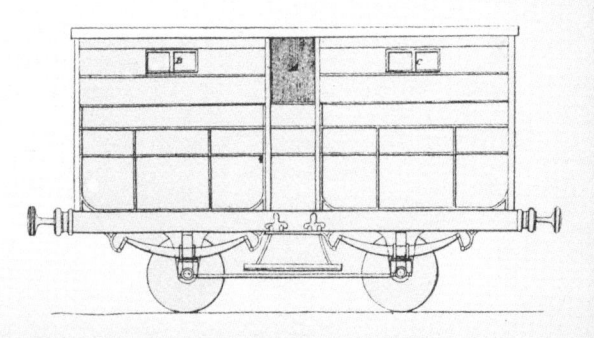

ヨーク＝ノースミッドランド鉄道　59

1840年 グレートウェスタン鉄道

国：イギリス
タイプ：旅客・貨物輸送
全長：245キロメートル
　　　（1841年）

◆社　　会
◆商　　業
◆政　　治
◆技　　術
◆軍　　事

　イザムバード・キングダム・ブルネルはイギリスのグレートウェスタン鉄道の建設の立役者であり、ブリストルの象徴クリフトン吊橋を設計し、グレートブリテン号など渡洋のための３隻の蒸気船を建造したブレーンでもあった。ブルネルは天才エンジニアで、鉄道の歴史に深い影響をのこした。だが、天才でさえミスをおかすこともあった。

もっとも安いでなく、もっとも高級なものを

　「時速45マイル［約72キロ］で音もなくゆれもなく走りながら、コーヒーを飲み、ものを書くことのできる日が遠からずやってくるだろう」とイザムバード・キングダム・ブルネルは日記に記した。その150年後、旅行者たちはまさにコーヒーを飲み、会社に出す報告書を汽車の中で書いていた（今では誰もがもっているノートパソコンは当時まだなかった）。だが、そのスピードは時速72キロどころではなかった。

　ウェスタン鉄道同様、ブルネルも「グレート」——「偉大な」がつくことが多い。ブルネルのおなじみの写真がある。みずから設計した蒸気船グレートイースタン号の、進水式のためのチェーンの脇に立ち、シルクハットをぎゅっとかぶり、ハマキを歯のあいだにぎゅっと押しこみ、両手をポケットにつっこ

ブリストル行き
イングランドの西の港はアメリカとの船便の接続地点だったので、ロンドンとの鉄道のリンクはきわめて重要なものと考えられていた。

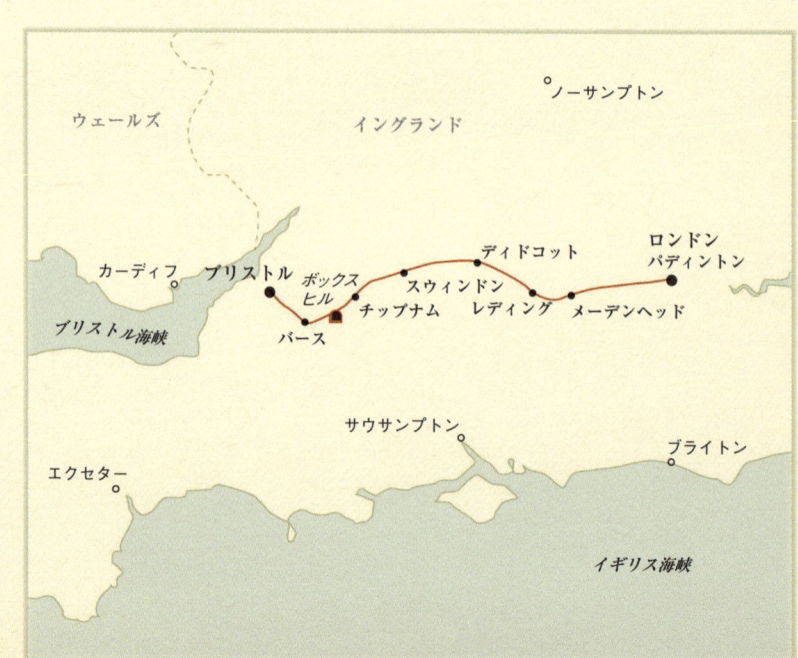

60　世界史を変えた50の鉄道

んでいる。たしかに、このブルネルからは押しも押されもしない「グレート」という雰囲気がにじみ出ている。だが、罰あたりなののしり言葉とともに、この有名なブルネルを呪う者たちがいた。「なんであんなゲージにしたんだよう」、と。1840年代には、グロスター駅であたふたとバーミンガム行きに乗り換えなければならなかったからだ。

1830年代なかば、議会の承認をえてロンドン＝ブリストル線を生み出す頭脳となったエンジニアは、「もっとも安いでなく、もっとも高級なもの」を作ろうと決意していた。設計をはじめる前にブルネルは、エレン・ヒュームに会うためにマンチェスターに行った。ブルネルの日記によれば、「はるか昔からずっと愛する人」だった。(貧しくて結婚できないので、ブルネルは仕事に没頭した。「わたしにとって、けっきょく仕事が唯一最高の妻なのだ」。) マンチェスターに旅したことで、スティーヴンソンのリヴァプール＝マンチェスター線に乗る機会をえた。ブルネルはライバルのロバート・スティーヴンソンに人後に落ちない尊敬の眼差しを向けてはいたが、この鉄道には感心しなかった。汽車ががたごとと走り出すとブルネルはノートを取り出し、フリーハンドで円を描こうとして失敗した。ブルネルはひそかに心に期するものがあった。「コーヒーを飲み、ものを書くことのできる日が遠からず…」

天才エンジニア
先端をいくグレートウェスタン鉄道のエンジニアに招かれたとき、ブルネルはまだ20代だった。

大きいゲージ

グレートウェスタン鉄道はロンドンから、イギリス最大で、最高の港ブリストルまで走ることになっていた。アメリカからの船舶はエイヴォン・ジョージ[ジョージ川]をさかのぼって、ドックに入ってくる。ブルネルは最初からジョージ川に吊橋を渡すことを考えていた。ブリストルのアメリカとの交易がリヴァプール港と、新設のリヴァプール＝マンチェスター線によって脅かされ

急行の機関車
8車輪のグレートウェスタン号は、ブルネルの鉄道を走る急行機関車として設計された。初期の機関車は、鉄道そのものに比べて優秀ではなかった。

グレートウェスタン鉄道　61

るようになったので、グレートウェスタン線をブリストルまで引き入れてくるという難工事が、ブルネルに託されることになったのだ。

ブルネルが20代まで生きることができたのは、まったくの好運のおかげだった。功成り名をとげたフランス人エンジニア、サー・マーク・イザムバード・ブルネルの息子として生まれた（父がソフィア・キングダムと結婚したので、めずらしいミドルネームがついている）。ブルネルは、ロンドンのテムズ川の下にトンネルを掘るという難工事に従う父親のもとで働くことになった。ポートランドセメントの製造業者だったジョーゼフ・アスプディンに説得されて、ブルネルの父は、トンネルの補修にこのセメントを使うことにした。通常の「ローマ」セメントの2倍の値段だったが、「このセメントはテムズ川トンネルで20年以上水もれを許していない」とアスプディンの広告にはうたわれていた。ところが1828年1月のこと、一部が崩落してトンネル内が水浸しになった。6人の作業員が亡くなり、ブルネルは九死に一生を得た。

グレートウェスタン鉄道に移ったとき、すぐさま、可能なかぎりレールとレールのあいだを大きくすることを決意した。ゲージは広い方が乗っていて快適だし、客車も広くなり、どこから見ても公共鉄道としてすぐれているだろう。ブルネルはなんの根拠もなく2.13メートルの幅にした。〈スティーヴンソン・ゲージ〉のほぼ1.5倍である。これはまちがいだった。

> 君らの鉄道の塚──バビロンの壁よりも巨大だ。
> 君らの鉄道の駅──エペソの神殿よりも巨大で、無数にある。
> ──ジョン・ラスキン『交通』(1866)

トンネルには金がかかる

グレートウェスタン線の推定建設費は250万ポンドだった。そのうちのかなりの部分が、所有地に線路のかかる地主への補償費だった。声高に喚いている1人がジョン・キートだった。キートはイギリスでも最高クラスの私立学校であるイートン校の校長だった。ムチ打ち[生徒の尻を束ねた小枝でたたく]こそが教育の真髄と信じている人物だったが、何を思ったのか、鉄道は「学校の規

好運な命びろい
ブルネルの父、マーク・ブルネルはテムズ川トンネルの建設をしたが、1828年に息子がその中であやうく命を落としかけた。列車がトンネルを通りはじめたのは1865年。

律をがたがたにする」という心配をしていた。かつてイートンに在校し、後に総理大臣となったウィリアム・グラッドストンにまで、間に入って口をきいてくれと頼みこんだ。(ところが、そのグラッドストンは鉄道びいきだった。1844年には、安い乗車料金の運行システムを導入し、「議会列車」と呼ばれた。)

　レールは着々と敷かれていった。ブルネルみずからが線路を視察した。時には顧問弁護士のジェレマイア・オズボーンがいっしょのこともあった。バース近くのボックスヒルに穴を開けるという難工事がはじまったときには、ブルネルはテムズ川トンネルの経験をいかし、4000人の人夫といっしょに穴に飛びこんでいった。おかげで人夫たちも一目置くようになり、ブルネルは〈小さな巨人〉というあだ名をたまわった。彼らはつるはしとシャベル、それに週に何百トンもの「黒い粉」(火薬)を用いながら、魚卵石の岩を掘り進んでいった。ブルネルは近くのバースの病院でけがの治療を受けている人夫の名をすべて見せてもらったことがあった。「あの過激な仕事、ものすごい量の火薬を使っているにしては少ないな」とブルネルは言った。

　互いに逆方向からトンネルを掘っている2つの作業班が、ついにボックスヒルの下で出会った。2つのトンネルの誤差はブルネルの親指の関節から上くらいの長さにすぎなかった。そのときブルネルは自分の指から指輪をするりと抜きとり、儀式のようなしぐさで作業長に贈呈したといわれている。1841年に完成したこのトンネルは、4月9日、ブルネルの誕生日には、昇ってくる太陽が2937メートルの穴のまん中に拝めるよう設計されているのだと、まことしやかにささやかれた。この説はいまだに実証されてはいない。

　建築費の最終的な請求書がグレートウェスタン鉄道にとどいたとき、最初の見積もりの3倍の費用がかかっていた。ひとつには、トンネルの入口の上や橋など、およそ実用的な部分にまできちんと建築上のデザインをほどこすよう徹底したからであった。さらに、ブルネルはエンジニアとしてすぐれていたので、まっすぐで狂いのない線路となり(「ブルネルのビリアード台」というあだ名がついた)、その後1世紀以上の歳月が流れても、まだしっかりとしているほどだったのだ。

　ブルネルはその後は関心を移し、デヴォン州で「空気」鉄道の実験を行なって、多額の損を出した(列車は機関車によって牽引されるのではなく、静止したエンジンと空気の圧力で動かすという仕組みだった)。最初のころの実験は失敗だった。しかしグレートウェスタン鉄道は線路を買い上げ、コーンウォールのペンザンスに達するまで推進した。しばらくのあいだ、それはイギリスで最長の鉄道ルートだった。ここは〈コーンウォールのリヴィエラ〉と、はでな宣伝をした。——太陽、潮風、砂の浜、煙たなびく陸蒸気…とロマンティックな雰囲気をふんぷんとふりまいたのだった。

フライイング・ダッチマン
[飛ぶオランダ人]
◆

〈フライイング・ダッチマン号〉は、長年のあいだ、世界最速の列車だった。グレートウェスタン鉄道の列車便で、引くのはダニエル・グーチ設計の〈アイアンデューク〉型の機関車だった。〈アイアンデューク〉[鉄の公爵]という名はウェリントン公爵のあだ名から来ている。〈フライイング・ダッチマン〉は、洋上をさ迷う伝説の船ではなく、19世紀イギリスでもっとも有名なサラブレッドの馬の名から来ている。1851年、この列車は蒸気をたなびかせながら、ロンドンのパディントン駅から、306キロ以上離れた西部のエクセターまで、平均時速85キロで疾走した。

グレートウェスタン鉄道　63

パディントン駅
鋳鉄とガラスでできた天井もふくめて、駅全体がブルネルの設計。パディントン駅は西部地方からのターミナルとして、175年以上にわたって用いられている。

　設計の段階で、グレートウェスタン鉄道の重役たちは、広軌の列車がどのようにしてスティーヴンソン・ゲージの線路に移れるのかと、ブルネルに問いただした。ブルネルはそんなことは小さな問題だと言って、つなぎ目なき接続をどうするかという課題をつめないまま先送りにした。結果として、どうにもならなくなった。グロスターで、1本の広軌の線路が行き止まりになり、バーミンガム線の汽車に出会う。そこで生じた光景が、まもなく雑誌の挿絵に描かれた。——顔を引きつらせた母親が子どもたちをやみくもにつかみ、亭主など男連中が必死になって荷物をかかえこみ、ポーターの波にのまれながら、あわてふためいて接続の列車へと走っていくのだった。

　この問題は議会の委員会での議論へと発展し、1892年には、スティーヴンソン・ゲージが全国で採用されることが決まった。同じ年の5月21日、ふだんから線路の維持にあたっていた4000名からの組頭や保線員が動員されて、レールの付け換え作業が開始された。2日後、285キロのレールの付け換えが——膨大な経費がかかったものの——ぶじ完了した。おかげで、パディントン=プリマスの夜間の郵便列車が、その夜も時刻表どおりに走ることができた。

雨、蒸気、そして夢

　1844年、「雨、蒸気、そして疾走——グレートウェスタン鉄道」という作品でブルネルの創造した風景を描いたJ・M・W・ターナーは、すでに名のある画家だった。そのキャンバスには初期の蒸気機関車が見える。燃えさかるかまどを開いたまま、竣工したばかりの、3つアーチの高架橋を渡っているところだ。これはテムズ川を渡るためにメーデンヘッドに架けられた橋で、ブルネルの設計になるものだ。前景には、とても見えにくいが野ウサギが描かれていて、機関車の前を必死に逃げている。そんなウサギの姿、そして火炎が渦を巻く色彩効果は、ターナーという1人の天才画家がきたるべき蒸気エネルギーの時代を見通していたことを示している。鉄道を描くには、印象主義がもっとも適していたことが後々実証されることになる。

　グレートウェスタン鉄道で広軌のレールが最後を迎えていた日々は、その後、蒸気機関車の時代が幕をとじようとしていた2、30年間と同じような光景を呈していた。待避線に不要になった蒸気機関車や列車のたぐいがぎっしりとならべられた。そんななかには、昔の〈アイアンデューク［鉄の公爵］〉クラスの高速機関車（63ページのコラム参照）もまじっていた。これはノーサンブリア州出身のエンジニア、ダニエル・グーチが製作したものだった。グーチはジョージ・スティーヴンソンと親しかったが、後にはグレートウェスタン鉄道会社の社長にまでなった人物だ。わずか21歳のときにグーチはブルネルに手紙を書き、蒸気機関車のエンジニア助手にしてほしいと願いでた。グーチは鉄道人としての生涯を通じて、ブルネルの鉄道に忠実でありつづけたが、スマートでスピードの出る機関車を作ることにかけては、この人の右に出る者がいないほどの天才だった。ブルネルのエンジニアとしての才能は、すぐれた強

64　世界史を変えた50の鉄道

い機関車を選ぶという段になると急に生彩を失った。名前はよい。プレミアー号［最高］、サンダラー号［雷神］、バルカン号［ウルカヌス、古代ローマの火と鍛冶の神］、ハリケーン号［嵐］――どれも速そうだ。だが、実際に走らせてみると冴えなかった。グーチはいくつかの機関車の設計をし、ウィルトシャー州の小さな村スウィンドンを、大きな鉄道町に変えてしまった。1864年に、グーチはトマス・ブラッシー、それにウィリアム・バーバーなる人物とともに、ブルネルの設計した蒸気船グレートイースタン号に乗って、イギリスとアメリカをつなぐ初の大西洋横断の海底ケーブルを敷いた。ブルネルはこれを生きて目にすることができなかった。50代になったばかりの1859年になくなった。働きすぎて燃えつきたのだといわれた。

　ブルネルは時として判断ミスをおかすことがなくもなかったが、未来を見ることのできる人だった。宮殿のように豪華なロンドンのパディントン駅（そのために、建設費が100万ポンドよけいにかかった）は、ロンドンからニューヨークまでずっと蒸気の力で運ばれていく旅の、最初の駅と考えていた。乗客がエクセターかブリストルで下車して、そこから自分の作った汽船に乗り継いで大西洋を渡れる日を予見していた（ブルネルはグレートブリテン号、グレートウェスタン号、グレートイースタン号という3隻の汽船を建造した）。ブルネルが早々と予言したように、1840年には、汽車の乗客はロンドンからエクセターへの320キロを、時速65キロ以上で旅することができたのだった。

メーデンヘッド橋
グレートウェスタン鉄道の列車がロンドンから出ていくところ。J・M・W・ターナーの絵。

グレートウェスタン鉄道　65

レスター＝ラフバラ鉄道

1841年

国：イギリス
タイプ：旅客輸送
全長：19キロメートル

◆ 社　会
◆ 商　業
◆ 政　治
◆ 技　術
◆ 軍　事

鉄道の時代の到来によって、誰もが旅行し、経験の地平を広げることができるようになった。家を離れて旅行するのは生まれてはじめてという人も多かった。そこに商機を見出したのは、レスター生まれのトマス・クックだった。

しらふで安全に

1850年代、新たな鉄道がウェールズのモンマスシャー州に作られていた。ある貴族の所領をつらぬく線路が敷かれているころ、その屋敷の奥方オーガスタ・ホールが周辺の居酒屋をすべて閉鎖してしまい、小作人や借地人を驚愕させた。19世紀半ばには禁酒運動がはやったが、このオーガスタもご多分にもれず、この運動の闘士といえるほどの熱の入れようだった。オーストラリアでも、ニュージーランドでも、アメリカでも、イギリスでも、アルコールの消費量が増えていた。イギリスでは、急激なアルコール消費の上昇は、1850年から1876年にかけての鉄道の急激な発達と並行していた。それが鉄道の安全に影響をおよぼすのは必然のなりゆきだった。「鉄道旅行でもっともひんぱんな小事故は」と、カッセル社「ファミリーマガジン」誌のある記者が書いている。「列車が動いてる間の下車、プラットフォームに着く前にドアを開け放つ悪い習慣から起きるものだ」と。常習犯は「客車から飛び降りようとする気の小さいヒステリー女性」と、アルコールで注意力の低下した酔っぱらいだった。

1841年7月にレスターとラフバラのあいだで行われた、公共鉄道初の団体旅行（世界初のパッケージ旅行といってもよいだろう）に参加していた500名ばかりの人々には、そのような心配はなかった。この人たちは全員が地元の禁酒運動のメンバーで、それぞれ、レスター在住のあるバプテスト派の信者に対して1シリング払っていた。この信者が個人として、この列車をチャーターしたのだった。

この人物こそ、誰あろうトマス・クックであった。クックはもと家具職人だったが説教師となり、みずから1833年に禁酒の誓いをたてた。クック

北東部
レスターとラフバラのあいだの短い区間は、トマス・クックのおかげで、大衆ツーリズムの歴史で、先駆的な役割を果たすことになった。

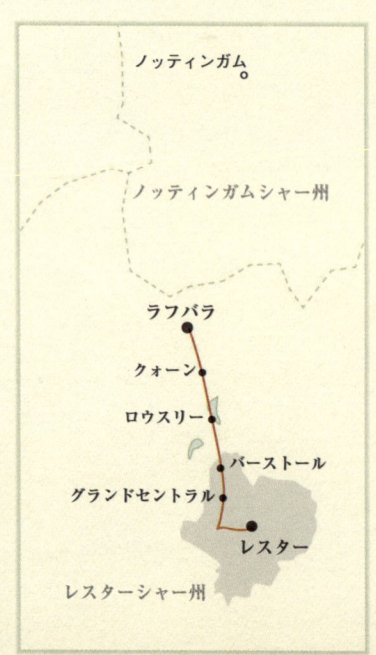

はダービシャー州の村メルバーンの生まれだが（オーストラリアのメルボルンは、この村のもう一人の著名人メルバーン子爵にちなんで命名された）、マーケット・ハーバラの家から、将来住むことになるレスター（イギリスのメリヤス製品のメッカ）へと24キロの道のりを歩きながら、なんとか鉄道と禁酒運動を結びつけられないものかと思案し、ふいにひらめきを得たのだった。

　鉄道は人間の経験の地平をひろげるものだ、とクックは思った。生まれた土地に縛られて日々の悲しみをジンや強いビールで流し去ろうなどというのはつまらないことだ。誰だって、そんなことより近代的な汽車に乗って見知らぬ土地に行ってみたいと思うのではなかろうか？　禁酒運動と汽車旅行を結びつけて考えたのはクックだけではなかった。エドワード・ピーズなどのクエーカー教徒も、ストックトン＝ダーリントン鉄道の完璧なまでの安全履歴は、ひとえに、駅でのアルコール飲料の販売を会社が禁じているからだと述べている。

　こういうしだいで、クックはレスターのキャンベル通り駅からラフバラの美しい郊外まで汽車をチャーターし、酒とは縁のない家族たちのために、貴族の館の見学、クリケットの試合、アーチェリーの試合、「力強いブラスの楽団」という触れこみのバンドによる音楽鑑賞などの機会を提供した。翌年も、そのまた翌年にも行なった。そして鉄道会社ととりきめを結んで、さらに別の禁酒協会と日曜学校の団体が、リヴァプールとスコットランドにまで足を伸ばす遠足の企画を実現させた。クックはその後一時期ビジネス感覚が狂って、破産宣言をせざるをえなくなったこともあったが、1851年のロンドン万博の頃には精神的に回復し、おそらくは信用も回復していたようで、レスターからの万博旅行列車をチャーターしたのだった。

ツアーとトラベラーズチェック

　クックは慎重な男だった。だが、鉄道が急激に発展したことから、清水の舞台から飛び降りる心もちで、パリ旅行付きの海外ツアー、また1860年代にはスイス、イタリア、エジプト、さらにはアメリカへの「大周遊」ツアーを組んでみた。息子のジョンが大きくなり、〈トマス・クック＆サン〉［トマス・クック父子商会］と呼ぶにふさわしい態勢となると、2人はロンドンに店舗を開いた。1874年にはこの店で、鉄道ツアーのチケットはもとより、ガイドブック、旅行用の装い、ホテルのクーポン、「周遊金券」まで売っていた。「周遊金券」とは、海外にいる間に、現金に交換できるものだった。アメリカン・エクスプレスは1891年に、独自の「周遊金券」として「トラベラーズチェック」をはじめ

広がる地平線
トマス・クックは拡張していく鉄道網をフルに利用し、イギリスや海外の列車をチャーターしてビジネスを拡大しようとした。

セントレジャー
◆

9月になるごとに、ドンカスターの駅は、セントレジャーに向かう競馬ファンで占められるようになった。ドンカスター競馬は1770年代に始まったが、鉄道によってさま変わりした。ヴィクトリア時代には、レースのためにドンカスター行きが1日に70便出され、19世紀の終わりには、10万人のレースファンが町にやってきた。鉄道はあらゆる種類のスポーツに利用されている。ハト・レースもその1つだ。20世紀のはじめ、ヨークシャーの〈ハト特別列車〉は、290キロ離れたウィンチェスターでハトを放すため、レース用のハトを15両の車両にぎっしりのせて走った。

た。

トマスとジョンは正反対の性格だった。トマスは生涯にわたって禁酒運動と縁をもちつづけた（ロンドンの店舗の上階を禁酒ホテルとして営業していた）。ジョンは新たな企画にのりだそうとしていた。アメリカの南北戦争激戦地ツアーである。古戦場をめぐるツアーは前代未聞というわけではない。事実、この数年後には、マーク・トウェインがクリミア戦争（94ページ参照）の銃痕も生々しいセヴァストポリの城壁めぐりの団体旅行を企画することになる。とはいえ、このような企画はクックの会社にとって大冒険だった。トマスは舞台裏にひっこむことを決意し、不本意ながら会社からしりぞき、メルバーンに引退した。（トマスは、かつてメルバーン子爵の邸宅であったメルバーン館(ホール)に住みたいと思ったが、断わられた。成金には貸せないと言われたのだ。）

ジョン・クックと彼の息子たちは旅行ビジネスをふるいたたせようと、むりな拡張へとひっぱっていった。中東ツアーを次々と組み、オーストラリアとニュージーランドに海外支店を開設した。ジョンは1899年に赤痢で死亡し、最終的に会社はワゴンリー［国際寝台車会社］（103ページ参照）に売却された。その後、第2次世界大戦中にワゴンリーがドイツによって接収されると、トマス・クック＆サンはイギリス政府によって国有化され、イギリス国営鉄道の傘下に入った。酒を飲まない人々のための1日の遠足ではじまったものが、世界規模の鉄道関連ビジネスとなったのである。

ブライトン行き
チャールズ・ロシターの絵「3シリング6ペンスでブライトン往復」（1859）では、乗客が汽車で海辺に遊びに行く姿が描かれている。

日帰りの旅行者

　鉄道を用いて、ときどき日帰りの遠足を楽しんでいたのは、トマス・クックの顧客たちだけではなかった。1850年代、旅行はまだお金持ちの特権だったので、労働者階級の人たちには休暇旅行を楽しむことなど思いもよらなかった。しかし鉄道が、またたくまに社会に変化を呼びこんできた。ヨーロッパ中の鉄道会社が、海辺の町への特別便を動かしはじめた。そして町の方でも、この新たなビジネスに最大限あやかろうと、自己改造をはじめた。

　1864年、リヴィエラのフランス地区に鉄道がやってきて、ニースなどの場所が花ひらきはじめた。1870年にモンテカルロにたっしたときは、モナコ公国の人口が2倍になった。フランス北部の海辺の保養地ドーヴィルやトゥルヴィルなどでも、事情は同じことだった。1862年にブルターニュのカンペールに鉄道が通じたとき、憂鬱な都市生活にパレットが腐りかけていた多くの画家が、その魅力に引きつけられ、画家のコロニーがポンタヴァンの近くに作られた。パリ、アメリカ、カナダ、イギリスから画家たちがあまりにもわいわいと押し寄せたので、後にいちばん有名になる画家は嫌気がさして去ってしまった。ポール・ゴーギャンである。ゴーギャンは画家の集団から逃げてル・プルデュの小村に住み、その後タヒチへと旅だっていった。

　1844年、イギリスの首相ウィリアム・グラッドストンは、最低運賃の標準を導入した。それによって鉄道旅行が、村の地主だけでなく、地主に雇われている猟場の管理人や、女中頭などにも可能になった。イギリスでは、鉄道によって繁栄しはじめた海辺の町も数多い。ブラックプール、サウスポート、イーストボーン、トーキー、ウェストン＝スーパー＝メア、ウェールズのバリーなどをはじめとして、鉄道の恩恵をもっとも受けたのがブライトンである。鉄道が運んでくるものは、いつも喜ばれたわけではなかった。1867年、地方紙のベリー＆サットン・ポストの記事を見よう。600名の「余裕のできた最下層の者たち」を運ぶ汽車がイプスウィッチに停車すると、乗客たちは、6ポンドのチーズ、丸パン、ビスケットなどいっさい合切のものをカウンターからもち去り、「腹を減らした行楽客たちは一銭も払わなかった」とのこと。

海辺の楽しみ
ブラックプールは鉄道が通じて、海辺のリゾートとして開発された。

イギリスとウェールズでは、1857年から61年以来、大酒の習慣が36％増加した。
——ジョーゼフ・ラウントリー（「節酒運動の権威」）、「ハームズワース・マガジン」誌（1899）

レスター＝ラフバラ鉄道　69

そもそも、ソルトバーンやハンスタントンなどのように、鉄道そのものによって創り出された海辺の保養地もある。実業家のヘンリー・レ・ストレンジが投資家たちのあいだを説いてまわって、ノーフォーク州のキングズ・リンから、イーストアングリアの海辺の村ハンスタントンまでの鉄道の敷設に、眠っている金を投じてみないかともちかけた。リン＝ハンスタントン鉄道は、1862年に線が開通し、レ・ストレンジ経営の快適に泊まれる〈ニュー・イン〉がオープンしたその瞬間から、株主たちに利益をがっぽりともたらしはじめた。（開業の1年前にヴィクトリア女王が、近くのサンドリンガムに屋敷を購入してくれたことも、天の配剤であった。）

海辺から温泉へ

鉄道はブームとなった海水浴場に客を運ぶばかりではなかった。フランス、ドイツでも同じことだが、温泉町は鉄道の駅がなければ、とうてい生き残っていけなかった。1848年代にはすでにチェルトナムスパー駅とバススパー駅があった。1850年代にはリンカンシャー州のウッドホールスパー駅、1870年代にはマトロックスパー駅ができた。ランドリンドドウェルズという名のウェールズの寒村でさえ、1865年に〈ジェネラル・ウェールズ鉄道〉の駅ができると、行楽時代の波にまきこまれていった。1859年にウスターからの鉄道がモールヴァーンという温泉町にとどくと、日帰りの客は、受け入れ側としてほぼ限界の5000名にはねあがった。著名な客としては、アルフレッド・ロード・テニスン、チャールズとケイトのディケンズ夫妻、フロレンス・ナイティンゲールなどがふくまれている。目玉は「ナイアガラの滝の直系」と銘うつ「大灌水浴」が病に効くということであった。「パンチ」誌のジョン・リーチによれば、「1分に大樽1杯分の水を、まっすぐなジェット水流にして切れ目なく体に向けて落下させ、それがものすごい勢いなので…わたしはボーリングのピンみたいに倒されてしまった」とのこと。これを考えたのはジェイムズ・ウィルソン、ジェイムズ・ガリーという2人の医師で、食べすぎででっぷりと肥満した紳士がたに向けて治療としてそそぎつづけていたが、ある時ガリーが、愛人のフロレンス・リカードのからむ、その夫の毒殺事件にまきこまれてしまった。この事件は迷宮入りとなったが、鉄道のルートになっているにもかかわらず、モールヴァーンの温泉の評判は地に落ちてしまった。

水の利点
ヨーロッパ中の温泉町が鉄道によって恩恵を受けた。駅のない温泉は先行きが怪しかった。

丘の中へ

大戦間の時期には、これとは別の種類の人々が休日の楽しみに汽車を利用した。すなわちアウトドア

ライフのファンである。第1次世界大戦後、キャンピング、サイクリング、丘のウォーキングがはやった。各鉄道会社はキャンプ用の無蓋車両を風景のよい待避線にずっと停車させたり、自転車をのせやすい工夫を競ったりした。

1920年代には、マンチェスターのロンドン・ロード駅から汽車に乗ってヘイフィールドに行き、キンダースカウト高原の周辺の丘をハイキングするのがはやった。1932年4月、アウトドアを愛する過激思想の活動家ベニー・ロスマンの動向を見張っていた警察は、大勢の集団がペナイン連峰のほうへと向かっているのを目撃した。大衆行動を起こして、キンダースカウト高原の、雷鳥のいる私有地の丘に不法侵入しようという計画が、マンチェスターとリーズの歩道にチョークで書かれてあるのが、すでに発見されていた。ロスマンは首謀者の1人とみられていた。ロスマンは警察をまき、猟場の管理人と何度かもみあいがあったものの、ついに大勢のハイカーとともにキンダースカウト高原にのぼった。その後、帰りの汽車に乗るためにヘイフィールド駅に行こうとしていたところで、ロスマンおよび5人のハイカーが警察の部隊によって拘束された。ベニー・ロスマンは懲役4か月の実刑を受けた。だが、野山を大衆に開放せよという主張を、世の人に広く知ってもらおうというもくろみは達成された。鉄道は社会のあらゆる階層を変化させてしまうようだ。鉄道のおかげで、すべての人が郊外の野山に自由に行けるようになった。社会思想家のジョン・ラスキンは、1870年にすでにこのような状況を予想していた。汽車が湖水地方に着くと、旅行者の群れが「石炭が袋からあふれるように」こぼれ出し、「居酒屋や娯楽場」が吹き出物のようにわんさか作られ、「水辺には割れたジンジャービールの瓶のかけらが」散乱するだろう、とラスキンは述べている。大衆がこのような名勝を訪れたところで心が豊かになるわけではなく、「ブラックプールの工場を見ても同じことだ」とまで言いきっている。1930年代に、鉄道の終点にもう1つ新たなアトラクション、すなわち休暇村が作られたのを見たなら、ラスキンは草葉の陰で涙を流したかもしれない。第2次世界大戦が終わってから、大衆が自家用車を所有する時代がはじまるまでは、都市に住むごくふつうの人々がヘイリング島、スケグネス、マン島のダグラスなどの楽しさ、美しさを味わうことができたのは、鉄道のおかげだった。トマス・クックによって、鉄道による日帰り遠足やツーリズムがはじめられ、それが上げ潮のようにとどまることなく盛んになっていこうとしていた時代から、もう1世紀以上がたっていた。

世界一周

◆

1865年、トマス・クックは、6437キロの鉄道を走破する北米の鉄道ツアーを組織した。その7年後、小さなグループを組んで、アメリカの大陸横断鉄道とスエズ運河を用いた世界周航の旅を行なった。汽船で大西洋を渡り、アメリカを鉄道で横断し、船で日本、中国、シンガポール、セイロン、インドとまわった。ついでエジプト、パレスチナとまわり、最後にトルコ、ギリシア、イタリア、フランスを通ってイギリスに帰ってきた。この旅は毎年のイベントになったが、全部で222日を要した。

1845年 シェフィールド、アシュトンアンダーリン、およびマンチェスター鉄道

国：イギリス
タイプ：トンネル
全長：4.8キロメートル

◆社　会
◆商　業
◆政　治
◆技　術
◆軍　事

鉄道建設というあらくれ男の世界では、作業員の福祉はおざなりにされていた。しかし、イギリスのペナイン連峰に汽車のトンネルを通そうとして多数の犠牲者が出たことで、ある鉄道会社の作業員への驚くべき安全軽視が発覚した。

ウッドヘッド・トンネルの危険な賭け

ニューサウスウェールズがイギリスの流刑地となった初期のころ、輸送船がオーストラリアに着いた時には、何百人もの流刑囚が航海のあいだに死亡していた。囚人のなかには、酒飲みでけんか早いことで悪名高い鉄道の建設労務者たちもまじっていたが、船の倉庫にあまりにぎゅうぎゅうに押しこめられたために死亡した者が多かった。

ペナインの道

ウッドヘッド・トンネルは、1841年から1845年のあいだに、〈シェフィールド、アシュトンアンダーリン、およびマンチェスター鉄道〉のために作られた。ペナイン連峰の一部を抜ける難工事だった。

イギリス政府は、今後は用船契約者が、囚人の福祉に責任をもつよう命じた。結果はすぐにでた。護送人たちは、生きて上陸した囚人1人についていくらというふうにボーナスをもらうものだから、あずかった積み荷を後生大事にあつかった。これに対して、作業員の安全は請負人が負うべしという原則は、ヴィクトリア時代の会社の経営陣にとっては空念仏であった。8歳の少女が自

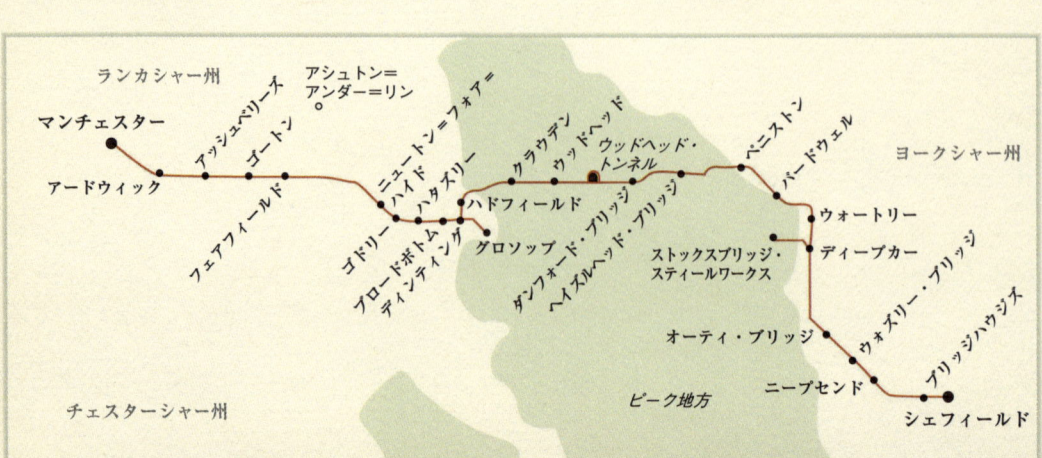

72　世界史を変えた50の鉄道

あまりにきびしい条件
ウッドヘッド・トンネルを手がけた作業員の死亡率は、社会改革家のエドウィン・チャドウィックによれば、ワーテルローの戦いの兵士の死亡率より高かった。

分の不注意で工場の機械にはさまれて手を失ってしまったとする。経営者としては「はい、さようなら」で何が悪い？　作業員が正体不明に酔っぱらっているときに、トンネルの崩落事故で死んだとする。鉄道会社に家族の面倒を見ろなんて、冗談じゃない。〈シェフィールド、アシュトンアンダーリン、およびマンチェスター鉄道会社〉が、ペナイン連峰の下にトンネルを通そうとしているが、これはたいへんな難工事だ。そんなことに資金を出そうなどというのは、株主にとっちゃ大きな賭けだ。トンネル工事の労務者はただ働きじゃない、ちゃんと賃金をもらっているのだ。そんな者に甘い顔をする必要などない…。

ウェリントン・パードンは、トンネル工事が担当のエンジニア助手だった。あるとき政府の調査団の視察がはいり、岩に発破（ハッパ）をかけるときは、安全な導火線を使ったほうがよいのではないかという質問を受けた。「たぶんね。だけど、時間がうんとムダなんだ。それに結果はたいして変わりはしないよ。それで何人かよけいに命が助かるかもしれないけど、そのために時間をロスするなんてとんでもない」。この言葉から、いかに鉄道会社が作業員の命を軽んじていたかがわかる。これによって、産業の歴史は変わらなければいけなかった。ところが、議会は調査団のレポートを棚上げにしてしまった。

1845年、完成したウッドヘッド・トンネルを抜けた一番列車を、お偉方の一団と、ほんの数名の作業員たちが出迎えて祝賀会が行われた（その他の作業員は、早くも次の現場に移ってしまっていた）。社会改良をめざすエドウィン・チャドウィックは、祝賀気分どころではなかった。彼の計算によれば、ウッドヘッドでの人員消耗率は、「比率的に、戦争の際の激戦での死傷者数にほぼ匹敵する」ものだった。殉職32人、負傷140名。この死傷者の率はワーテルローの戦いよりも高かった。

髭をはやしてにこにこし、禿げてきた頭頂部に、うすくなった髪がぱらぱらとなでつけられているチャドウィック。ヴィクトリア時代の社会運動家で、哲学者のジョン・スチュアート・ミルのような錚々（そうそう）たる人ともつきあいのある人物だっ

> それで何人かよけいに命が助かるかもしれないけど、そのために時間をロスするなんてとんでもない。
> ——エンジニアのウェリントン・パードン、下院の調査委員会の聴取に際して（1846）

シェフィールド、アシュトンアンダーリン、およびマンチェスター鉄道　73

トンネル
バースにブルネルがつくったボックス・トンネルは、ウッドヘッド・トンネルがペナイン連峰を抜けるまでは、イギリスで最長のトンネルだった。

た。友人のなかには、何人かの医師もいた。そして運命的にも、その１人にマンチェスターの外科医ジョン・ロバートソンがいて、このロバートソンはヘンリー・ポムフレットという外科医と親しかった。ウッドヘッド・トンネルの作業員たちは自前で医師と治療契約をしていたが、ポムフレットがその医師だった。

イングランドの北東部と北西部を分けている岩山のつらなりがある。このペナイン連峰の嶺の上に、「ピーク地方」と呼ばれる高原地帯がある。そこの谷間のなかでもひときわ荒れ果てた谷に、樹も生えないウッドヘッド村がひっそりとうずくまっている。綿織物産業が起こり、織り手たちがビジネスを始めると、砂岩の家が特徴の村々は急に人口がふえてきた。1839年には、丸石を敷いた通りに長靴のかかとの音が響きわたり、スコットランド、アイルランド、ランカシャー州とヨークシャー州の鉄道建設員の到着を高らかに歌い上げた。彼らはウッドヘッド山を貫通させようと、発破(ハッパ)を手にやってきたのだった。このトンネルは全長５キロ、イザムバード・キングダム・ブルネルが作ったバースのボックス・トンネルをしのぐ、イギリスで最長のトンネルとなる予定だった。

ウェリントン・パードンの上司で、主任エンジニアだったのがチャールズ・Ｂ・ヴィグノールズで、この人は鉄道会社の株主でもあった。予定していた工期と予算をすぎても作業が完了せず、ヴィグノールズは破産した。その後を引き継いだのが、伝統的手法にとらわれないエンジニアであるジョゼフ・ロックだった。ロックが引き取ったとき、1000人以上の作業員が、つるはし、シャベル、発破(ハッパ)を用いて、７個所から穴を掘っていた。７個所というのは両端の２個所と、上から垂直に掘り下げていく５個所である。プロジェクトを完成させるには、人間を動物のようにこき使って、もし説明を求められれば嘘をついてごまかすしかない、とロックは思った。

ウッドヘッドの小さな礼拝堂の墓地の片隅に、スレート

「ナヴィー（NAVVY）」
◆
アメリカ英語では、navvyは蒸気を動力とするシャベルのことをさす。初期の鉄道を敷くのに大いに利用された機械だ。ヨーロッパでは、もとは運河の建設労働者[navigator]のことだったが、鉄道建設のために集まった、場数をふんだ労働者のことを意味するようになった。農場労働者、事務員、鋳かけ屋、ジプシーなど、出身はさまざまだった。ジャガイモ飢饉で村自体が消滅したアイルランドのクレア州の寒い丘から来た人々、土地整理のために追い立てをくらってスコットランドのハイランド地方から来た小作人なども多かった。鉄道建設の労働者を集めたいちばんの功労者は、「貧困」だったといえよう。

74　世界史を変えた50の鉄道

製の名なしの墓石がいくつも、まるで歓迎されない会衆のようなたたずまいで立っている。ポムフレット医師が救うことのできなかった者たちの墓もまじっている。トンネル工事には6年かかった。終わったとき、ポムフレット医師はロバートソン医師に話した。ロバートソン医師はエドウィン・チャドウィックに話し、1846年1月、チャドウィックはマンチェスター統計協会に論文を提出した。「鉄道の建設および諸作業に従事する労働者についての適切な規則の欠如により惹起される、精神的および肉体的破壊について」という題名であった。題名を見ているだけで疲れそうだが、内容は作業員たちの発破にまけない、大きな爆発力を秘めていた。負傷した者が自己負担で治療しなければならないこと、ペナイン連峰の冬はとびきり厳しいのに、ほとんどの労務者が自分でこしらえたあばらやに住んでいること（そのためコレラの流行があること）が暴露された。賃金を数週間も払わず、払うときには酒場で払うという悪しき習慣も暴露された。これだと誘惑が大きすぎて、せっかくもらった賃金なのにすべて酒代に消えてしまう。そのいっぽうで、支給が遅れ、結果として現物給与制度の形になってしまう。つまり労務者やその家族は会社の売店で食料品などを前借りで買うため、給料日にはその分が天引きされ、現金が残らないのである。そうなると彼らは永遠に鉄道会社に縛りつけられてしまうことになる。（現物給与制度は、イギリスではすでに法で禁じられていたが、鉄道建設ラッシュの前に作られた法律だったので、鉄道関係の労務者は適用対象からもれていたのだ。）労務者などというものはたいてい能なしで、宵越しの金はもたない式の酔いどれだという世間の見方は、まともに食べ物や住居を与えず、飲酒を助長するようなことばかりしている産業界によって創り出された産物なのだということを、チャドウィックは明らかにした。

基本に返れ
つるはし、シャベル、そして筋肉隆々の2本の腕が、作業員の本来の道具なのだ。

　鉄道会社もエンジニアも責められるいわれはないと言い張った。しかし、1846年7月の政府の調査委員会では、現物給与制度禁止法の適用を鉄道労務者にもひろげ、雇っている労務者の健康、福祉、住居については会社の責任であるとし、死亡や負傷については会社の責任と位置づけた。議会ではさらに、賃金は週給、現金にすべきであり、現物支給の引換券は禁止すべきことが主張された。この報告書には異論がまったく出なかった。

　チャドウィックの友人ジョン・ステュアート・ミルは、1859年の『論述と議論』で、「社会を作りなおすことが必要なときには、以前の設計図の上に作ろうとしても意味がない」と述べている。鉄道は古いものとがっぷり四つに組みあって、新しい時代と社会変化をもたらすことを約束した。しかし、ウッドヘッド・トンネルの問題をめぐってとがめをうけた人はいなかったとはいえ、チャドウィックの努力はむだではなかった。戦場での死者と鉄道建設での死者を関連づけたことは一般の人々の心に訴えるところがあり、その後は、作業員が死亡すると、新聞がとりあげるようになった。インドで鉄道建設にあたった人々にとってはそうではなかったが。

| 1847年 | # パリ＝ル・アーヴル鉄道 |

国：フランス
タイプ：旅客・貨物輸送
全長：228キロメートル

◆社　　会
◆商　　業
◆政　　治
◆技　　術
◆軍　　事

作家たちが汽車の時代に適応するまでにはしばらく時間がかかったが、レフ・トルストイがヒロインのアンナ・カレーニナに機関車の下に身を投げさせて以来、小説家や映画の制作者たちは、このダイナミックな新しい乗り物を、どんどん冒険の舞台として用いるようになった。パリ＝ル・アーヴル線は、鉄道が芸術作品にどのように描かれるかを見るうえで、最高の例といえる。

サン・ラザール駅

この闇黒の湖の底から音が響いてきた。熱病で死にかけた人間のようなひどいあえぎ声、ふいに、犯されようとしている女の悲鳴のような鋭い笛の音、角笛のもの寂しいすすり泣きが聞こえ、そして近くの街路を車馬の通る物音がした。（ゾラ『獣人』）

ロマンス、アドベンチャー、ホラーなど、三文小説、安物ペーパバックの類は、昔から駅の書店の棚にならんでいた。だが、ヴィクトリア時代には、フィクションを読もうと思ってまっさきに開くのは「ラ・ヴィ・ポピュレール」などの雑誌だった。チャールズ・ディケンズもアーサー・コナン・ドイルも（ドイルの創ったシャーロック・ホームズとドクター・ワトソンは事件解決のために、鉄道関連の小道具、とくに時刻表を用いることもたびたびであった）、どちらも作品を雑誌に連載した。

1889年11月、「ラ・ヴィ・ポピュレール」誌の最新号を手に汽車の座席に座った人々は、パリ＝ル・アーヴル線を舞台にしたセンセーショナルな連載小説の、第1回を読もうとわくわくしていた。著名な小説家エミール・ゾラの『獣人』であった。ゾラは前もって十分にリサーチしていた。テクニカルな面では、機関車の〈ラ・リゾン号〉。フランスの機関車はたいていそうだが、〈ラ・リゾン号〉も、その鉄道が走っている地方の町にちなんで命名されていた。その他にも鉄道員の給料、「クーペ・コンパルティマン」［片側だけにシートがある客車の端のコンパートメント］、そして列車に側廊がないこと（殺人が目撃されないためには、これがぜひ必要だ）等々。『獣人』は鉄道史の研究者にとっては役に立つ材料の宝庫だが、1890年にこの物語を読んだ人たちは、ぞくぞくする筋と、印

恐怖の列車
エミール・ゾラが描いた、パリ＝ル・アーヴル鉄道の急行列車で起きる殺人と暴行の物語『獣人』は、フランスの大衆に大いにアピールした。

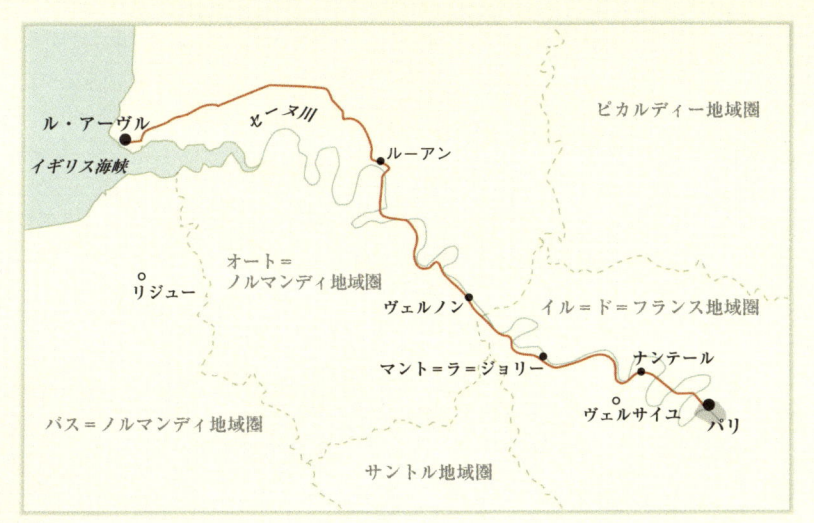

フランス北部
パリとフランス北部を結ぶ鉄道は、ゾラ、クロード・モネ、アンリ・カルティエ＝ブレッソンなどの芸術家のおかげで、歴史の香り高いものとなっている。

象派的な文章をたんのうした。「霧が濃くなっていた。雨のせいでまだあたりはぬれていた。赤い光が、そこ、ここの空を刺しつらぬいた。まるで血がほとばしるように…」

ゾラの物語では、強姦、不倫、殺人、自殺が列車の中で行われる。時代設定は1869年から1870年である。そのころ〈西部鉄道会社〉が、パリのサン・ラザール駅（おもしろいことに、ゾラはこの駅の名を出すことを避けている）から、ブルターニュ北部、ノルマンディへと列車の運行をしていた。時代の設定自体は古いが、物語が書かれた当時の社会に起きていた同時代の出来事が利用されている。ヴィクトリア時代のロンドンで起きた、切裂きジャックによってなされた売春婦の連続殺人事件がそのひとつだ。くわえて、1886年にシェルブール・パリ間の鉄道で起きた、県知事の殺人事件も参考にしている。その他、印象主義の運動にかかわっていた者たちの中に、その頃、サン・ラザール駅から北に行く汽車にとくに興味を示していたゾラの友人たちがいたが、彼らの作品からもヒントを得ている。

サン・ラザール駅はアドルフ・ジュリアンが設計した、巨大な鉄の構造物である〈ポン・ド・リューロップ〉[ヨーロッパ橋]が線路をまたぐ構造になっている。1877年、クロード・モネが、わざと駅の中にぶらりと入りこみ、プラットフォームに画架をたてた。モネの友人にギュスターヴ・カイユボットという画家がいたが、その近くにアパートをもっていて、自身も〈ポン・ド・リューロップ〉を描いたことがあった。このカイユボットが、「印象派」とみずから名のりはじめた画家たちのために、自腹を切って展覧会を開くことを企画した。出展を依頼された者には、カミーユ・ピサロ（よく鉄道をテーマにして描いていた）、エドゥアール・マネ（この人もよく駅を描いていた）、エドガー・ドガ、ピエール＝オーギュスト・ルノワール、そしてモネがいた。みな「プレネール」[外光派]を奉じている画家ばかりだった。モネにはもっと画材が必要だった。

アンナ・カレーニナ
◆
レフ・トルストイは同時代のロシアを小説に描こうとした。1878年の『アンナ・カレーニナ』では、当時の鉄道を物語の中心にすえた。ヒロインの自殺も鉄道だった。「彼女は水槽からレールへと階段を下りてゆき、動いている列車の近くで立ち止まった。そして、車輪と車輪のあいだが目の前にくると、レールの下に両手をついてうずくまった」。トルストイ自身も鉄道のわきで死んでいる。1910年に肺炎にかかり、アスターポボ駅で卒倒して亡くなったのだ。駅の名は後にレフ・トルストイ駅と改められた。

だからサン・ラザール駅にずかずかと入ってゆき、面くらった駅員たちにあれこれと指図したのだった。蒸気がシュウと出て張り出し屋根に触れているところを描きたいから機関車をちょっと動かしてくれ、構図がまずいから汽車の位置を変えてくれ——などといった具合であった。その年の暮れ方、11枚の駅の絵のうち7枚が印象派展覧会で公開されてはじめて、ああ、あれがモネだったのかとわかったのだった。後になって、駅員たちは誇らしげに乗客に言ったものだった。「ええ、奥様、ムッシュー・モネのお仕事を、われわれがお手伝いしたのですよ」と。

　オノレ・ドーミエは「3等車」という絵で、もっとプライベートな場面をとらえている。お祖母さんがあきらめたような顔で座っている。枝編みのバスケットが膝にのっている。その横には丸くなって眠っている少年、そして反対側にはこのお祖母さんの娘が寝ている赤ん坊を抱いている。そんな姿を、後ろの席の女性がそれとなく見ている。汽車の乗客にはこんなふうに、他人のことを観察している者がよくいるものだ。ドーミエがこの絵を制作したのは1860年代だったが、ちょうど同じ頃、ウィリアム・フリスが有名な絵を描いていた。鉄道の絵としては、商業的な意味でほとんど空前絶後の成功をおさめた絵である。もっとも高価な絵でもあった。フリスは1862年にロンドンで、パディントン駅を描いた「鉄道の駅」という絵を公開した。フリスはすでに1858年に、「ダービー競馬の日」で競馬場の人々のようすを、ありのままに生きいきととらえた絵を制作していたので、「鉄道の駅」もおそらく同じ流儀の傑作だろうと予想されていた。さて、何十人ものモデル、写真、そのために雇った下請け画家による構造的細部のデッサンなどを駆使しながら、フリスはタイムズ紙のいうところの「傑作」を完成させた。「テーマは現代という鉄と蒸気の時代にふさわしいもので」と、タイムズ紙の美術部の記者が絶賛している。「フリス氏の絵の値段は…大胆な投機の時代でもなければつけられるものでなく…大衆と、彼らのシリング硬貨が焦点となってくるだろう」。そして、実際にそのとおりとなった。2万1000名以上の人々が12ペンスを払って絵を見た。そして犬を整列させている猟場管理人、辻馬車の御者と料金でもめている紳士、

エコノミークラス
オノレ・ドーミエは「3等車」(1862-1864)で、あきらめと疲労の場面を描いて見せた。ドーミエは鉄道の旅の場面を好んで描いた画家だ。

鉄道の絵の傑作
ヴィクトリア時代の画家ウィリアム・フリスの新作「鉄道の駅」が1862年にロンドンでヴェールを脱ぐと、何千人もの見物人が押しかけた。

出発しようとしているウェディングの一行、犯罪者を逮捕している2人のロンドンの警察官などの描かれたパノラマ絵図を見て感動したのである。フリスのビジネスパートナーである、ルイス・ヴィクター・フラットロウも描かれている。蒸気機関車――〈アイアンデューク[鉄の公爵]〉クラスの〈サルタン号〉――の運転士と話しこんでいる鉄道ファンがそれである。ここには、鉄道をめぐってくりひろげられる人生模様があますことなく描き出されている。

　19世紀の版画制作者――ニューヨークのナサニエル・カリアーやジェイムズ・アイヴズなど――は鉄道を画材のテーマにつけくわえた（版画は1枚1枚、1人の少女が1つの色をつけて、流れ作業で着色された）。鉄道会社も、21世紀の多国籍企業と同じことで、自社のイメージに敏感で、アーティストを雇って、自社ブランドを高める努力をしはじめた。20世紀のアーティストとしては、イギリスのテレンス・クネオ（ロンドンのウォータールー駅の外にこの人の像が建てられることになる）や、ロシア生まれのアドルフ・ムーロンなどが有名だ。ムーロンは、〈シュマン・ド・フェール・デュ・ノルド〉[北の鉄道]（「スピード――ぜいたく――快適」）のようなバウハウスの影響を受けたポスターを制作し、「カッサンドル」と署名した。ロンドン交通局の長であったフランク・ピックはマン・レイ、グレイアム・サザーランド（この人の職業人としての始まりは、ダービーでのミッドランド鉄道のエンジニア見習いであった）、ポール・ナッシュなどのアーティストに委嘱した。

　漫画家――ローランド・エメット、フガス、しかけ絵のイラストレーターであるW・ヒース・ロビンソン――も鉄道に関連する作品を制作した。蒸気機関車が年貢をおさめたあと、凡庸なアーティストたちは鉄道の絵でそこそこ稼ぐことができた。（1950年代にはみんな、のろい蒸気機関の列車にうんざりしていたが、その20年後にはSLファンがすぎし日を懐かしんでよだれを垂らしていた。）しかし、なんといってもいちばん人気を博したのは、ジョン・ハッサルによる「スケグネス」のポスターの、スキップしてい

鉄道の時刻表
◆
「ブラッドショウで汽車を調べてくれ」と、短編小説『ぶな屋敷の冒険』で、探偵シャーロック・ホームズが助手のドクター・ワトソンに言う。ランカシャー州の印刷屋ジョージ・ブラッドショウは、まだほとんど鉄道が存在しなかった1838年に、鉄道の時刻表の発行をはじめた。「月刊鉄道ガイド」は1960年代初めまで発行がつづいた。鉄道会社の時刻表の予定版ゲラ刷りから情報を得て作ったもので、「ガイド」は一番のシェアをもつ定番となった。ただし、これにも、どんな時刻表にもつきものの「免責」条項がついている――「当社はいかなる不正確な情報にも責任は負いません」と。

パリ＝ル・アーヴル鉄道　79

プレネール
フランスの印象派の画家クロード・モネは、サン=ラザール駅の絵の連作を描く際、汽車をあちこち移動するよう、駅のスタッフに注文した。

る船乗りだ。1908年、グレートノーザン鉄道は海辺の保養地を宣伝するため、ハッサルに12ギニー支払って「スケグネス、すがすがしい！」[Skegness is so bracing!]のポスターを描かせたのだった。

汽車、大スクリーンに衝突する

　19世紀が鉄道の絵が爆発的流行をみた時代だとすれば、20世紀は鉄道映画の時代となった。オーギュストとルイのリュミエール兄弟（212ページ参照）がドキュメンタリー風に撮った後は、映画制作者たちはゾラのように、強烈な物語性を追求した。鉄道にロマンス、陰謀、アドベンチャーが組みあわされば、無限の可能性があった。20世紀初頭、エドウィン・ポーターの20分の映画『大列車強盗』が公開されると、新たな「5セント劇場」──店の前に安めの木の椅子がならんだだけの、ろくでもないという評判の小さな劇場──に大勢の観客がむらがった。この列車の追跡劇に遅れをとるなとばかりに、恐怖に顔をゆがめた美人が線路に縛りつけられ、そこに列車がごうと迫ってくるというサイレント映画が、続々と生み出された。

　ポーターはおなじみのウェスタンをドラマティックな映画に仕立て、セシル・B・デ=ミルの『ユニオン・パシフィック』、ジョン・フォードの1924年のサイレント『鉄の馬』（アメリカ初の大陸横断鉄道がテーマ）、1962年の映像叙事詩『西部開拓史』などの作品へと道をひらいた。（1つのサブプロットは、鉄道会社が先住民のアラパホ族を裏切る話だ。）フォードは、ロケ撮影の草分けだが、1962年には『リバティ・ヴァランスを射った男』を制作した。最初の方のシーンでジェイムズ・ステュアートが、シンボーンという西部の町の変わりようをしみじみと語っている。「あんたは鉄道が来てからしか知らない。あのころはまったく別の町だったよ。まったく」と。

　ヨーロッパとアジアの映画監督たちも鉄道に焦点をあてた。ポーランドの映

画監督イェジー・カヴァレロヴィチの不気味な映画『夜汽車』（1959年）、チェコの映画監督イジー・メンツェルの出世作『厳密に監視された列車』（1966年）などはその代表例だ。ベント・ハーメルの『ホルテンさんのはじめての冒険』（2007年）は、ホルテンという名のノルウェーの列車の車掌が引退を考える物語、錦織良成監督の『RAILWAYS』（2010年）は、主人公の筒井肇が会社をやめて電車の運転士になる物語である。映画監督が、最後にはゾラの『獣人』へと戻っていくのは必然のなりゆきだ。1939年にこの映画を作ったのは、ゾラの友人だった画家オーギュストの息子、ジャン・ルノワールだった。「汽車そのものがこの映画の主人公の1人だ」とルノワールは語っている。

パリのサン＝ラザール駅の、美術史とのかかわりはまだ終わっていない。1932年、当時まだ無名に近かったアンリ・カルティエ＝ブレッソンは駅の裏で1枚の白黒の写真を撮った。カルティエ＝ブレッソンは「サン＝ラザール駅の裏」を撮ったとき、画家をやめて、これからは写真ドキュメンタリーの仕事一本でいこうと決意した。「タイム」誌は、カルティエ＝ブレッソンのカメラがとらえた、水たまりを飛び越している、にじんだ影の人物像こそが「20世紀の最高傑作」と絶賛したのだった。

> 「何が君をハリウッドに来させたのだ？」とジャーナリストのジャン＝リュック・ゴダールが映画監督のジョン・フォードにきいた。「汽車さ」とフォードは答えた。
> ——「カイエ・デュ・シネマ」誌より

線路の端
20世紀初頭、パリ＝ル・アーヴル鉄道の〈ガール・デテーニュ・サン・ロマン〉駅。画家にインスピレーションをあたえたのはこの駅が最初でも、最後でもなかった。

1848年 ジョージタウン＝プレザンス鉄道

国：ガイアナ
タイプ：貨物輸送
全長：8キロメートル

◆社　会
◆商　業
◆政　治
◆技　術
◆軍　事

ガイアナのかわいいサトウキビ鉄道は、南米の鉄道がどんどん利益をあげて拡張されたなかで造られたものだ。南米の鉄道は──とくに経済先進国だったアルゼンチンでは──海外の投資家のために配当金をたんとたたきだしてくれていた。だが、それも西欧が彼らの富でもうけることのできる間だけだった。

サトウキビ鉄道

19世紀のあいだは、イギリスやフランスの投資家は、貴重な南米の鉄道株をたんすに大事にしまっていた。ところが、1930年代にはもはや紙くず同然になった株券がくずかご行きとなった。西欧諸国の経済がくしゃみをしたら、南米の鉄道は肺炎になって気息奄々のありさまとなった。

ヨーロッパ人にとっては、北米には勝手に独自の道を歩まれてしまったので、19世紀の終わりごろには、南米こそが一旗あげるためのチャンスの土地となった。スペインとポルトガルの征服者たちによって植民地とされた南米、とくにアルゼンチンは、さあ、とってくださいといわんばかりの、熟れた果実であった。ヨーロッパと北米の実業家たちは、内陸から港まで鉄道を敷きさえすれば、ビーフ、ボーキサイトをはじめ、穀物、ワインにいたるまで、何でも吸い上げることができた。

南米大陸で活躍した鉄道パイオニアは、ジョン・ロイド・スティーヴンズと、フレデリック・キャザーウッドである。この2人は、1830年代後半に訪れたマヤ遺跡の見聞録を出版して世界をあっと言わせた。スティーヴンズはニュージャージーの商人の息子で、世界初の大陸横断鉄道であるパナマ鉄道（92ページ参照）の建設にかかわったのに対して、キャザーウッドのほうは1848年にガイアナのジョージタウンとプレザンスのあいだに、ささやかなサトウキビ鉄道を開通させた。キャザーウッドのサトウキビ鉄道は、南米では2番目のものだった。キューバに先を越されたのだ（54ページ参照）。どちらも砂糖を運ぶために作られたが、南米の鉄道発展の幕開けとなった。その流れは、南米第2の面積をほこるアルゼ

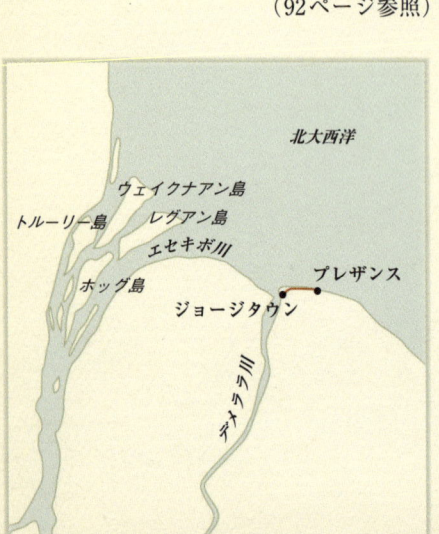

ガイアナ

南米で2番目の鉄道は、南米大陸に急速に鉄道が広がる先触れであった。しかし海外の投資家が撤退すると、多くの鉄道は存続に苦労した。

ンチンで顕著だった。1914年には、裕福な牧場主がほとんど国のどこへでも汽車で行けたし、首都のブエノスアイレスを、南米初の都市交通システムで自由自在に動きまわることができたのだ。

バーミンガムのエンジニアだったウィリアム・ブラッグは喫煙用具などの収集でも有名だが、アルゼンチン最初の鉄道〈ブエノスアイレス西部鉄道〉を1857年に開業させた。サミュエル・ピートウの〈大南部鉄道〉が1865年、ついでイギリスがロサリオ・コルドバのあいだに造った鉄道が1870年に続いた。第1次世界大戦が始まるころには、アルゼンチンは世界で10番目に大きい鉄道網をもっていた。アルゼンチンは世界の中で存在感を高めつつあった。タンゴがブエノスアイレスの郊外から踊り出て、ヨーロッパでのステップを確かなものにしているときに（ロンドンの格式あるウォルドーフ・ホテルでさえ、20世紀のはじめには「タンゴ・ティー」というメニューを出すようになった）、アルゼンチンの鉄道は最大の輸出品であるコンビーフをせっせと輸送していた。史上最大の戦争の中でヨーロッパの国々の軍隊が敵味方に分かれて相対していたとき、軍隊の胃袋をやしなったのは「ブリービーフ」、すなわちアルゼンチン産の缶詰肉だった。

しかし、海外のマーケットへの過度の依存は、アルゼンチンの鉄道にとって滅びの道だった。1948年、ブエノスアイレスで国をあげての祝祭儀式があり、ホアン・ペロン大統領が、7つのイギリス系の鉄道と、3つのフランス系の鉄道を国有化すると宣言した。ところが、期待したほどには投資が集まらず、1990年代に民営化されたものの、それでも資金不足が解消されなかった。貨物輸送の需要は増えているのに、アルゼンチンの鉄道ネットワーク、さらに南米を横断する鉄道網のほとんどが、他の国々の鉄道網に遅れをとった。

1992年、アンデス山脈の山すそを、エスケルからインゲニエロまで走る小さな無名の貨物路線の整理に、大鉈がふるわれようとした。パタゴニコス鉄道（コラム参照）は〈ラ・トロキタ〉[かわいい狭軌の鉄道] という愛称で親しまれていた。第1次世界大戦の塹壕に残された不要の、狭軌の車両を用いて作られたものだった（168ページ参照）。抗議運動が起きて、アルゼンチンの当局は心を入れかえた。全線を廃止するのではなく、〈ラ・トロキタ〉の一部を国の記念物として残すことにしたのだった。

〈ラ・トロキタ〉

◆

『古いパタゴニアの急行列車』という作品で、作家のポール・セルーは、こごえるボストンの地下鉄から、アルゼンチンの南端の乾燥した台地までの鉄道旅行を描いている。この旅で、セルーは〈ラ・トロキタ〉――アルゼンチンのパタゴニア地方を402キロ走る貨物列車――に乗った。軽量なので、ひどい横風が吹くと脱線することもあった。〈ラ・トロキタ〉は、南アメリカで最後で最長の100パーセント蒸気で動く汽車となった。セルーのおかげで、世界でもっとも有名な汽車となった。

このたいそうな騒動はフロックコートを着た紳士がたが起こした。一旗あげてパリに行こうというなんともあきれはてた目的のためだった。
――R・L・スティーヴンソン『アマチュアの移民』
（1895）

ジョージタウン＝プレザンス鉄道　83

1853年 グレートインド半島鉄道

国：インド
タイプ：旅客・貨物輸送
全長：34キロメートル

◆社　会
◆商　業
◆政　治
◆技　術
◆軍　事

　インドの鉄道建設は、ピラミッドの建設以来最大の公共土木事業となることを予感させた。イギリス人によって作られたシステムは国をひとつにまとめあげたが、インド・パキスタン分離独立の際には、空前絶後の規模の大衆運動によって、国を割るのに手を貸すことにもなった。

支配者の鉄道

　俗説では、インドの鉄道は世界で2番目に従業員を抱えている団体だといわれる。1番は中国の人民軍、3番目はイギリスの国民健康保険なのだそうだ。実際には、2012年の時点で、1日に1100万の人間を輸送するインドの鉄道は約140万人を雇用しており、アメリカの国防省、ウォルマート、マクドナルドに次いで8位である。しかし、1世紀半前には、「インドに鉄道なんて作っても、貧乏人ばかりなんだから乗れる者なんていないじゃないか」といわれたものだった。

　インドの鉄道史はイギリスの支配下にあった植民地時代にはじまった。その後ずっとイギリスに統治されていたが、1947年にインドとパキスタンの分離独立が起き、宗教によって国が二分された。シーク教徒とヒンドゥー教徒はインドへ、イスラム教徒は新たに作られたパキスタンへと分かれていった。

　その1世紀前、イギリスは大切な植民地をまとめておくにはどのようにすればよいか思案し、インド総督だったダルフージー卿が「この進歩の偉大な道

植民地の拡大
インド初の鉄道は、ボンベイからターナへの34キロだった。大陸に鉄道を敷いていく際、鉄道建設がそれまで直面したことのないようなむずかしい土地もあった。

ダルフージー卿
インドの鉄道建設を、もっとも声高に主張した1人。イギリス本国で、鉄道の活躍をつぶさに見ていたからである。

具」、すなわち鉄道を提唱した。インドの鉄道網のことを言い出したのはこの人が最初ではなかったが、もっとも影響力のある人物であった。くわえて、イギリスで急速に普及しつつあった鉄道について国会の委員会で委員長をつとめた経験もあったので、鉄道の力については理解があった。インドに鉄道を敷く2つの根拠があった。綿と軍隊である。1846年にアメリカの綿が凶作となり、イギリスの綿織物業界の人々が危機感をつのらせ、安定した供給元を求めてロビー活動を行なった。綿生産の盛んなインドは絶好の選択肢だった。ただし、それには収穫した綿のボンベイ（ムンバイ）への輸送手段を改善することが条件だ。

くわえて、兵の輸送という問題があった。インドの北西側の国境の先にはアフガニスタンがあり、イギリスの権益を脅かしつづけていた。1842年にも、4500名の兵士と1万2000名の民間人が、カブールを脱出した後で殲滅され、たった1人だけ生き残った将校が、国境を越えてそのことを伝えてきたという事件が起きたばかりだった。鉄道の戦略的な重要性は明らかだった。陸軍は、インドの国営鉄道を造れば、国境の防御が強化されることになるだろうと主張した。

ダルフージーの、インド亜大陸を構造をもった形で「鉄道化」させようという計画は、イギリスやアメリカの計画性のない、市場まかせで自由競争の鉄道とはまったく別物だった。インドの鉄道は、資金は民間だが、植民地統治の当局によって計画され、鉄道敷設の最高のブレインを結集して施行されることになった。試験的なものとして2本の路線が提案された。東部ではボンベイ（ムンバイ）からターナ（ターネー）への34キロで、ロバート・スティーヴンソンがエンジニアをつとめる。もう一つはベンガル州のハウラからラニガンジまでの195キロである。ラニガンジは1770年代に東インド会社（コラム参照）によって石炭が発見されるまでは、なんといってとりえのない辺境の地だった。

ボンベイ＝ターナ線はスティーヴンソンではなく、彼の助手だったジェイムズ・バークリーが担当することになった。深い切り通しを必要とするような丘や沼が見つかったが、リヴァプール＝マンチェスター鉄道（22ページ参照）で出くわしたもののことを思えば何ほどでもなかった。そして、1850年にボンベイ機械工協会で読まれた論文でも述べられているように、「現在の労働コストは最低水準」にあった。しかしながら、これはエッジヒルやオールドトラフォードではなく、神秘的でエキゾティックなインドだった。複雑なカースト制度、厳密な宗教的な戒律、殺人的な猛暑の国インドだった。バークリーはまもなく、部下のな

東インド会社
◆
フランス、オランダにも東インド会社があったが、イギリスのものも同じように、政府と政治的・経済的に密接な関係をもちながら、略奪まがいのことも辞さない貿易会社だった。マドラス、ボンベイ、カルカッタに貿易港を確保して開発の援助をし、インドの豊かな北東部の州の支配権を、ベンガルから奪いとった。儲けの大きいベンガルと中国のあいだのアヘン取り引きを拡大させ、利益をえたが、鉄道時代がおとずれる前夜に、独占権を奪われてしまった。

会社の支配
東インド会社は鉄道が発展するにつれて、インドの支配力を失っていった。

グレートインド半島鉄道 85

鉄道の女傑

西ガーツ山脈にジェイムズ・バークリーの鉄道を通す際に死亡した1人に、ソロモン・トレッドウェルがいる。1823年、イギリス、ウスター州の運河の掘削や埠頭管理の仕事をしていた人の家に生まれ、イザムバード・キングダム・ブルネルのもとで、蒸気の外輪船グレートイースタン号を作ったことがあった。1851年にアリス・ピカリングと結婚し、バークリーの鉄道の仕事のために家族をつれてインドに渡った。2か月もたたないうちに病に屈して死亡した（労働者の3分の1が死亡した）。妻のアリスは女傑ともいうべき人で、夫の仕事を引き継ぎ、新たにエンジニアを任命し、作業を監督して、1853年の完成にこぎつけた。彼女は「きわめて満足のいく仕事をした」とバークリーの追悼文に記された。

かでも「もっとも技術があり経験豊かで高潔な請負人」の2人を失った（そのうちの1人はソロモン・トレッドウェル。コラム参照）。そしてバークリー自身も早々に亡くなってしまった。

それにもかかわらず、鉄道の建設は進み、1853年4月に、グレートインド半島鉄道会社によって開業した。ほうだいな数の群衆が（アフリカ東部、ペルシア湾、なんとアフガニスタンからもオブザーバーが来ていた）集まり、お偉方をぎっしりとのせた14両編成の列車が、時速32キロという目もさめるスピードでボンベイから出ていくのを見つめた。南アジアで初の鉄道の先行きは明るかった。ただし、みんながみんな喜んだわけではない。「いまインドに必要なのは水の輸送だ」と、カーベリ川とゴダバリ川の灌漑システムを作っていたサー・アーサー・コットンは言った。「鉄道では水を必要な値段で運べないし、大量に運ぶこともできない。維持するのに1年に300万ルピーの国費がかかる」と。だが結果的に、その300万ルピーはけっしてむだ金にはならなかった。

まもなくベンガル線の建設が東インド鉄道会社によってはじめられた。（これはイギリスの会社だった。バークリーが述べているように、「インドの鉄道網全体が、ほとんどイギリスの資本で作られつつある」のだった。）1855年2月にエンジニアのジョージ・ターンブルの手によって完成したものの、すべて順風満帆だったわけではない。イギリスから客車を運んできた軍艦のグッドウィン号が沈没し、カルカッタの2つの会社、ステュアート社とシートン社が代わりのものを作らなければならなかった。さらに、イギリスから機関車を運んでくるはずの船が、事務上のミスで、カルカッタではなくオーストラリアに送られてしまった。きわめつけは、線路がチャンダルナゴル（現チャンダンナガル）でフランス領を通過していることが判明したことだった。この問題の解決のため、交渉に長い時間がかかった。

ジェイムズ・バークリーはこの線をボンベイから西に伸ばして、西ガーツ山脈（西海岸にある山脈）を通すための作業にとりかかっていた。1850年、バークリーは「これまでガーツ山脈の通過には費用がかかり、ずっとインドの商業を深刻に妨害してきた」と説明している。最終的に人命の犠牲がどれほどのものになるのか、バークリーは想像すらしていなかった。

川を渡る
ジェイムズ・バークリーがボンベイ＝ターナ（ムンバイ＝ターネー）鉄道を作った。1853年に開業した。

象の手をかりる
東インド鉄道のバルドマン駅が1855年に開業となり、盛大な祝典が行われた。

繊維業界の安泰

　目をみはるほど美しい西ガーツ山脈は、平野から762メートルの高さにそびえている。主要な登り道は2本だが、岩がひび割れるほどの熱に焼かれていなければ、雨が滝のように下るモンスーンの時期で、1年のうち4か月は仕事が中断した。バークリーは「1万922名のドリル工、2659名の石工をふくむ3万名以上の人員」で仕事をはじめたが、「コレラの発生」によって、さらに1万2000名の投入が必要となった。バークリーは機関車のために、いくつかの後退区間を設けるという名案を思いついた（このシステムは後のブラジルとアンデスの鉄道に用いられることになる）。この路線には25のトンネルと、8つの大規模な高架が必要となった。そのために建設コストが1.5キロメートルあたり7万ポンドへと跳ね上がった。（ターンブルの東インド鉄道は1.5キロメートルあたり1万5000ポンドと見積もられていた。）しかし、人命のコストはもっと高かった。推定2万5000人が命をおとした。1キロメートルあたり1000名ということになる。燃えつきたバークリーは「健康をそこねて」イギリスに帰り、1862年、鉄道の完成を見ずに世を去った。開通するのとほとんど同時に犠牲者のことは忘れ去られ、1870年になると、ボンベイからカルカッタまでインドを横断することが可能となった。ジェイムズ・バークリーを追悼する、ある文章に述べられたように、「総延長1237マイル［約1990キロメートル］で、壮大な幹線鉄道としてつなげ」られたのであった。鉄道史に燦々と輝く業績であり、これができたからこそ、45歳だった作家ジュール・ヴェルヌの頭脳にひらめきが走り、フィリアス・フォッグが世界一周する『80日間世界一周』という名作が生み出されることとなったのである。ただし、それにおとらず重要なこと

> 鉄道によってインドでは、ほとんど計算しつくせないほどの商業的利益が上がることはまちがいない。
> ——ローランド・マクドナルド・スティーヴンソン

チャトラパティ・シヴァージー
ボンベイのターミナル駅。ヴィクトリア時代の壮麗な建築物である。1895年の写真。インドにおけるイギリスの鉄道の建物の、豪華な様式が出ている。ほぼ1世紀後にテロ攻撃の標的にされた。

は、これによって「西インドの広大な綿栽培地域を通る、ナーグプル」への鉄道が完成したことであった。イギリスの綿織物工場の経営者たちは大満足であった。繊維業界もこれで安泰だ。

辺境の郵便

この鉄道ができて以降は、2つの大きな都市をつなぐための鉄道が、次々と建設されていった。1890年代には、ラージャスターン州のアジメールで、インド自身による蒸気機関車の製作がはじまった。また、同じ時期に、ウガンダの鉄道建設のために、インドからエンジニアが派遣された。鉄道会社の経営にかかわっていた人たちと同様、このような人々はイギリス人とインド人の混血であった（父がイギリス人で母がインド人の場合が多かった）。このような人々は、イギリス統治に忠誠をつくすというのがたてまえであった。だが、そのために、インド・パキスタンの分離独立の際には、彼らは四面楚歌におかれた。

インド政府は1900年にグレートインド半島鉄道の路線を継承し、クラシックな汽車を走らせはじめた。そのひとつが〈フロンティアメール号〉［辺境の郵便］で、1928年には、ボンベイの蒸気船のドックと、インド・アフガニスタンのあいだのノースウェスト・フロンティア州の州都ペシャワルをつないで営業をはじめた。〈フロンティアメール号〉はインド陸軍に勤務しているイギリス人将校たちの妻や家族や手紙を運んだ。第19ハイデラバード連隊の、イギリス人将校の娘であったペギー・リーチが〈フロンティアメール号〉に乗ったときの思い出を残している。「客車は壁で仕切られたコンパートメントに分かれていて、それぞれにごく小さなお手洗いがあり、直接レールの上に開いている。小さな真鍮の洗面器がそなわっている。窓にはよろい戸と防虫の網がついていて、床の上には氷の箱がそなえつけになっている」。旅の手配は父親の召

使いが行なってくれた。名はラム・キッセン、長身で堂々たる風采の持主で、「アヤ〔乳母〕を見つけてくることから、将校たちの晩餐会の仕切りまで、何でもやってくれた」

　1941年に日本軍が東南アジアに進出し、にわかに、昼食会や晩餐会などをしている場合ではなくなってしまった。今や、ビルマの国境に兵士や補給を送るために鉄道が用いられた。（ビルマ鉄道によって、ラングーンからイラワジ川までの区間が1880年代に開通され、それの支配をめぐって連合軍と日本軍が戦った。）すくなくとも１つの不運な列車が、補充兵をボンベイからシンガポールへと輸送した。到着したちょうどそのとき、シンガポールが日本軍の手に落ち、多くの兵士がビルマ＝シャム鉄道で命を失うことになった（196ページ参照）。

　1945年に戦争が終わり、1947年にイギリスのインド支配が終焉をむかえた。インドとパキスタンの分離独立により、あらたに誕生したパキスタンで、ヒンドゥー教徒、シーク教徒、キリスト教徒などのインド人と、主流派のイスラム教徒とのあいだで争いが起きた。イギリスの撤退にともない、1000万人もの人々が故郷をすてた。史上、これほど大規模な人口の移動は例を見ないものだった。最初のうち群衆は、儀杖兵や軍楽隊につきそわれながら、あらたな故郷をめざして汽車で移動しようとした。赤ん坊を抱いたペギー・リーチは汽車でボンベイまで行き、そこからイギリスに向かう船に乗った。５人のインド・イギリス混血の鉄道関係者も、同じ客車に乗っていた。この人たちも、教条主義的な者たちに襲われるのをおそれて、インドからのがれようとしているのだった。マハトマ・ガンディーの努力にもかかわらず（ガンディーは独立と非暴力の思想を広めるために、鉄道に乗って各地をまわったが、ヒンドゥー教のナショナリストによって、1948年に暗殺された）、インドのジャワハルラール・ネルーやパキスタンのムハマド・アリ・ジンナーなどの政治的指導者の努力のかいもなく、両サイドの過激派が列車を襲った。線路の脇で、何千人もの旅客が犠牲になった。1947年の暮れまでに、100万人もの人命が失われた。ラム・キッセンも犠牲者の１人だった。ボンベイ行きの列車に乗ったが、そこで消息が絶えてしまったのだ。

> **世界遺産の丘**
> ◆
> 　イギリスはインドの植民地時代に、小さな山岳鉄道をいくつか作った。代表的なものに、西ガーツ山脈のニルギリ山岳鉄道、ダージリン・ヒマラヤ鉄道（1881年完成）、北部高山地帯のカールカー＝シムラー鉄道（1898年開通）などがある。シムラーの丘の駅はインドのイギリス人にとって、夏の首都だった。これらの山岳鉄道はどれも一風変わっていて、インド観光のルートになっている。世界遺産に認定されたものもいくつかある。

1854年 ゼメリング鉄道

国：オーストリア
タイプ：旅客・貨物輸送
全長：41キロメートル

◆社　会
◆商　業
◆政　治
◆技　術
◆軍　事

19世紀半ば、アルプスの未踏の山頂をめぐって、われこそが一番のりをと、怖いもの知らずの若者たちのあいだに登山熱が流行したことがあった。そんな流れに、鉄道も遅れをとってはいなかった。

山の鉄道

1850年代は登山家にとっての黄金時代となった。勇敢な若者はアルプスの山頂を次々と征服していったが、流行の火つけ役となったのは、1854年のヴェッターホルン征服であった。登ったのはイギリスの法律家アルフレッド・ウィリスだ（後に、イギリスの鉄道と運河を調査する委員会の座長をつとめることとなった人物である）。ところが、ウィリスがお粗末な麻のロープと磨いたハーケンで凍った岩壁に必死にしがみついていたちょうどそのころ、鉄道もまた山頂をめざしていた。

標準ゲージを用いる最初のアルプス縦貫鉄道となったゼメリング鉄道は、ウィリスのヴェッターホルン征服と同じ年に開業した。（ただし、ウィリスの山頂征服はじつは2番目であって、10年前にスタンホープ・スピアという人物に先を越されていたことが後になって判明した。）

鉄道によるアルプス征服の立役者となったのは、イタリア人エンジニア、カール・フォン・ゲーガだった。ゲーガはていねいに鉄道の測量を行ない、オーストリアのグロッグニッツとミュルツツーシュラークを結ぶ区間をみごとに完成させたのだ。その当時、アルプス縦貫鉄道が可能だと考えている者はきわめて少数派だったが、ゲーガはその1人だった。必要な鉄橋、高架橋、トンネルを作るのに2万人をこえる人員と6年越しの歳月を要したが、ゲーガの鉄道の敷設は成功した。傾斜の急な昇りに対処できる機関車を見つけるのも問題だったが、オーストリアのエンジニアだったヴィルヘルム・フォン・エンガー

世界で最初の…
オーストリアには、アルプスをつらぬく画期的な鉄道ができた。世界初の山岳鉄道だった。

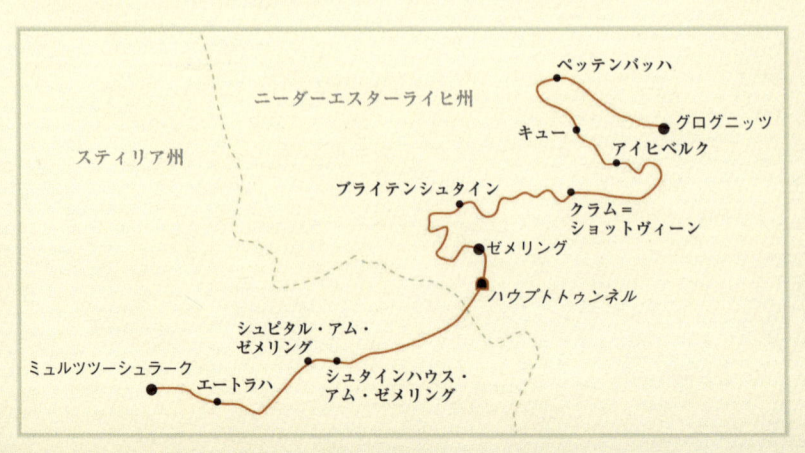

90　世界史を変えた50の鉄道

トが設計した、特別の機関車が用いられることになった。1998年、ゼメリング鉄道はユネスコの世界遺産となった。

ゼメリング鉄道の10年後、登山家のルーシー・ウォーカーがスイスアルプスのバルムホルンの3698メートルの山頂を征服した。その頃、鉄道のエンジニアたちは、それとは別のまたやっかいな山、フランスのローヌ県の山モンスニの登頂にいどんでいた。1800年代のはじめにナポレオンの兵士たちによって作られた荷馬のための山道は、イギリスにとってイライラの種だった。インドへの郵便はイギリスを出て地中海の港に行き、そこから船にのせられてインドへと向かう。ところがモンスニ山がボトルネックだった。荷馬の背にのっけて、山道をてくてくと登らなければならないのだ。イギリスはモンスニ山にトンネルができるのを一日千秋の思いで待っていた。これができれば、フランスのモダーヌとイタリアのバルドネッキアがつながり、アルプスをつらぬくまっすぐのルートができる。

全長13キロのトンネルを委託したのは、イタリアの王ヴィットーリオ・エマヌエーレ2世だった。当初は25年かかるだろうと考えられていた。トンネル掘りの仕事が進められている間に、かりの鉄道システムが導入されて、荷馬はおはらい箱となった。特殊な3本レールと、その上を走る蒸気機関車が、カンブリア州の人ジョン・バラクロウ・フェルによって設計され、ランカシャー州生まれのジェイムズ・ブロッグデンによって作り上げられた。これが走ったのはわずか4年にすぎなかった。モンスニ山のトンネルが記録破りのスピードで貫通してしまったからだ。たった14年で完成できたのは、近年の道路工事の現場を騒音で悩ませる空気ドリルの発明と、アルフレッド・ノーベルのダイナマイトのたまものだった。サヴォワ生まれのエンジニア、ジェルマン・ソメイエの監督のもとトンネルは1871年9月に完成し、開業にこぎつけた。

ジョン・バラクロウ・フェルの技術はよそに輸出された。ブラジルのほか、マン島ではバラクロウ・フェルの息子ジョージによって提案され、1895年に鉄道が開業、そしてジェイムズ・ブロッグデン自身によってニュージーランドでも用いられることになった。ブロッグデンは――「ブロッグデンの徒」と呼ばれた建設労働者たちをニュージーランドまで輸送することにもかかわり――ウェリントン＝マスタートン鉄道の途中で、リムタカ山地を越える線路をこしらえた。だが、登山家のように山を登ることを鉄道エンジニアにはじめて教えたのは、ゼメリング鉄道だ。ワシントン山（世界初のラック式鉄道［歯軌条鉄道］が造られた）の征服は1869年のことだった。コロラドのマニトウ＝パイクスピーク鉄道は、「ビューティレスト」で有名なシモンズ寝具会社の経営者によって1891年に建設された。また、ウェールズのスノードン山には1896年に鉄道が造られたのだった。

列車を止める力

◆

ジョージ・ウェスティングハウスは1846年生まれで、初期の鉄道の最盛期を生きたが、1年に18というペースで工学上のアイディアで特許をとった。父親は脱穀機を考え出した人だったが、息子のジョージはその衣鉢を継いで発明家となったのだ。モンスニ山のトンネルで用いられた空気ドリルを動かす圧縮空気にヒントを得て、ウェスティングハウスはピッツバーグで働いているときに、列車のそれぞれの車両と車両のあいだで用いる圧縮空気のブレーキを作り上げた。

山が間にはさまって、国と国が敵同士になる。
――ウィリアム・クーパー、詩集『課題』（1785）より

アルプスの征服
ゼメリング鉄道の成功は、モンスニ山頂鉄道の建設をうながした。

パナマ鉄道

1855年

国：パナマ
タイプ：旅客・貨物輸送
全長：76キロメートル

◆社　会
◆商　業
◆政　治
◆技　術
◆軍　事

大陸を横切る
大西洋と太平洋を運河でつなぐ仕事は、パナマ鉄道とともに始まったといえる。

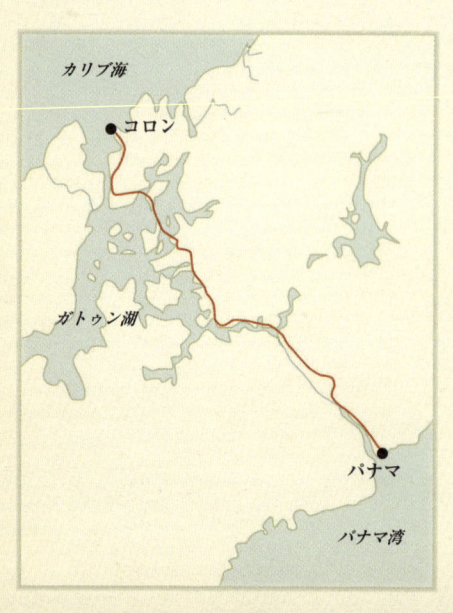

　鉄道によって郵便馬車がおはらい箱になり、運河の息の根も止められてしまった。しかし、パナマ鉄道の場合は、有名なカリフォルニアのゴールドラッシュが起きて、汽車がやってきたあとで、運河が作られた。

運河の路線の建設

　1849年に起きたカリフォルニアのゴールドラッシュによって、新種の労働者が誕生した。「フォーティナイナー」[49年の人々]、「アルゴナウテス」などと呼ばれる者たちがそれで、遠くからはドイツ、ポーランド、ロシアからやってきた。カリフォルニアに行くのに、ニューヨークで船を乗り換え、南アメリカのケープホーンをめぐって北上する者が多かった。140日以上の日数がかかることもあった。これとは別のルートもあった。カリブ海まで船で行き、ラバに引かせた丸木船に乗ってパナマ地峡を横断し、太平洋に出てカリフォルニア行きの船に乗る、というものだ。この旅は地獄だった。ガイドに襲われることがあった。野獣に食われたり病死することだってなくはない。
　1851年、ジョージア号とフィラデルフィア号という2隻の蒸気の外輪船がアスピンウォール（今ではコロン）に着いたとき、上陸してきた約1000人の山師たちは、そんな悲惨な旅を覚悟していた。ところが、ひとつの噂が流れはじめた。この町はウィリアム・アスピンウォールという人物にちなんでつけられたものだが、この人によって13キロにおよぶ鉄道が作られ、問題のルートがカバーされているのだという。1.5キロにつき50セントという目の玉の飛び出そうな運賃だったが、みんな先を争って乗った。それは愉快な旅ではなかった。レールの脇に粗末な墓がならんでいるのは別にしても、労務者の死体が酢漬けにされて、木の樽につめられているのだという噂があった。鉄道建設の作業員が困窮のはてに、てっとりばやく死ぬため、現地の蛮人に金を払って斧で首を切ってもらうのだという噂もあった。噂はほんとうだった。鉄道の病院の職員は、医学校に死体を売って資金を作っていた。そのいっぽうで、800人の中国人労働者がアヘンを奪われたために自殺した。
　パナマ鉄道は山師たちのために作られたのではなく、合衆国の郵便サービスのためだった。ポニー・エクスプレス［早ウマ便］や大陸横断鉄道（106、118ページ参照）の以前は、合衆国の郵便は国の端から端に行くの

92　世界史を変えた50の鉄道

に船便を用いていた。郵便サービスのために、東海岸と西海岸に積み出しのための港が多数開かれたのだった。ウィリアム・アスピンウォールはパナマとオレゴンのあいだに輸送契約を結び、パナマを横断する鉄道の可能性を現実のものにした。ジョージ・ヒューズ大佐が路線の測量をし、100万ドルの建設費と、12か月の工期を見積もった。あまい見積もりだった。パナマ鉄道の完成には5年の歳月がかかり、700万ドル以上の費用を要し、おまけに多くの犠牲者を出したので、ジョージア号とフィラデルフィア号の運行がはじまるまでは、鉄道の建設が放棄される可能性が真剣に考慮されるほどだった。

ところが、山師たちが救いの神となった。彼らが現金を注入してくれたおかげでニューヨークでの投資が刺激され、1855年、ついにパナマ鉄道が正式に営業をはじめた。事業は大いに活況を呈した。投資家は24パーセントの配当をもらって笑いがとまらず、当座のあいだは、世界一の輸送量をほこる鉄道となった。アスピンウォールが予言したように、合衆国郵便の配達時間は以前の何分の1かに短縮された。鉄道会社も豊かになり、鉄道で働く者たちのために教会と図書館をつくるための資金を提供するほどだった。ところが、好事魔多しというが、パナマ運河の話が悪夢のように降ってわいてきた。

フェルディナン・ド・レセップスがスエズ運河建設の経験をもとに、パナマ運河の建設にとりかかったとき、最初におこなわれたのは鉄道の買収だった。そのときすでに鉄道は落ち目だった。1881年にはもうアメリカの大陸横断鉄道が開業し（118ページ参照）、ゴールドラッシュも終わっていた。それにしても、パナマ地峡の状況はレセップスでさえ手に負えなかった。1904年にアメリカがパナマ鉄道を買収した。ジョン・スティーヴンズというアメリカ人エンジニアが、運河計画を引き継ぎ、その完成前に辞任したものの（シベリア鉄道の仕事に移った）、運河は1914年に開業し、船の通行がはじまった。そして鉄道も残った。

海から海へ

◆

パナマの鉄道は世界初の大陸横断鉄道だ。19世紀、大陸横断鉄道は鉄道建設者の見果てぬ夢だった。大陸横断鉄道はばらばらの地方をつなぎあわせる、針と糸のようなものだと考えている国々もあった。他方、帝国ロシアのように、国の威信を示すものと考えた国もあれば、イギリス、フランス、ドイツのような植民地経営をしている国では、鉄道は植民地の経済活動を活性化させるとともに、軍事的支配を強める手段であると考えていた。20世紀後半になると、大陸横断鉄道は、鉄道マニアが詣でる巡礼の場所となった。

消耗率
パナマ鉄道建設の際の労働条件は劣悪で、自殺に追いこまれた作業員もいた。何人亡くなったのかは誰も知らない。

パナマには3つの病気がある。黄熱病、マラリア、そして臆病だ。このなかで臆病が最悪だ。
——ジョン・スティーヴンズ（パナマ運河を作ったエンジニア）

パナマ鉄道 93

グランドクリミア中央鉄道

1855年

国：ウクライナ
タイプ：軍事輸送
全長：47キロメートル

◆社　会
◆商　業
◆政　治
◆技　術
◆**軍　事**

科学技術が一歩前に進むごとに、軍事産業がかならずそこにいて、進歩の果実を存分に吸いとる。鉄道とてその例外ではない。クリミア戦争、アメリカの南北戦争、ボーア戦争がそのよい例だ。

軍事的な膠着状態

1854年のこと、ブラジルとノルウェーはそれぞれ初の鉄道を立ち上げようとしており、オーストラリアはメルボルンとホブソンズ湾とのあいだに蒸気船の定期便を始めようとしていた。ところが、黒海の北岸にあるクリミア半島では、ロシア軍がイギリス、フランス、トルコの軍とがっぷり四つに組んでいた。バラクラヴァで戦闘があった。イギリス軍の軽騎兵の部隊が、あやまった指揮によって突撃し、壊滅的な被害をうけた。600名の騎兵がロシアの砲列が待ち受ける谷の口に向かって馬もろとも走りこんでいったのだ。この戦闘の後ロシア軍は退却して、セヴァストポリのベトンで固めた要塞にこもった。堅固に作られていたので、包囲攻撃されてもびくともしなかった。

ロンドンのタイムズ紙は、新たに設置された電信線を利用して、戦況について実況感あふれるレポートを掲載し、報道が世論の動きに大きな影響をあたえた。34歳のフロレンス・ナイティンゲールはそれまでの常識を破るあらたな看護基地をつくり、負傷者や瀕死の兵士の手当をした。この軍事的な膠着状態

クリミア半島
激戦地クリミアに作られた狭軌の鉄道は、戦争の帰趨を決することとなった。

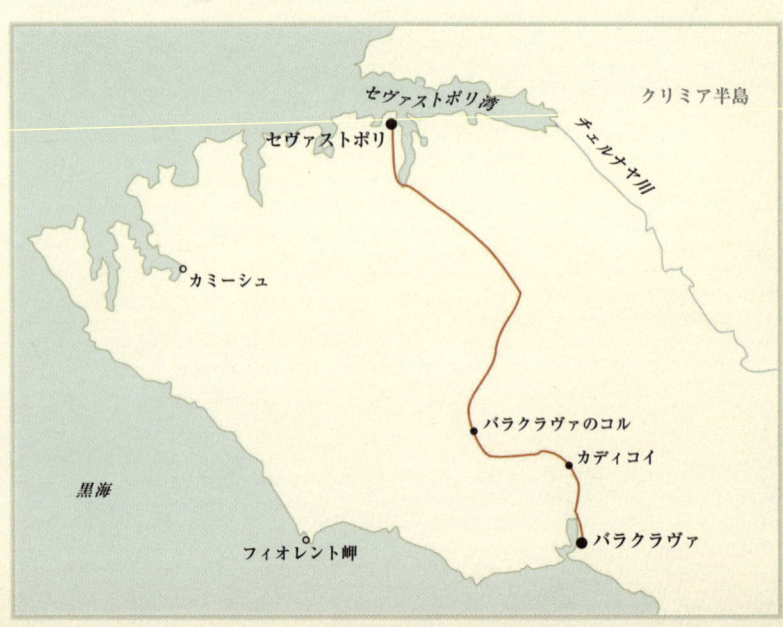

94　世界史を変えた50の鉄道

について、3人の鉄道の専門家が集まって知恵をしぼった。サミュエル・モートン・ピートウ（99ページのコラム参照）、ピートウの共同経営者エドワード・ベッツ、そしてトマス・ブラッシーの3人である。3人は単純明快な打開策を打ち出した。バラクラヴァ港とセヴァストポリ要塞のあいだに鉄道を引いて、籠城した敵をたたきだそうというのだ。儲けなしで作ってもよいと3人は提案した。

イギリス政府は受け入れ、1854年11月に線路敷設作業員、人夫、鍛冶職人、レンガ工、親方連中、セメント工、大工、作業時間係、エンジニア、事務員、牧師たちがリヴァプール港に集結した。必要な材料（ディーン＆アダムズの最新の回転式連発拳銃の箱もあった）をたずさえて、彼らは23隻の船に分乗し、クリミアへと向かった。「かりに白兵戦となれば、この男たちは敵をボーリングのピンのように手もなく倒すだろう」と愛国的なイラストレーテッドロンドンニューズ紙は1855年に予言した。その上で、「鉄道が終着点にとどいた暁には、たずさわる者たちは、大船に乗ったつもりで、尊敬すべき総大将サー・モートン・ピートウの座右の銘——『アド・フィネム・フィデリス』（最後まで忠をつくす）をみずからつらぬくがよかろう」とぶちあげている。

ピートウはヴィクトリア時代のビジネスマンの鑑だった。14歳で伯父の会社に臨時雇いの大工として入った。30代半ばには、世界最大の従業員数をほこる建設会社を作り上げていた。ネルソン記念碑と国会議事堂の建設にたずさわったあと、鉄道建設にも進出し、ケベックからヒューロン湖まで、867キロのカナダ・グランドトランク鉄道を建設し、さらにイギリス国内では、イーストアングリアに近い漁港ローストフトを全国の鉄道網に結ぶささやかな路線を作った。

クリミアのきびしい状況にもピートウは負けなかった。1800トンのレール、6000本の枕木によって、バラクラヴァの波止場から包囲陣地まで、何本かの支線もふくめて、記録的な短時間で鉄道の敷設をやってのけた。完成したその瞬間から、包囲軍への食料、飼料、弾丸、砲弾の補給がはじまった。負傷兵はバラクラヴァまで送られた。世界初の病院列車だった。こうして1855年の9月、セヴァストポリは陥落した。鉄道がクリミア戦争に勝った瞬間だった。

包囲を破った者たち
イギリスにクリミアの勝利をもたらした英雄は作業員たちだった。彼らがバラクラヴァ港とセヴァストポリ要塞のあいだに鉄道を敷いたのだから。

ピートウのプレゼント
鉄道界の巨人がクリミア鉄道を、儲けなしで作ってもよいと言い出した。

グランドクリミア中央鉄道　95

病院列車
傷病兵の命を救うため前線から汽車で送り返すことは、この戦争ではじめて行われた。

鉄道が戦争の規模を拡大する

　その6年後に南北戦争が起き、アメリカ北部の連邦軍と、アメリカ南部の連合国が戦うことになった。戦いの焦点は奴隷制だったが、最初から鉄道が重要な役割を演じていた。

　1859年、ヘイウォード・シェパードという鉄道の赤帽をしていた不運な男が、ヴァージニア州のハーパーズフェリー駅で、ボルティモア＝オハイオ鉄道の急行列車を出迎えにいって殺された。シェパードは黒人で、不運にも襲撃者たちの中に飛びこみ、弾丸にあたってしまったのだ。襲撃者を率いていたのはジョン・ブラウン、奴隷廃止論者だった（仲間のなかには黒人が数人まじっていた）。地元の兵器庫を占拠して、反乱奴隷たちに武器をあたえる計画だった。この計画は不発に終わり、警報が出され、ロバート・E・リー大佐が86名の海兵隊員を鉄道でつれてきたため、ブラウンは捕縛され、絞首刑に処せられた。

　1861年から1865年の南北戦争の期間をつうじて、とくにボルティモア＝オハイオ鉄道が北軍と南軍の砲煙にさらされることが多かった。北軍は守ろうとし、南軍は破壊しようとしたのだ。南軍が不利だった。北軍の支配が3万5406キロにおよんでいたのに対して、南軍の手中にあったのは1万4484キロにすぎなかった。またさまざまなゲージがまじっていたので、列車から列車へと移るにもむだな時間がかかった。しかし、兵士をすばやく戦場に運ぶことでは、南軍のほうが鉄道の使用法において一日の長があった。1861年の7月、北軍のアーヴィン・マクダウェル将軍が鉄道を掌握しようとしてヴァージニア州のマナサスにむけて3万5000名の

何かが動くまで何も起きない。
——アメリカ陸軍輸送部隊の標語

兵士を送ったところ、南軍のピエール・B・T・ボールガード将軍はわずか2万3000名の軍で迎え撃った。

　ボールガード将軍への補充として、さらに1万名の兵が鉄道で運ばれてくると、形勢は逆転し南軍が優勢になった。南軍の「岩の壁」と称されたジャクソン将軍は、機関車も駅も戦略的価値が高いことを認識し、1861年5月に、ヴァージニア州（現在ではウェストヴァージニア州）のマーティンズバーグにあったボルティモア＝オハイオ鉄道の操車場にとめてあった40台を超える機関車を破壊した。いっぽう、南軍の「ジェブ」・ステュアートは、駅と、そこにいた電信将校をターゲットにし、建物に火を放つまえに敵をあざむくメッセージを送るという作戦をとった。北軍・南軍ともに列車にしつらえた特殊な大砲を用い、ジョージア州とヴァージニア州への最終攻撃の際には、グラント、シャーマンなど北軍の将軍たちは、鉄道を最大限に利用した。戦争がはじまった当初は、軍を32キロ移動させるのにまる1日かかった。いまや、それが1時間でできるようになっていた。鉄道が戦争の規模を大きくしたのだ。

鉄道を確保する

　アメリカの南北戦争が始まったとき、リンカーン大統領はまず鉄道と電信を政府の支配下に置いた。エリー鉄道の総支配人だったD・C・カラムは（1862年に）全鉄道の監督をまかされ、フィラデルフィア鉄道の主任エンジニアだったハーマン・ハウプトが保守と修理の総責任者となった。北軍が勝利をおさめたのは鉄道を掌握したからだと考える人々も多く、その教訓は20世紀の軍人にも引き継がれている。戦争が起きると、かならず政府が鉄道を支配下に置くのである。

マフェキング再訪

　鉄道は1870年のフランス・プロイセン戦争でも重大な役割を演じた。開戦当初のプロイセンの勝利は「鉄道兵」の力によるところが大きかったのだ。ボーア戦争の際にも、武器や補給を輸送したり、直接の攻撃をしかけたりと、鉄道の役割が鍵となった。1880年代、イギリス軍はトランスヴァールとオレンジ自由州で戦っていた。イギリスがアフリカ南端のケープ植民地を手に入れ

戦略的な高架橋
テネシー州にあるこのような鉄道が、南北戦争の戦闘範囲を拡大した。

グランドクリミア中央鉄道　97

たのは1806年のことだった。これに対して、アフリカーナ人（ボーア人）、すなわちオランダ、ドイツ、フランスの植民地支配者の子孫たちは、トランスヴァールとオレンジ自由州など北部の地域に定住していた。1867年にこの地域でダイヤモンドが発見されると、イギリスはご利益にあずかりたくて喉から手が出そうになった。ついで金まで見つかるともうたまらない。ついに手が出て、戦争の歯車がまわりはじめた。

　火をつけたのは、1877年イギリスがトランスヴァール併合の挙に出たことだった。ボーア人はイギリスの首相ウィリアム・グラッドストンが、独立か、それがだめならせめて自治を認めてくれるだろうとあてこんでいた。結果としてそうはならなかったが、ボーア人は自治を求めて戦って成功した。平和がおとずれ、後に南アフリカのアパルトヘイト共和国となる体制の、いしずえが築かれた。

　ところが、1899年に、8万人のボーア人がレディスミス、キンバリー、マフェキングの駐屯部隊をとりまいて、またもや包囲戦の様相となってきた。駐屯部隊の司令官だったロバート・スティーヴンソン・スミス・ベーデン゠パウェルは、ブラワヨ・キンバリー間の鉄道の戦略的要地として、マフェキングの町を選んだ。ボーア軍の兵士を、イギリス軍の増補部隊が上陸する海岸から、なるべく遠ざけておきたいと思ったのだ。ベーデン゠パウェルは、その後、アメリカのスカウト運動の草分けとなるフレデリック・ラッセル・バーナムと出会い、ボーイスカウト運動を設立することになる。未来のボーイ・スカウトのリーダーにふさわしく（また、たまたま鉄道エンジニアのロバート・スティーヴンソンの孫でもあったので）、ベーデン゠パウェルは地域の鉄道を最大限に有効活用した。マフェキングの鉄道工場で榴弾砲が鋳造され、ある時、ベーデン゠パウェルは武装させた機関車を敵の野営地のまん真ん中に突入させた。アーサー・コナン・ドイルの『偉大なるボーア戦争』（1900）によれば、

線路の上の戦い
1870年のフランス・プロイセン戦争のときも、兵員輸送や傷病兵の輸送に列車が用いられた。この戦争ではプロイセン軍が鉄道を接収した。

指揮をとったホールズワース大佐は戦死したものの、攻撃は成功をおさめた。「ふつうならこうした凶運を背負ったしかけは不運にみまわれるものだが、この列車は例外的にうまくいった」と、ふつうならホームズ氏とワトソン博士の、強運の物語をつむいでいる作者が書いている。

マフェキングは1900年5月に解放された（ベーデン＝パウェルの弟が攻撃部隊にくわわっていた）が、その際、鉄道が大活躍した。まず、ロンドン＝サウスウェスタン鉄道によって、52万8000名の兵士が、馬および装備とともにポーツマス港の埠頭まで輸送された。そこからの旅は、コナン・ドイルの筆を借りよう。「これらの部隊は長い鉄道の旅によって集結し、何千マイルもの海を渡り…ベイラに到着し、狭軌の鉄道でバンブークリークまで輸送され、そこからは広軌の鉄道でマランデラスまで運ばれ、数百マイルを馬車でブラワヨまで送られ、さらにウーツィまでの4500マイルを汽車で運ばれ、そして最後に100マイルの強行軍を行なったのだった」

鉄道の出発を目撃した19世紀に、陽がくれようとしていた。英国の君主ヴィクトリア女王は王位にあった長い歳月の最後にさしかかり、女王の孫にあたるドイツ皇帝ヴィルヘルム2世が、前代未聞の大戦争へとのりだそうとしていた。それ以降は、軍事にたずさわる者は、もはや鉄道の攻撃兵器としての可能性を無視することができなくなった。

ボーア戦争
列車、前線に突入す。ベーデン＝パウェル（機関車エンジニアのロバート・スティーヴンソンの孫）は戦争のあいだ、鉄道を存分に利用した。

最後まで忠実
◆

クリミア戦争で成功したサミュエル・ピートウとビジネスパートナーのエドワード・ベッツは、その後もイギリスで次々と鉄道を作っていった。ピーターバラからドンカスター、ボストンからラウス、オクスフォードからウルヴァーハンプトン、グロスターからヘレフォード、オクスフォードからバーミンガムといった具合だ。クリミア戦争以前だが、1851年にロンドン南部から、ロンドン万国博覧会が開かれるクリスタルパレスまでの重要な線路を敷いたのもピートウらだ。イギリス以外でも、ロシアのダウガフピルス・ヴィーツェプスク間、北アフリカのビルダー・アルジェ間、ノルウェーのクリスチャニア・アイツヴォル間の大幹線鉄道、さらにはオーストラリアの鉄道まで建設した。しかし、1866年に金融業のオーヴァーレンド・ガーニー商会が破綻して、ピートウは破産した。生涯の最後の20年はハンガリーとイギリスで貧困のうちに暮らした。

グランドクリミア中央鉄道　99

1859年 シカゴ＝セントルイス鉄道

国：アメリカ合衆国
タイプ：旅客輸送
全長：421キロメートル

◆社　　会
◆商　　業
◆政　　治
◆技　　術
◆軍　　事

　汽車の乗客は、切符の代金には、旅を快適にしてくれる付加価値がふくまれているものと思っている。たとえば、ひじかけ椅子なみの楽な椅子、折りたたみテーブル、食堂車…。そのすべてを、ジョージ・プルマンはシカゴ＝オールトン鉄道で提供した。そして、豪華な鉄道旅行の世界的流行の先鞭をつけた。

大統領の死

　合衆国大統領のエイブラハム・リンカーンが、1865年4月15日に亡くなり、国は喪の一色に包まれた。その前夜、ワシントンのフォード劇場で頭部に弾丸をうけ、翌日亡くなったリンカーンの遺体は、ワシントンから生まれ故郷のイリノイ州、スプリングフィールドへと運ばれることになっていた。ショックのあまり言葉もない何千人もの沈黙の見送りを後にして、送葬の列車はワシントンを出発した。厳かな役割にふさわしく列車の時速は32キロ、その後の2575キロのあいだもこのスピードを超すことはなかった。国をあげて大統領の死を悼むのに鉄道が用いられるのはこれがはじめてだったが、ジョージ・プルマンにとって、一私人としての悲しみもさることながら、思わぬビジネスのチャンスでもあった。プルマンにはリンカーン家とのつきあいがあったので、送葬のために客車を提供することになったのだ。そしてこの出来事がきっかけで、彼のビジネスはブレークすることになった。
　このときプルマンは35歳、ばりばりのシカゴの青年実業家だった。最近、

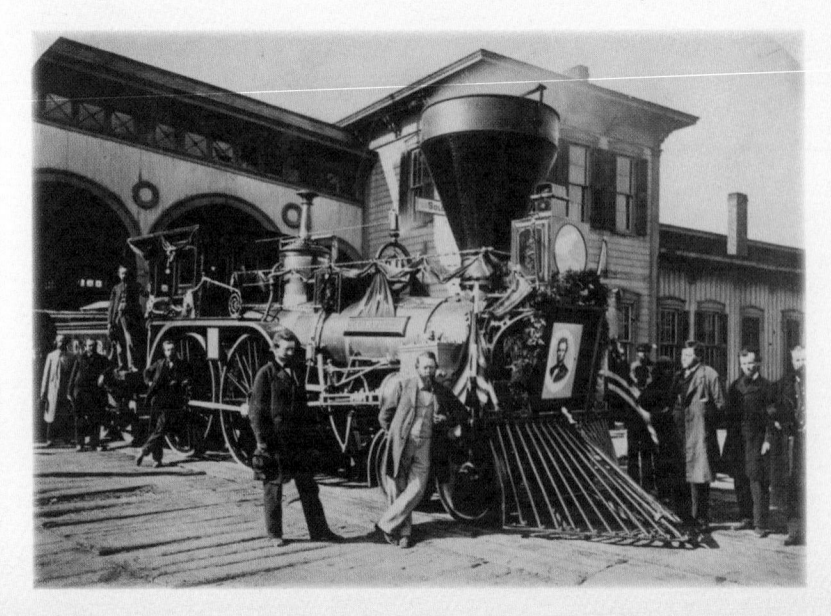

黒い列車
ナッシュヴィル機関車が、暗殺されたリンカーン大統領を、イリノイ州スプリングフィールドの故郷まで運ぶ葬儀列車を引く準備をしている。ジョージ・プルマンがカウキャッチャーにもたれているところ。

100　世界史を変えた50の鉄道

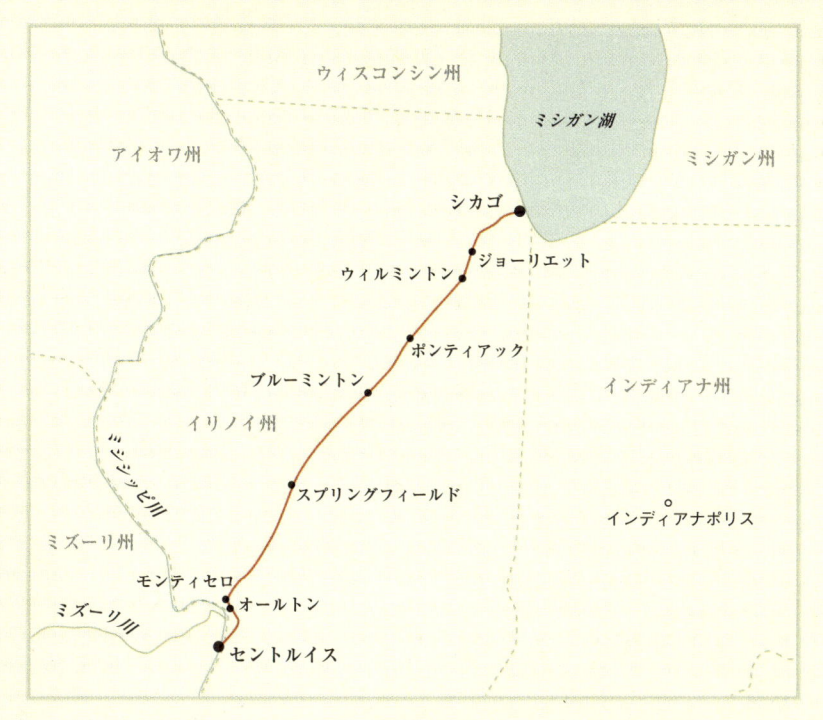

アメリカ中西部
ジョージ・プルマンは、世界最高の料金の客車を走らせるのに、シカゴ＝セントルイス線を選んだ。シカゴの連絡駅は、アメリカでもっとも混雑する駅の1つとなる。

家の引越業（文字どおり家をジャッキでもちあげて移動させるもので、父親のルイス・プルマンが考え出した方法）から手をひいて、鉄道の経営にのりだしたばかりだった。プルマンはバッファローとニューヨークのウェストフィールドのあいだの夜行列車で、話しにならないほどひどい一夜をすごし、その地獄のような一夜が豪華客車というアイディアの原点になったといわれている。プルマンはこのアイディアをシカゴ＝オールトン鉄道会社にもっていった。古い客車の内装を全面的に作りかえて、シカゴ＝オールトン鉄道の定期便につないで走らせることを提案した。数ドルの追加料金とひきかえに、少しばかりの快適さを提供しようというのだ。それによって、プルマンはシカゴ＝オールトン鉄道の乗客からいくばくかのマージンをもらおうというのだった。

その運行がシカゴ＝セントルイス鉄道で始まったのは1859年の9月だった。ついで1860年代のはじめに、プルマンはパイオニア号を投入した。アメリカでも最高級の客車だった。ところが、残念なことに横幅が広すぎたため、シカゴ＝オールトン鉄道のかなりの区間で走らせることができなかった。ちょうどその時、リンカーンが暗殺され、未亡人のメアリー・トッド・リンカーンが、パイオニア号を送葬の列車に使ってほしいというプルマンの申し出を受け入れた。シカゴ＝オールトン鉄道会社はあわてて線路わきの空間をひろげて、通れるようにした。こうして、プルマンは一夜にしてブランド名となったのだ。（リンカーン家とのつながりは、その後さらに深まった。生き残ったただ1人の息子であるロバート・トッ

最後の旅
有能なビジネスマンのプルマンは、大統領の葬儀列車として、客車のパイオニア号を提供した。

シカゴ＝セントルイス鉄道　101

ド・リンカーンは、ジョージ・プルマンの死後、プルマン株式会社の社長になった。)

プルマンの客車の流行

プルマンの客車のファンが増えた。オマハから乗ったマーク・トウェインがこのように記している。「夕食のあと自分たちの個室にもどった。安息日の前夜だったので、おごそかな古い賛美歌を歌った。〈主をたたえよ、すべての祝福は主より流れ出て…〉、〈輝ける岸辺〉、〈コロネーション〉…。男性の声と女性の声が夕べの空気に甘く混じりあい、汽車は大きな、ポリュペモス［一つ眼の人食いの巨人］のような大きな眼をぎらぎらと輝かせながら、闇の荒野につき進んでいった。賛美歌のあと、一同は豪華な寝椅子に身をやすらえ、心正しき者のやすらかな眠りについた」(『西部放浪記』、1872)

イギリスのあるジャーナリストも、感動の体験を「ハームズワースマガジン」誌に寄稿している。「夜になるとボーイがやってきて2つの安楽椅子をベッドに変える。同じようにソファーも変身する。テーブルもうまく折りたたまれ、さっとしまわれる。いままで気づかなかった棚が出てきて、おとなしい子どものように着替えをしてベッドに入る。あとは、何時に起こしてもらうか告げるだけだ」

ウェイター付き列車
プルマンは食堂車の乗員に黒人を雇う方針をとった。社会運動家たちが批判したが、志願者は殺到した。

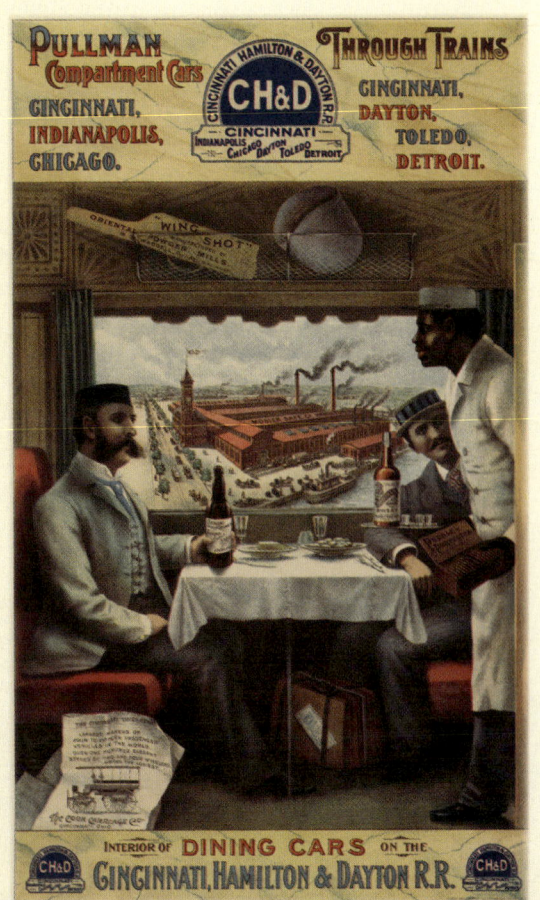

世話をするボーイはすべて黒人だった（トウェインは「エチオピア人のウェーター」と呼んでいる）。プルマンは以前に奴隷だった者を雇う方針だったからだ。黒人たちはこの仕事を喜んだが、社会改良運動をしている者たちのなかには怒る者もいた。もと奴隷だった者たちの身分の低さを強調するように見えたからだ。

プルマンは、〈プルマン・パレスカー［宮殿客車］会社〉を設立し、アメリカとカナダに約50台の寝台車を展開させた。最初、〈客車ホテル〉を試みた。厨房、食堂、寝室がすべて同一の狭苦しい客車につめこまれているものだったが、これは失敗に終わった。そこで、食堂車を独立させることにした。こうして作られた食堂車は車輪の上にのったレストランで、客車とは廊下で行き来できるようになっていた。この方式は、後に世界中の客車で用いられるようになった。第一号は、ニューヨークの有名なレストランの名にちなんだ〈デルモニック号〉だった。マーク・トウェインはこれにも感動した。自分たちがオマハ発の列車に乗り、食事を楽しんだようすが『西部放浪記』に書かれている。「デルモニコ［スイス生まれの有名なシェフ］ですら恥じないような、豪華な食事だった…。つけあわせまで一流のステーキ料理にくわえて、アンテロープのステーキ…本場の渓流マス、フルーツとベリーのとりあわせまであっ

た」。その2日後、「シャンパンがグラスになみなみとそそがれ、一滴もこぼれなかった」とのこと。

夜の旅
プルマンの寝台車第一号は、1860年代に運行をはじめた。「心正しき者のやすらかな眠りについた」と、オマハへの旅をしたマーク・トウェインは言った。

ナゲルマケールスのワゴンリー

　プルマン帝国は膨張に膨張をかさね、ついに150以上の路線に、7000台の車両を展開するまでとなった。プルマンは、1868年にはじめて100万ドルの収益に達する前夜、恋に悩む傷心の若者——ベルギーの銀行家の息子に出会ったらしい。その名はジョルジュ・ナゲルマケールス、従姉とのならぬ恋にうつつを抜かしていたので、海外に行って頭を冷やし、鉄道の勉強でもしてこい、という親心だった。家運を盛り上げる道はないものかと、ナゲルマケールスはプルマンの事業をじっくりと冷静な目で観察し、やがて帰国すると、一族や知りあいの人々をめぐって、ワゴンリー［国際寝台車］会社の構想を説いてまわった。プルマンをまねて、豪華客車を通常の列車に連結させてもらい、裕福な旅行者が支払うプレミアムチケットの代金から利益を得ようと思ったのだ。

　オステンド・ベルリン間のルートで始めようという最初の計画は、フランス・プロイセン戦争のために失敗し、家族も投資には気のりうすであった。ところが1872年になると、ややいかがわしいところのあるウィリアム・ドールトン・マン大佐からの資本の注入がなされたこともあり（この人はアメリカのビジネスマンで出版社を所有していたが、賄賂をもらったらニュースにしないという噂だった）、ナゲルマケールスはプルマンの欧州版を立ち上げることができた。

　ヨーロッパ人はプライバシーを気にするので、きちんとコンパートメントに分けた〈ブドワール〉［閨房車］を好むだろう、と考えたナゲルマケールスは正しかった。ナゲルマケールスをひいきにしたベルギー王レオポルド2世の場合が、まさにそうだった。これほど鉄道旅行をした国王は世界中のどこを捜してもいない。そして、噂のとおりに、パリのバレエ界のスターだった22歳のクレオ・ド・メロードと関係があったとすれば（メロード

青列車
◆

　カレー＝ニースの急行の寝台車は、ダークブルーに金色の装飾がほどこされてあったところから、〈青列車〉の名がついた。1886年に始まった豪華サービスは、2つの大戦間に復活した。夕方早くにパリを出て、翌朝、ニースの朝陽の中に到着するこの列車には、ココ・シャネル、セルゲイ・ディアギレフ、ジョルジュ・シムノン、F・スコット・フィッツジェラルド、チャーリー・チャップリン、アガサ・クリスティーなど多くの有名人が乗った。1930年代には2等、3等客車もくわえられた。1945年に復活したが、飛行機や高速鉄道の登場により深刻な打撃をうけた。高速鉄道によって、所要時間が20時間から5時間に短縮されてしまったのだ。

シカゴ＝セントルイス鉄道　103

鉄道のライバル
ジョルジュ・ナゲルマケールスは、豪華列車の旅というプルマンのアイディアをヨーロッパに導入した。

オープンプラン
ナゲルマケールスのワゴンリーでは、プルマンの列車に比べて、ヨーロッパ風にもっときちんとコンパートメントに分かれた形式が採用された。ぜいたくの極地であった。

はロートレック、クリムトという2人の大画家のモデルにもなっている)、鉄道に寝室があるなどと思うと、レオポルド2世にはぐっとくるものがあっただろう。ナゲルマケールスのひいき筋がもう1人いた。ペニンシュラ・アンド・オリエンタル・スチーム・ナビゲーション・カンパニー［半島およびオリエント汽船会社］、すなわちP&Oである。この会社は、インドからの郵便をできるだけ迅速に輸送することを請け負っていた。1881年にナゲルマケールスによってプルマン型の食堂車が導入されたことで、ヨーロッパを縦断して地中海の港へと疾走する郵便列車は、もはや食事停車のために時間をとる必要がなくなった。

ワゴンリー社はイギリスのドーヴァーからフランスへと海を渡る列車のために、特別仕様の客車を製造した。1等車の客はわざわざ下車する必要がなく、ドーヴァーとダンケルクで特製のロックが設けられたので、どんな潮位でも、客車はフェリーの上のレールに移ることができた。(時として波の荒いことがあり、チェーンで固定されたので、乗客はよく眠れないことがあったという。)

ナゲルマケールスはあらたな地平に目をそそいでいた。とりわけ、何両かの豪華客車をよその会社の列車にくっつけるのではなく、全体がワゴンリー社の車両だけでできている列車を走らせたいと思った。華の都パリから異国情緒のただよう東洋の都コンスタンティノーブルまで、急行列車でヨーロッパを横断する夢のような旅を夢想した。ナゲルマケールスは、この2つの都市のあいだにある8つの鉄道会社との交渉をまとめ上げて、1883年6月に夢を実現させた。これがすなわちオリエント急行（コラム参照）である。これが出発点となり、デラックス列車の旅がしだいにブームになりはじめた。

1885年、大西洋横断の定期航路から降りてきた旅客の利用のために、ワゴンリー社の特別列車のルートが設定され、青列車［トラン・ブル］（103ページのコラム参照）が洒落者たちをカレーからリヴィエラへと運んだ。1887年には、パリ＝リスボンの〈南急行〉が運行をはじめ、1896年には〈北急行〉の

初列車がパリを発車し、ブリュッセル、ベルリンを経由して、2158キロ先のサンクトペテルブルクへと向かった。大陸をまたがるビジネスには潜在的な危険があり、ワゴンリー社の客車の多くが、第1次世界大戦や（ドイツはワゴンリー社の仕事をひきつぐライバル会社を作った）、ロシア革命の際には撤収された。しかしながら、大戦間の時代には、ワゴンリーの人気は頂点にたっした。たとえば、1936年に、裕福なロンドンのカップルが中近東旅行を思い立ったとする。まずは、バグダード、カイロ、テヘランへの旅行ガイドを買い、夕食後にヴィクトリア駅の2番プラットフォームを出て夜行のフェリーに乗ると、パリの北駅に着く。ここでオリエントエクスプレスか、シンプロン経由オリエント急行に乗車してイスタンブールに向かうか、アールベルク経由オリエント急行に乗ってアテネへと向かう。このカップルと同じ列車には王族の人たち、外交官、大富豪のビジネスマンが乗りあわせているかもしれない。小説家だっているかもしれない。グレアム・グリーンは1932年に小説『スタンブール特急』を書いた（1934年『オリエント急行』として映画化された）。アガサ・クリスティーは1934年に、ベルギー人の探偵エルキュール・ポワロの登場する『オリエント急行殺人事件』を出している。

ナゲルマケールスがヨーロッパであらたな運行サービスを開始すると、そこにはかならず、それに対抗してみずからの会社の利益を守ろうとするジョージ・プルマンの姿があった。1882年には、プルマンはナゲルマケールスを買収しようとさえした。しかし、最終的には、プルマンとワゴンリーは競いあいながらも、それぞれのテリトリーの中で仕事をした。プルマンは1897年、ナゲルマケールスは1905年に死去した。しかし最高級の旅を演出したこの2人の実業家が亡くなっても、豪華な汽車旅行のビジネスはその後もおとろえることはなかった。

オリエント急行
◆

オリエント急行の運行が始まったのは1883年のことである。モロッコ革の椅子、豪華なカーペットを敷いたサロン、紳士のための喫煙室、個室ごとの専用トイレなど、贅のきわみであった。豪華絢爛の評判は、1891年5月に、強盗に襲われてかえって高まった。コンスタンティノープルから96キロのところで脱線させられ、運転士と5人のドイツ人実業家が誘拐されたが、のちに20万フランの身代金で解放された。オリエント急行に乗った有名人としては、1917年にフランスで処刑されたスパイのマタ・ハリや、ブルガリア王フェルディナンドがいる。王は機関車を運転させろといってきかなかった。第2次世界大戦とともに、オリエント急行の時代は終わった（その後何年かは運行されたが、ときには客車が1両だけ、ローカルな列車に連結されているのみという寂しいありさまだった）。新しいオリエント急行は、1982年に運行がはじまった。

| 1862年 | ハニバル=セントジョーゼフ鉄道 |

国：アメリカ合衆国
タイプ：貨物輸送
全長：332キロメートル

◆社　会
◆商　業
◆政　治
◆技　術
◆軍　事

鉄道が運ぶものといえば、食肉の動物も、肉食の人間もいる。小包の束も、新聞の束もある。だが、いちばんもうかるのは、いちばん軽いものだ。すなわち手紙である。鉄道は郵便に革命をもたらした。20世紀になって、この金づるを、道路輸送に、そして航空輸送に奪われていったのは、鉄道にとって大打撃だった。

鉄道郵便

1860年代のこと、ミシシッピ川の蒸気船の水先案内人をしていたサム・クレメンスという男が、ヴァージニアシティの新聞、テリトリアル・エンタープライズ紙に、マーク・トウェインというペンネームで物語を書いた。「マーク・トウェイン」というのは、蒸気船に乗っていたころ、水深を告げるために叫んでいた言葉だ。だが、サム・クレメンスはもう蒸気船とはおさらばした。「船の夢と冒険はもう過去のものだ」とトウェインは宣言した。このトウェインは表現の的確さで知られている人物だが、鉄道についてもひがみっぽい見方をしている。1867年にアルタカリフォルニア紙に書いたところでは、「鉄道は町をがつがつと食い荒らす」というのだ。

そうはいっても、トウェインという名を全国区にまで押し上げたのは鉄道の力なのだ。また、トウェインの故郷への手紙を運んでくれたのも鉄道だった。

ペンシルヴァニア鉄道（フィラデルフィア=ランカスター鉄道）を経営している会社が「鉄道で郵便を輸送する代価として」年に400ドルの支給を確保して後に、アメリカの当局は、1838年にすべての鉄道が郵便ルートであると通達した。郵便を運ぶ鉄道便の発達は、マーク・トウェインの家族とも浅からぬ縁があった。彼の実家への手紙のほとんどを運んだのは、セントジョーゼフとミズーリ州ハニバルを結ぶ路線だった。駅馬車の〈ハウンドドッグ〉に代わってそのルートを走る鉄道の計画は、1846年にハニバルの弁護士のオフィスで調印された。このときの弁護士はジョン・マーシャル・クレメンス、すなわちマーク・ト

マーク・トウェイン
アメリカの作家マーク・トウェインは、自分は鉄道は嫌いだと断言した。

106　世界史を変えた50の鉄道

ウェインの父親であった。

ポニー・エクスプレス

　ミズーリ州セントジョーゼフ——略して「セントジョー」——は、わな猟師のジョーゼフ・ロビドウによって作られた辺境の町だった。鉄道の終点に位置し、西海岸からは3212キロもの広大な荒野によって隔てられている。そして西海岸では、そこに移り住んだ者たちが東部の故郷からの知らせや手紙を一日千秋の思いで待っているのだった。だが、それは1860年4月3日までのことだった。この日、郵便物がポニー・エクスプレスによって、セントジョーに届けられた。（そしてこの郵便物は2時間遅れでハニバルに到着し、機関車のミズーリ号が牽引する特別の1両仕立ての汽車で、記録的なスピードで送り出された。）

　ポニー・エクスプレスを始めたのはウィリアム・H・ラッセルという人物である。ラッセルは「スリムで屈強な18歳以下の若者。孤児優先」と広告を出して、馬の騎手を募集した。トウェインは1861年に、ラバの引く郵便馬車に乗ってセントジョーを出てカーソンまで行ったときのことを、このように記している。「もうれつで容赦ない早がけで、一瞬たりとも足どりを変えることなく、ぐらぐらゆられながら10もしくは12マイル［約16-10キロ］走りとおし、次の収集場所である、そまつな小屋と厩のある小さな駅に着いた」。ラッセルの少年騎手たちはもっと速くかけて、終着駅のセントジョーで郵便を集めると、カンザス、ネブラスカ、コロラド、ワイオミング、ユタ、ネヴァダを10日でかけ抜け、封をした「モチーラ」、つまり革袋をカリフォルニア州サクラメントの郵便局長にぶじにとどけるのだった。

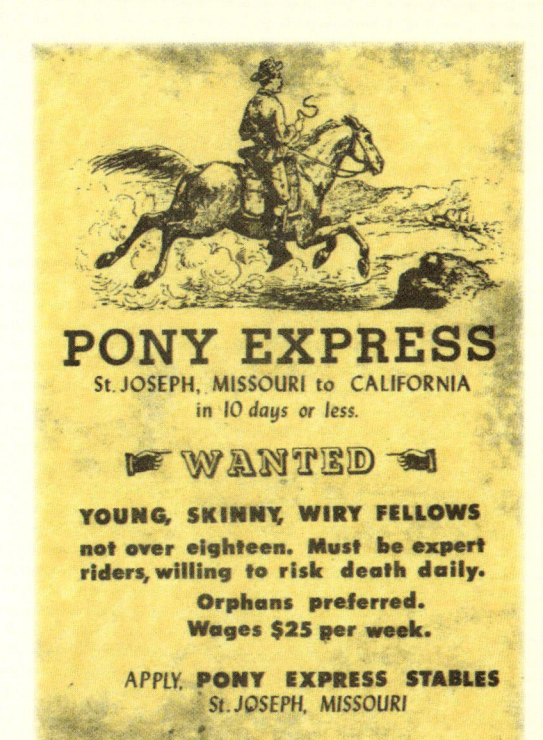

孤児大歓迎
鉄道がなかったので、ウィリアム・H・ラッセルのポニー・エクスプレスが、セントジョーゼフの鉄道の終端からカリフォルニアまで、約10日で郵便を運んだ。

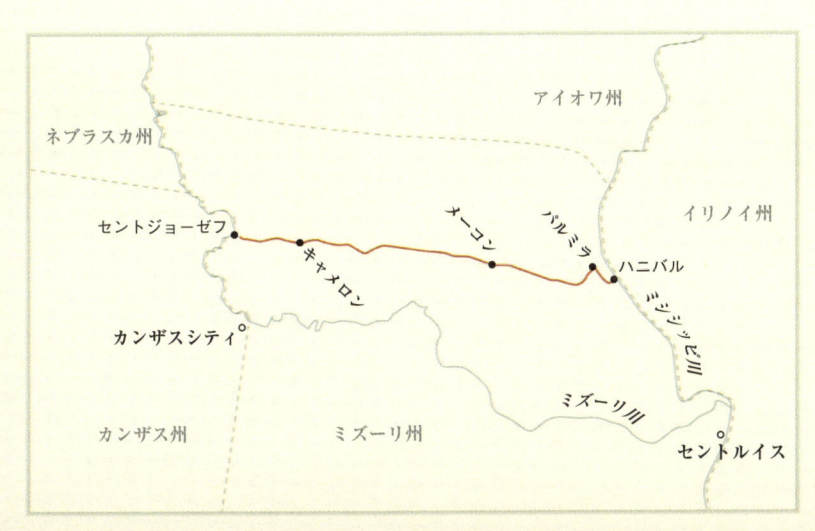

西部の郵便
郵便は東部からセントジョーゼフまで鉄道のミズーリ線で運ばれ、そこからはポニー・エクスプレスの騎手たちにひき継がれた。

ハニバル＝セントジョーゼフ鉄道　107

列車と船
鉄道は、船による郵便のルートを補うものだった。汽船のキャセイ号はイギリスとオーストラリアのあいだで運行された。

ポニー・エクスプレスは1861年遅くに終了となった。短命だったが、その名は伝説として残った。しかし、ハニバル・セントジョーの郵便業務は栄冠の上にあぐらをかいてはいなかった。1862年、ウィリアム・A・デイヴィスが郵便列車の実験を行なった。職員たちがセントジョーとハニバルのあいだを移動中に、郵便車のなかでより分けの作業をするのである。これは郵便業務を一新させたが、南北戦争によって中断された。2年後、シカゴとアイオワ州クリントンのあいだの合衆国鉄道の定期便で、郵便業務が開始された。これにおくれをとるなとばかりに、同じような郵便網が、ニューヨーク、ワシントン、ペンシルヴァニアの周辺でも作られた。いまやマーク・トウェインも郵便列車に乗って移動していた。「時速30マイル［約48キロ］でばく進した。こんなに速いのはいままで経験したことがないとみんな言った」

地球をめぐって

　地球の裏側、オーストラリアのニューサウスウェールズでは、郵便は1855年以来シドニー＝パラマッタ鉄道で運ばれていた。その際、郵便車には武装した護衛がつけられていた。やがてセントジョーのように、動く郵便局が（1879年になってやっと）スタートし、あらたな鉄道がオーストラリア中に張りめぐらされるにつれて、鉄道による郵便事業もしだいに構築されていった。（1896年には、鉄道は「主要幹線の列車につながれたすばらしい郵便列車が毎日シドニーから出ており、年間90万マイル［約144万8407キロ］を走る」と自慢げに語られている。）

　イギリスでは、エリザベス・フリアという女性――英国ローソサエティー［法律協会］の会長の妻――が、地元に鉄道による郵便サービスのないことにいらだっていた。1838年のことで、娘の結婚式のもようを伝えたくてたまらなかったのだ。「スーザンは白いサテンのドレスを着て教会に行きました。ダイヤモンド付きのピンでとめたブリュッセル製レースのヴェールをかぶり、オレンジの花の小枝を2本髪に挿し、首には金のくさり、右の腕にはブレスレットをはめていました。夜には召使いたちが洗濯場でダンスをしました。近所の人が1、2人と、出入りの人たちも招かれていました。朝の2時か3時ごろまで踊っていたようですが、わたしたちは10時に寝て、1日をしめくくりました」。こんな魅力的な文章を読むとケンブリッジシャー州の村の生活が目に浮かぶようだが、この手紙は、遅い郵便馬車で送られたものだ。イギリスの当局はアメリカと同じく、まさにこの年、すなわち1838年に郵便事業を法制化した。しかし、エリザベス・フリアは、ロンドン＝ケンブリッジ線が村を（そして彼女の屋敷の敷地内を）通るまで、さらに2年待たなければならなかった。それによって村の生活は一変したが、すくなくともエリザベスの手紙はいままでの半分の時間で目的地に届くようになった。

　イギリスで郵便をはじめて運んだのはリヴァプール＝マンチェスター鉄道

> どの国にあっても、鉄道の旅を愉快なものにするのは不可能だ。駅馬車のほうがはるかに楽しい。
> ――マーク・トウェイン『旅人トウェインのアメリカ』（1869）

で、その７年後の1837年、郵政省の視察官ジョージ・カースタットが、動く郵便局の実施を提案した。４トンの馬用運搬車を改装してこしらえた郵便車が、グランドジャンクション鉄道のバーミンガム・リヴァプール間を走った。これによって郵便局は、イラストレーテッドロンドンニューズ紙の表現をかりるなら、「移動と作業を同時に行なうことで、時間を２倍に使った」。その１年後、郵政省の手紙紛失処理の部署にいたジョン・ラムジーは、おそろしく利口な発明によって、さらなるスピードアップを可能にした。すなわち、車両の横につけたしかけによって、線路わきにおいた郵便袋をひろいあげるもので、これを使えば停車する必要がない。フランスとロシアの鉄道もラムジーのしかけを採用した。そしてイギリスでは130年以上も用いられることになった。

1844年のイラストレーテッドロンドンニューズ紙は、インド郵便を運んでくるというやっかい千万な仕事についても注目している。郵便物、実際には「〈東〉のすべての部署にかかわる通信文書」は、ボンベイ（ムンバイ）で鉄の箱に入れられる。はんだで密封された箱が（蝋で密封しても溶けてしまう）、30から40、スエズに向けて送られる（運河はまだできていない）。荷車にのせられて陸路をカイロへ、そしてアレクサンドリアへと運ばれ、地中海を渡りフランスで上陸して、やっとのことでイギリスに到着する。イギリスの当局が、インド郵便を運ぶための国際的な鉄道網がほしいとしじゅう唱え、運動し

インド郵便

♦

　大陸に鉄道が敷かれる前は、インドを出た郵便ケースは蒸気船で紅海を行き、荷馬車でエジプトを運ばれて地中海へ、そしてフランスからイギリスへというルートだった。しかし、植民地からの報告を一刻も早く手に入れる必要から、重要な知らせは「抽出」され、イギリスにいち早く伝えられるようになった。すなわち郵便ケースがマルセイユに着くと、イラストレーテッドロンドンニューズ紙を引用するなら、「時と潮との戦いが文字どおりはじまる」。「抽出」された知らせはパリに電信で伝えられ、馬でブーローニュ港に運ばれ、船でイギリス海峡を渡る。船には旗が立てられていて、それを見たフォークストンの駅長は、ロンドン行きの列車の準備をするのである。

インド郵便
ロンドンとボンベイのあいだでイタリアの郵便列車を使えば、いかに得かということがイラストで説明されている。イタリアのブリンディジまでわずか２日しかかからなかった。

ていたこともなるほどと思われる。

　グレートウェスタン鉄道は郵便が金になることに目をつけて、1855年、ロンドンのパディントンとブリストル（後にはペンザンス）間にイギリスではじめて郵便のみの列車を走らせた。1907年、マーク・トウェインがイギリスを訪れたとき、郵便袋は新しいタイプの郵便物ではちきれそうになっていた。それというのは絵はがきのことである。郵政省がついにカードも郵便物として配達することに同意したことで、きれいな風景の絵の裏に「あなたにも見せたかった」メッセージを書いたはがきが洪水のようにあふれはじめたのだった。

夜の郵便

　夜の郵便列車が、絵はがきや恋文や、銀行為替をのせて国中を走っていくというイメージは、鉄道郵便の時代の想像力を刺激した。夜の郵便列車といえば、初期のころにドキュメンタリー映画が撮られたおかげで、〈ブリティッシュ・ウェストコースト・ポスタル〉［イギリス西沿岸郵便］のイメージが浮かんでくる。客車のステップにずらりとならんだランプに照らされながら、郵便列車が夜を切り裂いて、ロンドン・スコットランド間を気のふれたホタルのように走っている。中では、最大40人の郵便作業員が、年間にして5億通の手紙を一心不乱に仕分けしている。汽車は北をさして走っていく。イギリスの詩人W・H・オーデンの言葉を借りるなら、「国境を越え、小切手と郵便為替を運んでくる」。オーデンは（奇遇だが、エリザベス・フリアが手紙に書いていた結婚式のカップルの遠縁にあたる）、イギリスの作曲家ベンジャミン・ブリテンの同時代人だった。同じ芸術家とはいえ詩人と作曲家、ちがった道を歩んでいたが、1936年、2人はひょんなことで協働で作品を作ることになり、後にドキュメンタリーの古典とされる『夜の郵便列車』の制作にかかわることに

夜の郵便
鉄道は郵便を1世紀以上にわたって運んだが、20世紀の終わりごろになると、多くの国で郵便の鉄道輸送は廃止になった。

110　世界史を変えた50の鉄道

郵便の仕分け
鉄道は郵便サービスのスピードと効率をめざましく向上させた。とくに、夜に輸送するあいだに仕分けする郵便作業員の役割が大きかった。

なった。ベイジル・ライトとハリー・ワットが監督で、ワットはヴィクトル・テューリンがシベリア＝トルキスタンの鉄道建設を描いたドキュメンタリー映画『トルクシブ』（1929）からヒントを得ている。（テューリンはテューリンで、アメリカの威風堂々たる蒸気機関車が力強く走っている場面にいたく感動した。）

　こんなにロマンティックな郵便列車だが、20世紀後半になると落魄のうれいをかこつこととなった。1977年6月、ニューヨークとワシントンDCのあいだで、動く郵便局は走りおさめとなった。イギリスでは、ロイヤルメールは2003年に汽車を郵便に使うのをやめた。オーストラリアでは、ニューサウスウェールズの動く郵便局は、1984年に早々と運行を中止していた。オーストラリアでは郵便をトラック輸送に切り替えてしまったのだ。郵便物を失ったことは鉄道にとって深刻だった反面、道路輸送と空輸ビジネスにとっては大きな勝利となった。

地下の郵便トンネル
◆

　2011年に、都市の秘境探検家たちが、不法侵入のめずらしい写真をインターネットに投稿した。ロンドン市の郵便用地下鉄の写真であった。まるでうちすてられた地下墓地のようながらんとしたトンネルが、11キロ以上にわたってロンドンの地下をぬって走っているのである。郵便レール（と当時呼ばれていた）はほとんどが地下21.3メートルに掘られていた。1927年から2003年に廃止されるまで、運転士のいない列車が郵便をのせて、町の下を走っていたのだ。この郵便鉄道の発想のもとは、シカゴの地下の貨物鉄道の建設である。こちらは1906年から1959年まで稼働した。

1863年 メトロポリタン鉄道

国：イギリス
タイプ：旅客・貨物輸送
全長：6キロメートル

◆社　会
◆商　業
◆政　治
◆技　術
◆軍　事

　19世紀半ばには都市の人口が急増し、都市計画の見なおしが緊急の課題になっていた。混雑を避けるため、屋根なしの汽車を地下に走らせるというのは、最初はありえない解決法に思われた。

よどんだ人の群れ

　19世紀半ばごろの家庭向け総合雑誌には、いろいろと奇抜なアイディアがのっている。たとえば、傾いた道路を作ってはどうか。その心は？「歩行者は足にローラースケートを着け、坂の上にただまっすぐ立てば、ほうっておけばなんの苦労もなく移動できます」。店の前の、夜にせり上がる歩道。その心は？　強盗に入られにくい。先端がV字型になった汽車。その心は？　正面衝突しても衝撃が吸収されるばかりか、「風の抵抗が小さくなるので、より容易にスピードを増すことができます」（これは汽車の先端を流線型にしてはどうかという提案で、今から見てもそんなにすっとんきょうではない）。では、混雑した町の下にトンネルを掘って汽車を通してはどうだろう？　これまた、そんな怪しげなアイディアの1つだろうか？

　ところが、そうではなかった。1850年代になると、ロンドンの当局は、日ましにひどくなる首都の街路の混雑を緩和するためなら、どんな案にでも飛びつかんばかりだった。主要幹線の駅は日に25万人の乗客を吐き出し、4000台の馬に引かれたバスや辻馬車が、駅からロンドンの金融の中心地シティへと向かうのだった。「わが国の小径や路地はよどんだ人の群れであふれかえってい

ロンドンの地下
地上の駅の繁栄によって、ロンドンの交通混雑がひどくなった。解決策は、地下鉄を作ることだった。

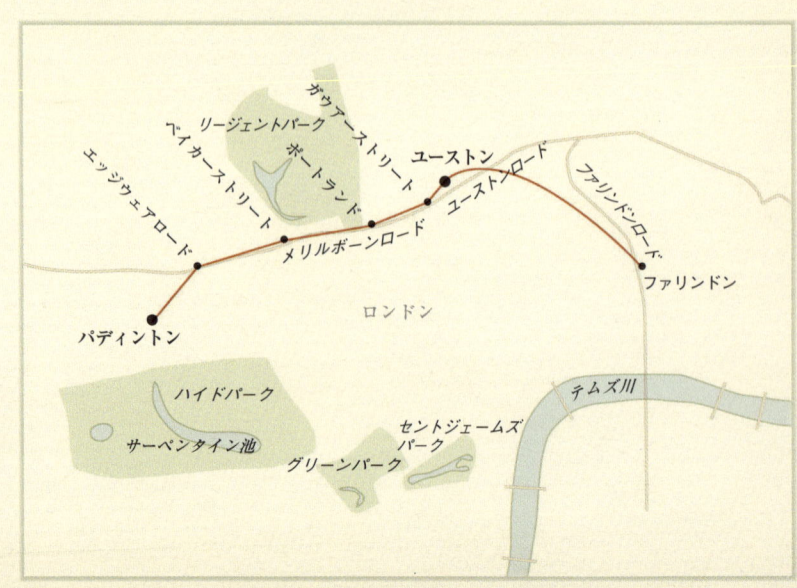

112　世界史を変えた50の鉄道

る」とリベラルな法律家チャールズ・ピアソンが嘆いた。「きちんとした労働者階級の者たちは、もしも鉄道によってもたらされる便宜を利用できるならば、彼らの主人たち同様、仕事の場所から数マイル離れた…いなかに家族とともに暮らすことができるだろう」。ピアソンの言うことはもっともだった。馬の往来にしてからが、不快きわまりないフンを大量にまきちらし、ハエが無数に群がる。（ロンドンは50年以内に馬のフンの下に埋もれるだろうと、1895年にタイムズ紙は予言した。）

　ロンドンは病んでいた。ニューヨークよりもかなり大きく、イギリスのその他の地域の人口を合わせたより多くの人々が住んでいた。結核で毎年1万人から2万人の死者が出た。天然痘、ジフテリア、百日咳、チフスの流行もあり、1832年にはコレラの流行によって1万8000もの人が死亡した。ウッドヘッドトンネルで有名なエドウィン・チャドウィックは、その原因について、あやまった推測をしている。──「健康に害のあるガスのせいだ」と。

　ピアソンの解は、巨大なロンドン中央駅をつくり、それをとりまく周辺の駅と地下トンネルでつなげばよい、というものだった。これ以上、市の域内に駅を作ることは当局によって禁じられたので、ピアソンは、まず最初の一歩として、シティと北に位置するいくつかの駅をつなぐ鉄道トンネルの建設を嘆願した。ビショップスロード、パディントン、ファリンドンストリートをつなぎ、ロンドン北の2つの主要駅ユーストンとキンクズクロスを通る計画だった。メトロポリタン線と名づけられていた。

　1860年に土木作業が始まった。敷石をはがし、深いみぞを掘り、支柱で支えていく。いわゆる〈オープンカット工法〉であった。初期の鉄道エンジニアはたいていこの工法を用いた。ずどんと深いみぞを掘り、底に線路を敷き、上をレンガでふさぎ、その上に道路を敷きなおしていくのである。

　景観のよい市中では、メトロポリタン鉄道はそうとう金も気もつかって、建築上の美を高めようとした。「よどんだ人の群れ」のあたりでは、貧しい人々が立ち退きを求められ、彼らのそまつな家々がとりくずされた。

メトロポリタン線
いわゆる〈オープンカット工法〉で地下の鉄道を建設する方法は、すでにトンネル作りの際に試されていた。

きれいな空気
1890年ごろのニーズデンの、Cクラス蒸気機関車。蒸気機関車は電気をエネルギーとする電車と交代し、空気のきれいな地下鉄が誕生した。

メトロポリタン鉄道　113

クッション付きの独房

　1862年5月、大蔵大臣のウィリアム・グラッドストンとその夫人をはじめとする各界の名士が集まって——グラッドストンは山高帽を深々とかぶり、夫人のほうはボンネットをかぶった姿で——屋根なしの車両にのりこんで、初の地下鉄の旅を味わおうとしていた。（老パーマストン子爵が総理大臣だったが、自分は遠慮したいと言った。もう、いい年だから、少しでも長く地面の上ですごしたいと言ったのだ。）ランプの明かりがちらちらとゆれ、スチームを減らす液化装置をつけた機関車が石炭を燃やしながら走っていくと、さながら黄泉の国へと下っていくかのような風情だった。しかし、大衆はこぞって利用した。1863年には3万人以上の人が地下の鉄道を利用した。メトロポリタン鉄道は、開業1年目にのべ900万人以上の乗客を運んだ。風の向きは明らかだった。地下鉄こそ未来だった。

　屋根つきの閉じた車両となり、椅子にクッションがついて、乗り心地はしだいに改善されていった（「クッション付きの独房」というあだ名がついた）。そして、その頃には、雑誌「サイエンティフィックアメリカン」のニューヨークオフィスの編集長だったアルフレッド・ビーチが、独自のプライベートな地下鉄をこっそりと作って空気圧で動く列車を走らせ、ロウアーブロードウェイのマリーストリートとウォレンストリートのあいだで乗客を運んだ。

　1870年になると、ロンドンの鉄道トンネルのエンジニアたちは新兵器を手に入れていた。2.1メートルの〈シールド〉と呼ばれるもので、これを用いてテムズ川の下にトンネルを掘り、ロープで引く鉄道が設置された。オープン

マインド・ザ・ギャップ ［線路とホームの間のすき間にご注意ください］
1863年の地下鉄の風景。初期の地下鉄は原始的で煙が充満していたが、人々はこぞって利用した。

ロンドンの地下鉄
広軌の機関車が閉じた箱の客車を引いて、パディントンのプレイドストリートに入っていく。1863年の絵。

カット工法では地表の交通を阻害するが、シールド工法だとそのようなこともなく、地表から深いところに〈チューブ〉[「筒」の意味で、ロンドンでは今でも地下鉄がそう呼ばれる]を掘ることが可能になった。1886年、世界で初の深層地下鉄が作られた。全長5.6キロのシティ＝サウスロンドン鉄道の地下鉄で、シティとストックウェルのあいだに6つの駅があった。あらたに電気機関車が開発され、用いられるようになると、蒸気機関車はまたたくまに消えていった。まもなく、セントラルロンドン鉄道が開通し、割安の〈タペニーチューブ〉[Twopenny Tubes, 2ペンスで乗れる地下鉄]が、前とは比較にならないほどきれいな地下の空気の中を走るようになった。

地下鉄は世界へ

　他の都市もロンドンの地下鉄の発達を機をうかがいながら見ていたが、しだいに独自の〈チューブ〉を作りはじめた。ブダペストでは1896年に、全長3キロの〈フランツヨセフ電気地下鉄道〉が開通した。スコットランドのグラスゴーは1897年、環状の路線が開通した。固定した蒸気エンジンを動力にして、ロープで車両を牽引させる方式だった。この時速24キロの地下鉄は1930年代まで動きつづけた。アメリカで最初の公共地下鉄が開通したのは、1898年ボストンでのことだった。同じ年にウィーンでも、〈シュタットバーン〉[Stadtbahn, 都市の鉄道]が開通した。地下鉄といえばなんといってもパリのメトロ[Metro]だが、その建設が始まったのもこの年だ。

　メトロは〈メトロポリタン〉から名を借りているが、その背後にいたブレインはフランスのエンジニア、フルジャンス・ビアンヴニュだった。ビアンヴニュは作業事故で腕を1本失ったが、「地下鉄の父」となった。「プラス・ド・ラ・バスティーユ」[バスティーユ広場]、「ルーヴル」、「プラス・ド・ラ・コンコルド」[コンコルド広場]、

ハリー・ベック
◆

　1930年代、毎日フィンチリーの駅から地下鉄で通勤していた勤め人で、ロンドン地下鉄信号部の製図工のハリー・ベックという人物がいた。ベックは暇つぶしに、地下鉄を図式化した地図を作った。この地図は、地下鉄網で電車を走らせていたさまざまの会社が1つに統合されて、ロンドントランスポートとなった1933年1月に出版された。(ベックは電気回路の図をもとにしてこの地図を描いたのだといわれている。)ベックのポケット地図はわかりやすく、すぐにヒットした。それは鉄道地図のスタンダードとなり、現在では世界中の大量輸送システムで用いられている。

メトロポリタン鉄道　115

高速移動
ハンガリー、ブダペストの、世界で4番目に古い地下鉄の絵。1896年にフランツ・ヨセフ皇帝によって開通が宣言された。

そして「アルク・ド・トリオンフ」[凱旋門]へとつながる全長10キロの線が1900年7月に開通した。パリ・オリンピックの年（女性がはじめて参加した）で、パリ万国博覧会が開催された年でもあった。アールヌーヴォーの斬新なデザインに夢中になっていたパリジャンたちは、建築家のエクトール・ギマールに委託し、それによってメトロ各駅のエントランスがアールヌーヴォー風に統一されることとなった。そのほとんどが後に破壊され、ギマール自身も1942年ニューヨークで不遇のまま一生をおえた。

1930年代には、モスクワの人々が地下鉄網の壮大な計画をたてた。設計したラーザリ・カガノーヴィチにちなんで、〈カガノーヴィチ地下鉄〉と呼ばれ、共産主義の倫理とアールデコのスタイルを融合させることに成功している。（イギリスのエンジニアに援助の要請がなされたが、このような頭脳の交流は双方にとって有益であった。エセックスのギャンツヒル駅は、ロシアの地下鉄の駅によく似ているといわれる。）

今や、ベルリンでは、〈ユーバーン〉[U-Bahn, 地下鉄]（20世紀初頭に開通）のつり革につかまって、「ポッダーマープラッツ」[ポツダム広場]から動物園に行くことができる。ニューヨークでは、タイムズスクエアからブルックリンまで地下鉄で行くことができるし、フィラデルフィアには全長7キロの地下鉄がある。ハンブルクには一部地下を走る鉄道があり、ブエノスアイレスも同じだ。1950年までには、マドリード、バルセロナ、シドニー、東京、大阪、名古屋、シカゴ、クリーヴランド、ストックホルム、トロント、ローマ、レニングラード、リスボン、イスラエルのハイファも地下にもぐった。

ウィリアムとキャサリンのグラッドストン夫妻がはじめて地下鉄に乗って150年たった現在、自家用車やトラックによる混雑や大気汚染を憂える、世界中で1億5500万もの人々が、日々地下鉄を利用している。東京の地下鉄は首都圏の高速旅客輸送システムの一部であり、世界一乗客が多い。東京に次ぐのがソウルである。ソウルの地下鉄では自動の安全ドアがどのプラットフォームにもそなわっており、便利な運賃支払いシステム、デジタルテレビつきの車両、暖房つきの座席が完備するなど、世界最高の地下鉄といわれている。

地下鉄は世界一安全な乗り物
◆
　地下鉄は世界一安全な大量輸送システムの1つである。地上の鉄道も安全な乗り物だが、それよりももっと安全だ。もっとも多くの人命が失われたのは、第2次世界大戦中のロンドン空襲である。1940年にバラム・ハイ・ロードに爆弾が落ちて、水道と下水のパイプが断裂し、地下鉄の駅に避難していた68人が溺死した。1943年にはベスナル・グリーンで空襲の際に階段の吹き抜け部分が破壊され、173人が死亡した。それ以外では、地下鉄での死亡はほとんどが自殺によるものだ。

アール・ヌーヴォー
パリのメトロの入口は、エクトール・ギマールによって設計されたが、多くがとり壊された。

メトロポリタン鉄道

1869年 セントラル パシフィック鉄道

国：アメリカ合衆国
タイプ：旅客・貨物輸送
全長：1749キロメートル

◆社　会
◆商　業
◆政　治
◆技　術
◆軍　事

　世界で最初ではなかったが、アメリカ初の大陸横断鉄道は、アメリカ経済に革命をもたらし、ロマンの香り高い幌馬車隊の息の根を完全にとめてしまった。野生の西部の辺境を手なずけたのは、このアメリカの大陸横断鉄道であった。そして、それは世界中の大陸横断鉄道のモデルとなった。

神に見すてられた土地カリフォルニア

　ロンドン発行のカッセル社「ファミリーマガジン」誌の記者が、1875年、パシフィック鉄道に乗る準備に旅行カバンをつめたとき、きれいなシャツのあいだに、六連発の拳銃をすべりこませた。それに鞘つきのナイフも。それに、刺し傷の処置の仕方を書いた本も。その理由は…。この記者は（MAというイニシャルしかわからないが）波瀾万丈の周回旅行、題して「3287マイルの旅」にのりだす前に、彼のニューヨーク在住の友人たちに相談したのだった。行く

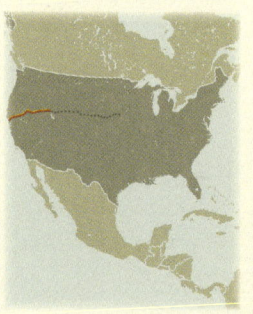

大陸を横断する
大陸横断鉄道は、東と西をつないで市場を拡張させ、アメリカが世界一裕福な国になるのに貢献した。

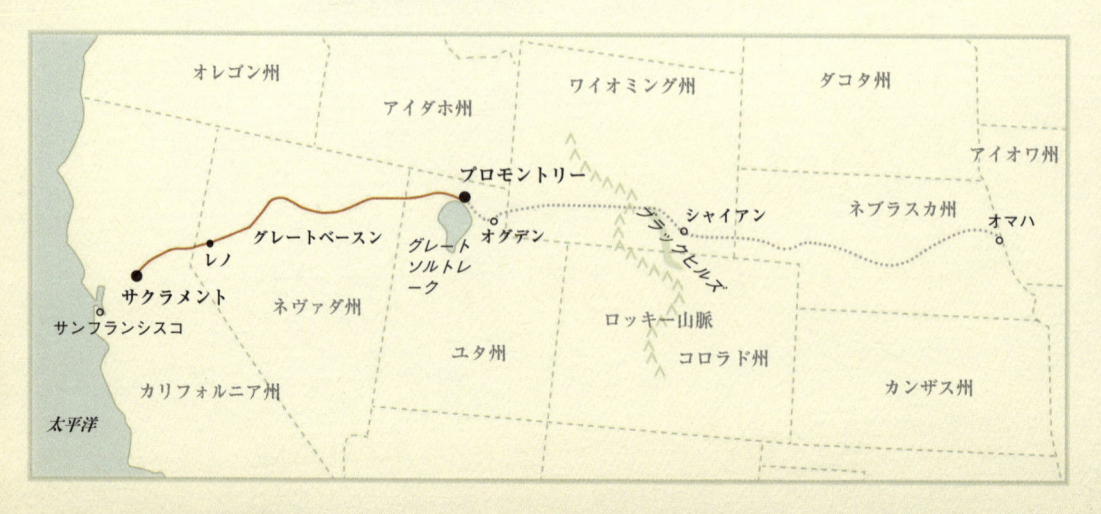

118　世界史を変えた50の鉄道

漫画の予言
2つの鉄道がユタ州で出会うのを見て、先住民やバッファローがおびえて逃げている。

先の不安にさいなまれ（あるいは、物語をドラマティックに盛り上げるため）、MAは出発前にもらった警告をもう一度記している。「君は今からカリフォルニアに行くんだ。いいかい、宇宙であそこほど神に見すてられた土地はないからね」と。

　MAが乗車したとき、大陸横断鉄道が開通して6年たっていた。最初から驚きの連続だった。「わたしのささやかな鉄道旅行はちょうど7日間続いた。そして大きな大陸をまるまる横断したのだった」と、MAは説明する。ところが、なんのことはない。これと比べると、イギリスで行なう4、5時間の旅のほうがよほど退屈だ。それは主として、客車にアメリカ風のさまざまな工夫がなされていたからだ。いくつかの車両には客間のしつらえがあり、ひじかけ椅子、ソファー、本、カーペット、装飾品がそなわっていて、「旅のつれづれを和らげてくれた」。おもしろいと思ったのは、「太ったサイフの持ち主」はニューヨークで客間列車を借りきって、サンフランシスコに着くまで占有することもできることだ。

　イギリスでは、汽車に乗っている時間の長さは恐怖だ。しかし、MAはアメリカ流に慣れるのに少し時間がかかったものの、アメリカでは乗っている時間は「あきらかに楽しい時間だった」。シカゴで乗ってきた乗客たちは「ビジネスの計算で頭がいっぱいで、純粋に投機的で、金儲けの目的のために目的地に行こうとして」おり、最初から乗っている人々とはまったく別の人種だった。「最初からいた人たちは、もっと雑多で、さまざまの人がまじっていた」。ところが、「15分もたたないうちに」どの人もうち解けて、話を始めた。イギリス人記者はびっくり仰天だ。イギリスの汽車では、（今も昔も）お客同士、にこやかだが距離を

完成！
◆

　大陸横断鉄道の建設は10年かかると予想されていたが、4年で完成した。1869年5月10日に、ユタ州のプロモントリーポイントで、2つのレールが出会った。セントラルパシフィック鉄道のリーランド・スタンフォードと、ユニオンパシフィック鉄道のトマス・デュラントが儀式用の「最後の犬釘」を打ちこんだが、どちらも1度めは打ちそこねたようだ。当時の漫画には、左右の機関車から手がぬうっと出ていて、「ハイタッチ」をしようとしているように見える（ただし「ハイタッチ」［英語ではhigh five］の習慣は、その約100年後に生まれたようだ）。土地のバッファローと先住民がおびえて逃げている。線路に沿って電信線が張られたが、第一号のメッセージは、「完成！」という単純なものだった。

線路のチェック
線路の検査に出る前に機関車ファルコン号の前に立っているエンジニアたち。ネヴァダ州アージェンタ付近。

おく。せいぜいのところが「ここ、誰かいますか？」——「いえ」でおしまいだ。ところがパシフィック鉄道に乗って、「骨の髄まで」人のよいアメリカ人と旅行していると、さすがの記者も「イギリス風の硬さがほぐれ」てくるのを感じるのだった。

MAは「ミシガン湖の南端付近のペンシルヴァニア、オハイオ、インディアナを行くおもしろくない1000マイル［約1609キロ］」については詳しく述べていない。この区間は、ロンドンからスコットランド高地への旅でいえば、ロンドン・ラグビー間に相当する、風景という点からみておもしろくもなんともない部分だ。MAにとっての本当の旅はシカゴから始まった。シカゴは「東と西の境目にある、すばらしい小麦と肉牛の取り引きの一大中心地」だ。シカゴの活力のすごさが、MAと旅をともにした1人の人物、「沈黙することが絶対に不可能な真のアメリカ人」によってあますところなく述べられている。シカゴは1871年10月に大火で焼け落ち、最近、灰の中からよみがえってきたところだった。そのことをMAに教えてくれた人物は、自分は「この火事でびた一文ないすっからかんになったが…今では、以前の倍の財産持ちになった」とのこと。シカゴの家畜飼育場のまわりには27キロを超える鉄道が敷かれ、家畜（牛が2万1000頭、豚が7万5000頭、羊が2万2000頭、馬が350頭）すらが、イギリスの「みじめな貧民」よりもよい暮らしをしているのだと、MAも納得した。

これは「アイルランド問題」を念頭に置いてのことだ。アイルランド問題とは、アイルランドのジャガイモの凶作のことをさす。この飢饉についてはアメリカでも大々的に報道され、それによって生じた250万人の移民希望者の多くをアメリカが受け入れた。（このことに触れて、E・A・バニヤードという食べ物についての本を残している人物が、「ジャガイモをたんなる野菜などともう誰も思わないだろう。ジャガイモは運命を変える道具なのだ」と述べ

スクラップにされた機関車たち
◆

ナンバー119号とジュピター号——1869年のあの5月の日に、プロモントリーポイントで出会った歴史的な機関車のどちらも、残されていない。トマス・デュラントを乗せてきたナンバー119号は、ニュージャージー州パターソンのロジャーズ機関車製作所で作られた。リーランド・スタンフォードはジュピター号に乗ってきたが、これらはニューヨークのスケネクタディ機関車製作所で製造され、船でサンフランシスコまで運ばれた（スタンフォードはアンテロープ号に乗るはずだったが、丸太が落下して損傷したので変更した）。2つの機関車は、1903年から1909年のあいだにスクラップにされた。

ている。）

「野蛮人」の役に立つ

　エイサ・ホイットニーはニューヨーク州ニューロシェルの人で、服地を扱う商売をしていたが、この問題のことを意識してもいた。1849年、ホイットニーは「太平洋への鉄道プロジェクト」と題するパンフレットを作成し、大陸横断鉄道を作れという持論を詳細に展開した。ホイットニーは熱烈な鉄道ファンで、かつてイギリスのリヴァプール＝マンチェスター鉄道をおとずれたとき、「パナマ、ニカラグア、テワンテペクで運河もしくは鉄道によって太平洋と大西洋をつなぐ」ことが、いかに社会に役立つかを確信した。そして、まるでニセ医者が怪しげな売薬を勧めるような口ぶりで、自分のこの考えを宣伝した。鉄道ができれば、「あなた自身、あなたの国…ヨーロッパの飢えた余剰人口、文明とキリスト教の光と祝福がまだとどいていない野蛮の者たち、食物不足ゆえに子を殺さねばならない中国人、自殺をえらぶ老人や病弱の者たち…人類という1つの家族のすべての構成員」にとって益するところがある、と。

　ホイットニーは鉄道にのめりこんでいた。みずからの足で可能なルートを探索し、「いままで野蛮人しか通ったことのない場所」にもさまよいこんだ。また、広く旅行し、中国、日本、インド、ポリネシアを訪れ、そこで見聞したことから、とてつもない貿易の可能性があると思った。ホイットニーの視線は

ブルーマー切通し
1865年、鉄道を通すために、カリフォルニア州ニューカースル近くに、244メートルのブルーマー切通しが作られた。

谷越え
1868年、セントラルパシフィック鉄道に構築中のトレッスル橋。

セントラルパシフィック鉄道　121

ソルトレークシティー
1885年にモルモン教徒の作った、ユタセントラルパシフィック鉄道の機関車の上に乗っかっている作業員たち。大陸横断鉄道が完成して以降、合衆国ではじめて作られた路線。

> われわれは汽車に感謝している。われらを導いて暗黒の闇、危険だらけの道をきりぬけさせてくださる神様のように感じている。
> ——ロバート・ルイス・スティーヴンソン『平野を越えて』(1892)

地球に向かっており、気宇壮大である。「ここ地球の中心には、幅2000マイル[約3219キロ]以上にわたる無人の荒野がある。横に目をやれば、飢え、困窮した人口をかかえたヨーロッパがある。逆のほうにあるのはアジアだ…。ヨーロッパよりもっと困窮しており、この偉大な仕事の成就を命じているかのように見える」

大陸横断鉄道のルートについては、トマス・ジェファーソンが大統領だった頃に研究されたことがあった。そのとき想定されたルートでは、鉄道の線路と川が組みあわされ、車両についてはおざなりに言及されている程度だった。ボートと鉄道の車両ではうまく融合しないだろう。ホイットニーは「鉄道その他の手段によって大陸をまっすぐ横切って」通行するための「成熟した青写真」は存在しないと主張し、ミシガン湖から大西洋までの距離を3267キロと想定した。そして「1ヤードあたり64ポンド[約29キログラム]の重いレールを用い、ゲージ、すなわち線路幅を6フィート[約1.8メートル]を下らぬもの」という想定のもと、1.5キロあたり2万ドル、プラス機械装置と修理のための追加費用がかかるという見積もりを出した。そのうえ、とホイットニーは続ける。「政府からは1ドルたりとも求めることなく」、この企画を成就することは可能です、と。

アメリカ合衆国はその後、世界でもっとも富める国になったほどで、経済的に自立できるだけの利用可能な天然資源に恵まれていたが、ホイットニーの指摘のとおり、豊かな東部は、西部から、カリフォルニア、オレゴン、ワシントンから切り離され、そのあいだには砂漠があり、大平原があり、ロッキー山脈があった。エイブラハム・リンカーンは大統領に就任した当初から、アメリカは南北戦争によって北と南の2つの国に分かれてしまうおそれがあったように、経済的にも、東と西の2つに割れてしまう危険があることを認識していた。ホイットニーと同じように、リンカーンも鉄道によって分裂が防げると考え、1862年、連邦議会の〈太平洋鉄道法案〉を通した。

ところが南北戦争が起きたため（さらに南部連合支持者によってリンカーンが暗殺されたために）、アメリカの「自明の運命」の実現をみるにはさらに7年間の歳月を要した。「自明の運命」というのは、西部を征服し、わがものとするのは白人入植者の生来の権利だという考えが、当時は広く信じられていたからである。

認可がおりる

　国に統一をもたらす使命は、２つの会社の手にゆだねられた。東側はユニオンパシフィック鉄道、西側はカリフォルニアのセントラルパシフィック鉄道である。政府は両者にたっぷりと土地をあたえるというかたちで手厚い援助をおこなった。２つの鉄道会社は、線路の両側に碁盤縞のようなかたちで、全体ではテキサス州の面積を超えるほどの土地をあたえられた。その多くはアメリカ先住民の土地だったが、彼らの権利は無視された。1872年に、画家のジョン・ガストが、前進してくる鉄道から先住民の人々が逃げていく姿を描いた。題して「アメリカの進歩」。コロンビア（この女性名は「アメリカ」を象徴するものだったが、まもなくその役割は自由の女神像にとって代わられた）が平原の上を、明るい東から暗い西へとむかって進んでいく。彼女が通りすぎた後には、近代化の果実——鋤、書物、鉄道、電信線——が残されている。MAはこの絵を見ていたのかもしれない。すくなくとも、「先住民がときどきいて、鬱陶しい赤い肌、なかば異教、なかばキリスト教を信じていて、われわれが通ると、ぼんやりとした目でこちらを眺めていた」と記しているのは事実だ。「ウィグワムを治め、戦の道を輝かしいものとした高貴な野蛮人は」いったいどこに行ってしまったのだろうと、MAは思わないではいられなかったのだ。

「自明の運命」
画家ジョン・ガストは、軽やかに天翔るコロンビアが、鉄道とともにアメリカの大地を西へと進み、先住民を追いはらっていく姿を描いた。

中国人労働者
◆

ジェイムズ・ストローブリッジは、中国人作業員たちに、片目のいばり屋というあだ名で呼ばれていた（あるとき発破をかけて片目を失ったのだ）。ストローブリッジは中国人労働者を雇うのに最初は抵抗したが、彼らが働き者で、新たに登場した強力な爆薬ニトログリセリンを使って、山にどんどんトンネルを掘っていくのを見て、見方を変えた。約1万2000名の中国人作業員が、エンジニアのシオドア・ジューダ（コネチカット州の牧師の子）が測量したルートに線路を敷いていった。ジューダは黄熱病で亡くなるまで、主任エンジニアをつとめた。

4人の大物

MAは「サクラメントに住んでいる金物商、食料雑貨商、服地屋など、東部と西部を結びつけることを思いついた人々」のことをほめたたえている。「この計画は勇気あるくわだての歴史のなかでも、特筆するに値する偉業であり、そのことをどんなに誇っても許されるであろう」と。

この人々とは「4人の大物」である。すなわちリーランド・スタンフォード、コリス・ハンティントン、チャールズ・クロッカー、マーク・ホプキンズである。スタンフォードはカリフォルニア州知事で（スタンフォード大学の創始者でもあり）、この鉄道を政治家として公然と支持していた。ハンティントンは距離を置いていたが、財政的なかかわりはもちつづけた。ホプキンズは簿記係で、とくに鉄道に熱をあげていたわけではないが、他の3人と同じように、サンフランシスコに大邸宅を建てるだけの資産をあたえられた。鉄道建設のボスはチャールズ・クロッカーだった。実務にあたる者としてクロッカーから指名されたのはジェイムズ・ハーヴェイ・ストローブリッジだった。

そのいっぽうで、東部のユニオンパシフィック鉄道がこちらに近づきつつあった。測量技師が先導役をつとめ、そのあとに建設作業員、地ならし屋、橋の工事人、鍛冶職人などが続いた。鉄道が通るとジュールズバーグ、シャイアンとララミー、ワイオミングなどの小さな町がすぐさまできたが、その後は、鉄道の沿線にあらたな町ができるというのが、ほとんどこの大陸横断鉄道でも起きる現象となった。そのことについて、西への旅の途中でMAがインタビューしたオマハの紳士はこのように説明した。「人の来るのを待ってなんかいませんよ。われわれはかなり拙速に計画をたてて、とっととやってしまう。オマハからフリスコ［サンフランシスコ］まで、そうやって鉄道［トランスアメリカン鉄道］を作ったのですよ。人なんてすぐに来ますよ。鈴付き羊のあとに羊がぞろぞろついて来るみたいなものだ」

ついに、ユニオンパシフィック鉄道がセントラルパシフィック鉄道と出会う日がやってきた。ユタ州のプロモントリーサミット［半島の頂上］でのことだ。

4人の大物
リーランド・スタンフォード、コリス・ハンティントン、チャールズ・クロッカー、マーク・ホプキンズ。東と西を結ぶというアイディアの背後にいた4人。

ゴールデン・スパイク
1869年、ユタ州で、セントラルパシフィック鉄道とユニオンパシフィック鉄道が、プロモントリーサミットで結ばれる儀式の場面を、トマス・ヒルが描いた。

祝賀会は念入りに演出されていた。1869年5月10日、黄金で作った「最後の犬釘」をリーランド・スタンフォードが打ちこみ、それをさっさと抜きとって、本物の鉄の犬釘に差しかえた。2つの機関車が左右から接近してきて、カウキャッチャー［排障器］ががちゃりとぶつかる。作業員たちは機関車によじのぼって、写真のポーズをした。(後に複製された写真では、彼らがもっていた乾杯のための酒瓶は消されていることも多かった。禁酒主義者の感情をさかなでにしないためである。)

20世紀初頭には、プロモントリーサミットは通過駅となってしまったが、だからといってアメリカの西と東が鉄道によって結びあわされた歴史的意義が小さくなるわけではない。MAが述べているように、大陸横断鉄道は(たんに「オーバーランドルート［Overland Route, 陸路］」と呼ばれることもあるが)、「極西部地方の山、谷、平野を開き」、そこには今や「かんたんに行くことができる」。そして、いささか自己満足的な口ぶりでこう述べている。

> わたしのささやかな鉄道旅行では、六連発銃をマホガニーのケースから取り出すことはなかった。わたしには、サンフランシスコの文明はニューヨークより数段まさっているように見える。カリフォルニアはアメリカ合衆国でもっとも豊かで美しい土地だ。

怪物機関車
1969年、「トランス」［大陸横断鉄道］の開通100周年を記念して、ユニオンパシフィック鉄道が導入した270トンのセンテニアル［100周年］号。

セントラルパシフィック鉄道　125

ポートチャーマーズ鉄道

1873年

国：ニュージーランド
タイプ：貨物輸送
全長：12キロメートル

◆社　会
◆商　業
◆政　治
◆技　術
◆軍　事

　アメリカ人が鉄道で冷凍肉を運ぶ方法を考えていたころ、ほんのささやかなニュージーランドの鉄道が、ジューリアス・ヴォーゲルという熱烈な鉄道の支持者によって、歴史への独自の貢献をしようとしていた。

冷凍肉の取り引き

　1873年、ニュージーランドの総督が、ダニーディンからポートチャーマーズまでをつなぐ鉄道の開通を宣言した。この役割は、本来なら新たな首相ジューリアス・ヴォーゲルにこそふさわしかっただろう。ヴォーゲルは未来の見える人だった。女性参政権にも熱心に取り組んだが、鉄道建設にも熱意を燃やした。ヴォーゲルはロンドンの金融市場で多額の借金をして、国家的な鉄道網を作り、ニュージーランドの経済を離陸させようとした。そして、まんまとそのとおりになった。

　9年後、一風変わったクリッパー船が、ポートチャーマーズに錨をおろした。オタゴ島（ニュージーランドの南島）の中心の州にちなんで（エディンバラのゲール語名でもある）ダニーディン号と名づけられたこの船、帆と帆のあいだに煙突があり、蒸気船のようでもあり、帆船のようでもあった。しかし、蒸気機関は冷凍庫を動かすための動力だった。この冷凍庫によって、積み荷をロンドンまで凍らせたまま運ぼうというのであった。ポートチャーマーズ鉄道はフル稼働の体制に入っていた。羊、ラム、豚は鉄道の終着駅の近くのトタラ農場で処分され、氷に包まれてから鉄道で波止場まで運ばれる。野ウサギ、キジ、シチメンチョウ、チキン、バター、2200枚の羊の舌も輸送された。肉がキャラコの袋につめられて船にのせられると、ダニーディン号は出帆した。100日たらずでロンドンの港に着いたとき、ニュー

ニュージーランド
南島のダニーディンの近くの港までの短い鉄道が、冷凍肉貿易で歴史的な役割を果たすこととなった。

ジーランドの肉は処分した日とかわらない新鮮なままだった。こうしてニュージーランドの肉を外国に売る冷凍肉ビジネスがスタートし、船の所有者たちの財布は丸々とふとった。(ただしダニーディン号と乗組員はそう好運ではなかった。1890年、沈没したらしく跡形もなく消えてしまったのだ。)

その数年前、ガステイヴァス・フランクリン・スウィフトはアメリカで、特別の冷凍列車で肉を運ぶというアイディアを実現させようとしていた。スウィフトは肉を知る男だった。もとは肉屋の小僧だったが、牛の群れを市場まで追い立てていく仕事をしたことがあった。ところが、生きた家畜を追い立てる仕事ではもうけが十分ではなかった。それというのも家畜が死んだり痩せたりするからである。道の最後のほうで水を飲ませず、目的地に着いたらがぶ飲みさせ、市の立つ日には体重を重く見せるという昔ながらのインチキもやったが、それでももうけは薄かった。

1870年代の中ごろ、スウィフトは鉄道の中心地シカゴに行き、ユニオンストックヤード[家畜の一時置き場]で働いた。そこには、牛が飼育されるグレートプレーンズ[大草原地帯]と、食肉が消費される東部をつなぐ重要な鉄道の路線があった。ある新聞によれば「動物の町とシカゴを結ぶ17マイル[27キロ]の鉄道があり、1869年には、シカゴを経由して約50万頭の牛、150万頭以上の豚が送られた」とのこと。この肉の一部を、西部を出たときと同じ鮮度で東部にとどけられないものかと、スウィフトは心魂を傾けて冷凍列車の設計に取り組んだ。

はじめの頃に試作した冷凍車は、使えるのが冬だけだった。別の試作車は、カーブにさしかかると積んでいた食肉がいっせいにずれ、脱線してしまった。こうして欠陥車両を作る男だといううわさが先行したせいで、冷凍性能、重量のバランスも申し分ない(氷が肉の上に置かれた)冷凍車が完成しても、使ってみようという鉄道会社が現れなかった。スウィフトは路線をかえて、グランドトランク[大幹線]鉄道にかけあって、ミシガン経由でカナダへ食肉を運ばせた。そしてその後、自分自身のスウィフト冷凍線を設立することになった。まもなく、週に3000頭分の肉がボストンに輸送されていた。鉄道は食肉産業のありかたを一変させてしまったのだ。

ジューリアス・ヴォーゲル
ニュージーランドの首相ヴォーゲルは、鉄道が国の経済を活性化すると確信していた。

精肉包装の検査

◆

処理された肉、冷凍輸送、鉄道の3つの組みあわせが、ニュージーランド、オーストラリア、アメリカばかりでなく、さらにアルゼンチン、ブラジルなどの国々の家畜市場に革命をもたらした。この新たなビジネスにはつまずきもあった。作家のアプトン・シンクレアが1906年に小説『ジャングル』の取材のために精肉の包装工場で働いているとき、シカゴで、腐った肉と品質コントロールのひどさに対する告発がなされ、消費者の反感が高まった。小説はベストセラーになった。そして、いかがわしい慣行を暴いたので、それが引き金となって、精肉のパッキング産業に対する法規制と定期的な査察へとつながっていった。

1885年 カナディアンパシフィック鉄道

国：カナダ
タイプ：旅客・貨物輸送
全長：3219キロメートル

◆社　会
◆商　業
◆政　治
◆技　術
◆軍　事

　1871年にブリティッシュコロンビアがカナダ自治領にくわわるとき、1つの条件が課された。すなわち鉄道で結ばれること、ということだった。カナダ初の大陸横断鉄道は計画を7年前倒しして完成された。それによって反乱が鎮圧されたばかりか、国を統合する役割をもになうことになった。

大陸をまたがる

　カナダは西は太平洋、北は北極海、東は大西洋と三方を海に囲まれ、ロッキー山脈、五大湖の一部を擁し、巨大なハドソン湾がある。（ハドソン湾という名は、1611年に乗り組みの反乱により海に流されて消息を絶った、イギリスの探検家にちなんだものだ。）世界で2番目に大きな国で、地球儀で見ると、なるほどけっこうな大きさである。

　カナダは、後には3本の大陸横断鉄道が走る10の州からなる連邦となるが、鉄道の時代に朝陽がさしはじめたころには、まだあるべき国の形を模索している状態にあった。カナダが誕生したのは、1867年のイギリス領北アメリカ法により、フランスの北米植民地がイギリスに移った時点である。この法律によって1つのカナダ自治領としてまとめられたが、まだいくつか抜けている部分があった。そのうちの1つが、1870年にカナダ政府がハドソン湾会社から30万ポンドで「買収」した土地だ。ヴィクト

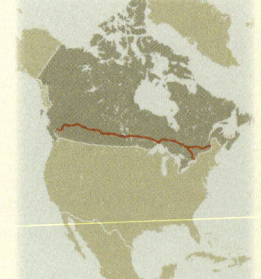

北アメリカ
ヴァンクーヴァーを西の終点とするカナディアンパシフィック鉄道は、カナダ初の大陸横断鉄道だった。

128　世界史を変えた50の鉄道

最後の犬釘
豊かなひげのドナルド・スミス（ストラスコナ卿）が、1885年にブリティッシュコロンビア州のクレイゲラヒで、カナディアンパシフィック鉄道の最後の犬釘を打ちこんでいる。

リア女王が命名することになり、ブリティッシュコロンビアという名がつけられた。

　ブリティッシュコロンビアは、ゴールドラッシュの余波で悪い借金に首がまわらない状態にあった。また、ワシントンからアラスカまで走っているアメリカ大陸西岸の一部をなすことになるのだから、存在感は大きいとみずから感じていたということもあったので、多少はふっかけてもよかろうと思った。そこでカナダにくわわるのはよいが1つ条件がある、国の他の部分と鉄道でつながるようにしてほしいと要求したのだった。（借金のほうは、今から母となる国がしょってくれるのだというのは、言わずもがなであった。）

　1871年、ブリティッシュコロンビアは6番目の州として連邦にくわわった。1885年、ロッキー山脈のクレイゲラヒの近くのイーグルパスで、2つの路線のあいだに最後の犬釘が打ちこまれ、ブリティッシュコロンビアにとって、母とつながるヘソの緒ともいうべき鉄道、カナディアンパシフィック鉄道が開通した。

　カナダの初代首相ジョン・マクドナルドは、鉄道は国を統合するものとならしめるのだ、と言った。鉄道が、「われわれをアメリカの奴隷、アメリカの道具、アメリカの貨物になる手伝いをするもの、われわれの道路を破壊するためにアメリカの鉄道が用いる大小のきたないやり口に協力するもの」とならせてはならない、と約束したのであった。「老族長」というあだ名で呼ばれたマクドナルド（ウィスキー好きだったので、「オールドトゥモロー」というあだ名もあった）は、アメリカを巨人ゴリアテ、カナダをダヴィデに喩えて、新興国

カナディアンパシフィック鉄道　129

雪崩のおそれ
厳冬のあいだ、カナディアンパシフィックの露出した線路を走る汽車を守るため、線路の上に雪よけのおおいが作られている。

カナダが巨悪を倒すイメージをかもし出して政治的に利用しようとした。しかしながら、鉄道は、建設者たちにとっても、マクドナルドにとっても、すいすいと進んでくれたわけではなかった。東部にあるイギリス領の北米植民地をつなぐ鉄道は1876年には完成したが、1874年にパシフィック鉄道の建設がスタートしていたにもかかわらず、マクドナルドの内閣は辞職に追いこまれた。選挙戦のさいに多額の現金を流すなど、金銭的な不祥事が露見したからだ。鉄道建設については、オンタリオの北部では岩肌の露出する荒れ地が1000マイル［約1609キロ］、そしてウィニペグ以西にはさらに1000マイルの荒れはてた草原、くわえて恐るべきロッキー山脈が立ちはだかっていた。

ふたたび首相に返り咲いたマクドナルドは、1881年1月に、世界最長の鉄道は「かならずや力強く、たゆむことなく、粛々と建設され、みごと完成され、それによって自治領としてのカナダの運命が定まるだろう」と檄を飛ばした。マクドナルドの約束は、とくに2人の男の肩にかかっていた。1人は祖父がスコットランドの貧農であったジョージ・スティーヴン。もう1人はもう少しがっしりした肩で、ウィリアム・コーニリアス・ヴァン・ホーンという名の恰幅のよいアメリカ人だった。この2人は、よろよろと倒れそうになっていた鉄道建設にカツを入れなおそうと起用されたのであった。

スティーヴンはモントリオールに移民してビジネスをはじめ、仲間たちとともにミネソタの経営不振の鉄道の収益を挽回させ、それを売って利益をえた。このスティーヴン、およびビジネスパートナーたち（ハドソン湾会社のドナルド・スミス、アメリカの膨張主義者の鉄道建設者ジェイム

天然ガス
◆
1883年、気温が摂氏マイナス55度に達したとき、カルガリー・ヘラルド紙がめずらしいものの発見を報じた。「メディシンハットの西の第4側線、ランジュバンで、きわめて特異な現象が生じた。井戸が340メートル掘られ、水は出てこなかったものの、管からガスが噴出し、引火して燃え上がり、周辺一帯が明々と照らしだされた。水を出すためにもっと深く掘りつづけることが検討されたが、夜でもあり安全に配慮して中止した」。機関車への水の供給のためにボーリングしていたところ、カナディアンパシフィックのエンジニアたちは天然ガスを掘りあててしまったというわけだ。

130　世界史を変えた50の鉄道

ズ・J・ヒルなどをふくむ）は、カナディアンパシフィック会社を設立し、大陸横断鉄道へと目をむけた。

　2人の測量技師——サンドフォード・フレミング（132ページのコラム参照）とA・B・ロジャーズ少佐——が、3129キロにおよぶ森、川、沼、山などを見て震えあがった。線路をあくまでも水平に敷こうとするなら、すべての谷に橋を架けなければならないだろう…。

　鉄道建設のために、数千人の建設作業員をヨーロッパから呼び寄せた。冬には零下40度の寒風の中で作業をした。夏には、ブヨや蚊の大群に悩まされ、そのせいで病気が蔓延した。9000名の中国人の移民労働者がくわわった。彼らは雇われ労務者を意味する、ヒンドゥー語からきた「クーリー」というあだ名でよばれた。彼らの給料は低くおさえられ、危険度の高い場所で働かされ、爆薬を扱うことも多く、負傷してもなんの補償もなかった。作業中に亡くなったら、家族は同僚の口からそのことを聞かされるだけだった。鉄道が完成した後でさえ差別があった。家族と合流させるという約束を、政府は反故にしたのだ。（2006年、カナダ政府は大陸横断鉄道の建設について、カナダ系中国人に正式に感謝の意を表した。）

そびえる木組み
ブリティッシュコロンビア州のマウンテン・クリークで、蒸気機関車が橋を渡っている。1885年に作られたが、4719立方メートル以上の木材が用いられた。

この偉大な仕事が完成するまでは、われわれの支配は地図の上の表記にすぎない。
　　　　——カナダの初代大統領ジョン・マクドナルド

カナディアンパシフィック鉄道　131

革命の鎮圧

鉄道建設員たちの〈いかだ基礎〉が沼にのみこまれていったように（場所によっては、荷重を分散させるため12メートルの枕木を用いたこともあった）、政府の助成金も、ドナルド・スミスとジョージ・スティーヴンの財産も、鉄道にスポンジのように吸いとられていった。ところが、サスカチェワンで思いもかけぬ情勢の展開となり、政府が援助のための追加パッケージへの要請に応じてくれることとなった。マニトバ州の父と呼ばれるルイ・リエルは、反政府運動のリーダーだったが、逃亡先から帰ってきて、原住民のメティの人々の蜂起の先頭にたった。この反乱を鎮圧するため、政府はヴァン・ホーンの意見を入れて鉄道を用いた。カナディアンパシフィック鉄道の作業員たちは、民兵を移動させるため、臨時の線路を超特急で敷いていった。こうして、反乱の鎮圧に大いに貢献するところがあった。喜んだ政府は鉄道を完成させるための財政援助をし、リエルは減刑の嘆願もむなしく絞首刑に処せられた。1885年、鉄道が完成した9日後のことであった。

いまや会社の金庫は底をついていた。ところが最初の列車が走りはじめるとともにみるみる金庫がはちきれんばかりとなり、会社は蒸気船、外輪船、ホテル、天然ガス（130ページのコラム参照）など多角経営へと向かっていった。食肉処理場、エアライン、バス、植林にまで乗りだし、カナダ初の大陸横断鉄道の開業以来1世紀をへた現在、カナディアンパシフィック社はカナダで2番目の大企業となっている。

すぎゆく時間
◆
カナディアンパシフィックの測量技師サンフォード・フレミングは、アイルランドで汽車に乗りそこねたとき、自分がまちがえたのではなく、出発時間がa.m.ではなくp.m.と公表されていたのだと断言した。これがきっかけとなり、世界時間を作ってはどうかと考えはじめた。こうして、「スレッペニ・ビーバー」[3ペニーのビーバー、カナダ初の郵便切手] をデザインした人物が、24時間時計にもとづく世界標準時間のゾーンをも提唱することになった。地球を24のタイムゾーンに分け、それぞれを経度15度ごとに区切るすぐれた案だったが、1918年になってようやく採用された。ただしその時点でさえ、全面的に採用されたわけではなかった。

修理も行ないます
カナディアンパシフィック鉄道は自社経営の機関車製作所を、1904年にモントリオールのアンガスに開設した。車両一般の修理も行なわれた。

成人に
カナダの3つの大陸横断鉄道は、新たな血液をカナダにもたらした。1901年から1921年のあいだに、ほぼ200万人のイギリスからの移民があった。

　カナディアンパシフィックは、カナダ西部への定住促進ビジネスをはじめた。海外のエージェントが、カナディアンパシフィック発売の、何もかも込みの「パッケージ」を売る。そこには安価な土地所有権、自社の船や、汽車の入植者様用の特別車両（135ページのコラム参照）の切符などが入っている。なかには、もう1つ国境を越えて、アメリカ合衆国にまで行ってしまう者たちもいるにはいた。しかし、合衆国の大陸横断鉄道がサンフランシスコにまでたっし、西部の入植が終わると、1890年、アメリカの国境はカナダからの移民には閉じられてしまった。となると、カナダ西部は、当時の移民広告のコピーにあるように「最後の最高の西部」となったのだ。

　ジョン・マクドナルドは、西部への人口流入をうながすため、カナディアンパシフィックに土地と補助金を大盤ぶるまいしてあたえた。とくに「肥沃な三日月地帯」がそうである。これはエドモントン、アルバータ、レジャイナ、サスカチェワン、およびマニトバ州のウィニペグのあいだに横たわる草原地帯である。カナディアンパシフィックはこの定住ビジネスで大いに業績をあげたので、それを見ていたウィリアム・マッケンジーとドナルド・マンは、2本目の大陸横断鉄道を作るため、土地とローカルな路線の買収にのりだすことにした。こうしてカナディアンノーザン鉄道は、ブリティッシュコロンビアのヴァンクーヴァー島からノヴァスコシアのケープブレトン島までのルートで営業する計画を立てた。五大湖の汽船を買い入れ、いくつか小さな鉄道を買収し、モントリオールのロイヤルトンネルを造り、ブリティッシュコロンビアのヘルズゲイトを抜ける路線を作った。（その際、大規模な環境破壊をもたらす事故が起きた。発破をかけることで地滑りが起き、そのためにフレーザー川が一部せき止められ、古くからの鮭の通り道がふさがれたのだ。）1915年の1月、最後の犬釘が打ちこまれた。ついに、3本目の大陸横断鉄道——グランドトランク

ケベック港
ケベック橋は1919年に開通した。下のセントローレンス川を航行する船が小さく見える。世界で最長の片持ち梁方式の鉄道橋である。

［大幹線］鉄道が殴りこみをかけてきたのだ。
　1867年、グランドトランクは主として東海岸に沿って走る線路が、総延長2055キロを越えていた。その当時としては世界最長の鉄道だった。同社の大陸横断鉄道はさらに西に向かって、ヴァンクーヴァーの北にできた新しい町プリンスルパートにまで達する予定だった。酷寒の冬、湿潤な土地というおなじみの敵と戦い、測量技師たちが果敢に原野に挑戦して帰ってこなかったということもあったばかりか、セントローレンス川にかかったケベック橋が2度も落ちる（180-181ページのコラム参照）という不運にもみまわれた。1914年、ようやくのことに開通することができた。

資本の注入
　この大陸横断鉄道のための資本はロンドンの投資家から得られたもので、その原動力となったのはチャールズ・メルヴィル・ヘイズであった。ヘイズは17歳のときに鉄道の仕事をはじめた。生まれ故郷のミズーリ州セントルイスとオクラホマ州タルサのあいだの鉄道建設にたずさわった。いま、40代の後半になったヘイズは、さまざまな障害をきりぬけて、第3の大陸横断鉄道を創る道へと乗りだしたのだった。だが、ヘイズはその完成を見ることはできなかった。1912年にロンドンでのビジネスの用を終えて帰る途中、乗っていたタイタニック号が氷山に衝突して沈没したのだ。ヘイズは女性たちを助けて救命ボートに乗せた後で、おぼれ死んだ。（鉄道の関係者としては、もう一人タイタニック事故で亡くなった人がいる。ペンシルヴァニア鉄道のジョン・セアーだ。妻と息子は救助された。）
　この3つの大陸横断鉄道が、入植者たちを、マニトバ州、サスカチェワン州、アルバータ州という「プレーリー州」へとつれていった。到着した農業を志す人たちは、もしも10ドルの登記料を払い、土地をたがやし、3年間住めば、160エーカーの土地があたえられた。ポプラの林を伐りひらいて農地をつくっていく厳しい仕事だったが、1890年代にはそんな重労働も多少は楽になった。小麦の価格が上がり、種子や農機具が改良されたからである。

カナディアンパシフィックには政府の補助金があたえられたが、ヘイズのグランドトランク鉄道はそれを拒否した。それでも、16-24キロごとに町を作ることによって資本を確保することができた。町はすべて、格子状の街路の同じパターンで作られた。町の名前は、鉄道会社の職員たちがアルファベットの順に、適当に考えていった。

　鉄道会社は〈プレーリーの見張人〉をも導入した。これはエレベーター付きの穀物倉庫（オリヴァー・エヴァンズの設計にもとづいたもの）のことで、穀物を入れるにも出すにも同じくらい時間のかかった線路わきの倉庫にかわるものであった。（穀物ビジネスにものりだしたスティーヴンとヴァン・ホーンは、ウッズ湖製粉会社を創設した。5つのバラのロゴは有名だ。）

　1901年から1921年のあいだに、イギリスからだけでもほぼ200万人の移民が鉄道建設のためにやってきた。イギリス人作業員は、「望ましくない」アジア系の人々よりもなにかと優遇された。そもそも最初に鉄道建設を助けたのがアジア系だったというのはなんとも皮肉である。中国人と日本人の移民を防ぐため、特別の人頭税が導入され、インドからの直接の移民を妨げるため、煩雑な手続きがもうけられた。

　1921年、カナダが鉄道を国有化したころには、移民のプロセスはほとんど完了していた。鉄道のおかげで、カナダは成人となることができたのである。

入植者の客車
◆

　カナダの大陸横断鉄道は、特別列車を走らせることもあった。そんななかには葬儀列車もふくまれる。1891年には首相のジョン・マクドナルド、1915年にはカナディアンパシフィック会長のコーニリアス・ヴァン・ホーンの亡骸を運んだ。1939年には、イギリス王ジョージ6世が巨大なロイヤルハドソン号に乗った。入植者用の客車はもっと質素だった。もと1等車だった車両から調度をとりのぞき、油を塗った床、折りたたむとベッドになる木製の椅子、両端にトイレのある、72人乗りの客車に改装された。小さな暖房とクッキング用のストーブもついていた。粗末ではあったが、このような列車の中で恋が芽生えて生涯の伴侶をえたり、終生の友情が生まれたりしたのだ。

最後の最高の西部
平野にレールを敷く。鉄道によって内陸の土地が開かれ、入植者が入っていった。鉄道建設の作業員たちも、このような新しい土地に定住していくことになる。

カナディアンパシフィック鉄道　135

1892年 エルサレム＝ヤッファ鉄道

国：イスラエル
タイプ：軍事・旅客・貨物輸送
全長：87キロメートル

◆社　会
◆商　業
◆政　治
◆技　術
◆軍　事

エルサレム＝ヤッファ鉄道は、世界有数の紛争地帯に作られたものだったが、意外にも、それが最後に屈したのは政治ではなかった。この鉄道を打ち負かしたのは自動車であった。とはいえ、創設されてから1世紀がすぎて、この鉄道は中東の鉄道の新時代を象徴するものとなっている。

巡礼のルート

エルサレムは世界最古の都市の1つだが、世界に汽車が走りはじめてほとんど1世紀がたってから、やっと鉄道時代へと入っていった。しかも、最初はのろのろ運転だった。はじめて建設した路線がヤッファの港にまでとどき、中東で初の鉄道駅ができたのは1892年のこと。エルサレムはユダヤ教徒、イスラム教徒、キリスト教徒のいずれにとっても重要な聖地であり、この鉄道は巡礼者にとってたいへん便利になるはずであった。ところが、この駅は1948年に閉じられ、路線もうちすてられた。

イギリスの資本家モーゼス・モンテフィオーレは、エルサレムに鉄道を作るべきだと、がんこに運動を続けた人物だった。モンテフィオーレは1827年にはじめて聖地エルサレムを訪れ、人生観が変わった。もっと正統派ユダヤ教徒らしい正しい生活をしなければならないと確信し（このとき以来、食事の戒律を破らぬよう、旅行に出るときは自分専用の肉屋をつれてまわることになった）、イギリスのヘンリー・ジョン・テンプル首相に働きかけて、エルサレム・ヤッファ間の鉄道を作るよう運動した。エルサレムを支配していたオスマン帝国は難色を示し、ことに、イギリスの調査チームが、1キロあたり4000ポンドの建設費がかかるという見積もりを出してくると、梃子でも動かなくなった。

モンテフィオーレはあきらめなかった。1857年に鉄道エンジニアに再評価させた。それにも

聖地
ヤッファ＝エルサレムの鉄道建設に向けて、イギリスの銀行家モーゼス・モンテフィオーレが情熱をそそいだ。

136　世界史を変えた50の鉄道

とづく提案も、アメリカ、フランス、ドイツのエンジニアからの同様の提案も、不発に終わった。ところが、1885年に、ラビの息子で、エルサレム出身のジョーゼフ・ネイヴォンが一計を案じてオスマン帝国の当局を説得し、鉄道建設への賛成をとりつけた。ネイヴォンはこの同意をパリにもってゆき、ベルナール・コラのヤッファ＝エルサレム鉄道会社に、100万フランで売却した。

ユダヤ人のしかけ人、トルコの承認、フランスの資本と3拍子そろって、ヤッファ＝エルサレム鉄道は国際協力のプロジェクトとなりそうな様相を呈してきた。建設がはじまると、参加する国のリストが長くなってきた。スイスとオーストリアからは建設員、抜け目ないイギリスからは石炭商、ベルギーからはレール製造会社がくわわった（ただし、フェルディナン・ド・レセップスは、昔のパナマ鉄道の株を売るだろうという噂が立った）。ペンシルヴァニアのボールドウィン機関車製作所は、自社の機関車を売りつけてきた。その他のものはすべてフランスが提供した。そのなかにはギュスターヴ・エッフェルの鉄橋が6つもあった（有名なパリのエッフェル塔はすでに完成していた）。最初の機関車が、フランスの三色旗とアメリカの旗をまとってエルサレムに入ってきたとき、1万の人が出迎えて喝采をおくった。

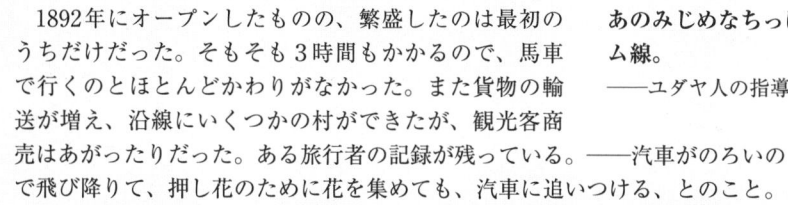

1892年にオープンしたものの、繁盛したのは最初のうちだけだった。そもそも3時間もかかるので、馬車で行くのとほとんどかわりがなかった。また貨物の輸送が増え、沿線にいくつかの村ができたが、観光客商売はあがったりだった。ある旅行者の記録が残っている。——汽車がのろいので飛び降りて、押し花のために花を集めても、汽車に追いつける、とのこと。

第1次世界大戦で、トルコとドイツは、連合軍の軍艦の艦砲射撃の被害を避けるため、ヤッファ＝エルサレム線の一部を切断した。線路は襲撃をうけ、ダマスカス・メディナ間のヒジャーズ鉄道とつなぐための路線を作るために用いられた。（T・E・ロレンス——アラビアのロレンス——と、彼の配下のアラブゲリラはヒジャーズ鉄道に襲撃をかけつづけた。）軍は退却するとき、橋をことごとく爆破した。鉄道はイギリスによって復旧されたものの衰弱しつづけ、ついにイスラエルの国鉄の名の下に廃線となった。

ここで話が終わってもよいところだが、その後高速鉄道が登場し、道路渋滞の問題が生じた。2001年、鉄道の利用者が10年間でほぼ3倍になり、イスラエルは新たな高速鉄道の目玉プロジェクトを立ち上げた。それによって、ヤッファ＝エルサレム線はあらたに息を吹き返したのだった。

転車台
蒸気機関車がエルサレムで、ヤッファに帰るために方向転換をする。ヤッファまでは3時間もかかった。

あのみじめなちっぽけなヤッファ＝エルサレム線。
——ユダヤ人の指導者テーオドール・ヘルツル

高速の進歩
◆
21世紀になると、イスラエルをふくむ多くの国々で、高速の鉄道網が新たに計画されるようになってきた。現代の鉄道建設では、環境への配慮に取り組まなければならず、ヤッファ＝イスラエル線の場合には、聖書にも出てくる名であるイテラの流れへの、環境的影響が最小になるよう気を使わなければならなかった。その一方で、中東の緊張が高まると、イスラエルの高速道路はいつか紅海と地中海を結ぶ路線として、スエズ運河と張りあうことになるだろうともいわれた。

1898年 ハイランド鉄道

国：スコットランド
タイプ：貨物・旅客輸送
全長：386キロメートル

◆ 社　会
◆ 商　業
◆ 政　治
◆ 技　術
◆ 軍　事

19世紀には、鉄道はいなかを空っぽにし、従来の町の市場を一変させてしまうだろうという警告がなされた。いかにもそのとおりになったが、おかげで町の人もいなかの人も懐が潤うようになった。

混乱と災厄

「鉄道は社会に不自然な流れをあたえ、人間と人間のあいだに存在する関係を破壊し、商慣習をすべて転覆させ、大都市の市場をひっくり返し、地方から資源を吸いとり、あらゆる種類の災厄を創りだし、生命をさえ危うくさせる」。1835年、日曜発行の大衆紙ジョンブルの編集者は、鉄道をうれえる悲憤慷慨の文章をこのようにしめくくった。まるで、テーブルの上にウィスキーの瓶をどすんとおいて、むらむらと怒りのほこりが舞い上がってきそうだ。だが、そのスコッチウイスキーは、大好きなビーフとマスタードの夕食と同様、鉄道時代の恩恵を大いに受けることになるのを、この人は知らなかったのだ。また、当時43時間かかったエディンバラへの旅が、まもなく鉄道によってわずか11

スコットランドの誇り

スコットランド人とスコッチの蔵元は、ハイランド〔スコットランド高地〕に鉄道が通じると、すぐさま、土地のウィスキーを新たな、利益の大きい市場に出すことを考えはじめた。

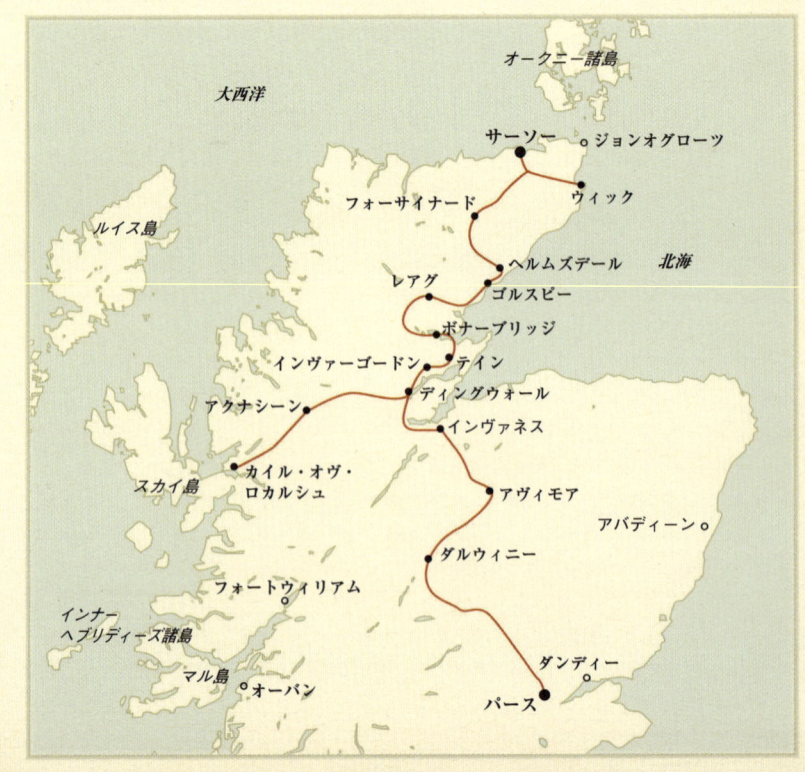

138　世界史を変えた50の鉄道

ハイランドの道
カロデンムーア［荒野］をまたぐ高架橋。スコットランド最長で、カロデンの戦いの古戦場のすぐ東に位置している。インヴァネス郊外のネアン川を渡っている。

時間たらずになることも、このときには知らなかったのだ。

　鉄道の脅威に対するこの編集者の攻撃は、当時の社会の不幸な状況については触れていない。産業革命が起きて鉄道ができたことにより、まるで鉄くずの中で磁石をひっぱったように、田舎の人々が都市に引きつけられた。そして最初のうちは、たいていの場合、ひどい住環境と貧しい食事に甘んじなければならなかった。なんと1913年になっても、都市のスラムでつのった新兵の不健康と体格の悪さに、軍の当局が愕然としている。彼らは体重が標準以下、栄養不良で、結核や脚気を病んでいることも多かった。19世紀に鉄道がなかったならば、この人たちの健康状態はもっとはるかにひどかったのではなかろうか。

　汽車の便によって、新鮮な食物が大都市地域にとどけられた。ジョンブル紙の編集者はインクまみれの印刷屋とは別世界の生活を送っていたが、それでも、19世紀の半ばごろには、どちらの食事の皿にのっているものも、汽車のおかげで運ばれてきたものばかりだった。鉄道は利益をいなかに還元した。それぞれの地域が売れる特産品をつくっていくにつれて、いなかの風景が変わっていったのも鉄道ゆえのことであった。このような鉄道による変化は徐々に世界中に浸透していった。ケント州が「イギリスの庭」になったように、ブラジルはコーヒーで有名になり、キューバといえば葉巻、アルゼンチンといえばビーフといわれるようになったのだ。

　ハイランド鉄道は新鮮なビーフと新鮮な魚を供給する鉄道だった。インヴァネス＝ネアン鉄道は最初はインヴァネスの町の人々が出資する鉄道として、1855年11月に開通していた。まもなく南部のパースと（そしてスコットランドのその他の地域につながる幹線ルートへと）接続され、北はディングウォール、インヴァーゴードン、ボナーブリッジ、ゴルスピー、ヘルムズデイル、ウィック、サーソー、そしてスコットランド西岸のカイル・オヴ・ロハルシュへとつながれた。1898年には、すべての路線が完成していた（それまでの40年間に追加されてきた支線が、総延長で386キロ強になっていた）。観光旅行客の利用が増えた。とくに「栄光の12日」［アカライチョウ猟の解禁日］、すなわち８月12日にはそうだ。この日には、いかに口さがないくだんの編集者でも、いそいそと汽車に乗ってスコットランドの丘陵へと出かけて、上流の紳士がたにまじってライチョウ猟に興じることだろう。だが、ハイランド鉄道がもっとも力を入れたのは貨物輸送のほうだった。

　スコットランドの酒蔵(さかぐら)は最初から鉄道大歓迎だった。1895年、ロス州のバ

> 汽車に乗って空中を飛ばされたいなどというのは、とうていまともな人間の言うこととは思われない。
> ——ジョンブル紙の編集者（1835）

ルブレア醸造所は鉄道の近くに移転した。またグレンフィディック、グレンモランジーなど有名ブランドは、鉄道によって市場が拡大したため、さらに有名になった。食肉ビジネスも鉄道によって様相が一変し、処分されたハイランドビーフが、首都にまで特急で運ばれてきた。われわれが知っているマスタードの瓶の中身も、鉄道のおかげで誕生したのだ。1823年に、ノーフォーク州の粉屋だったジェレマイア・コールマンが、つぶしたマスタードの種をペーストに混ぜることを始めて事業をたちあげ、フランス、ディジョンのマスタードの大手メーカーに向かって挑戦状をたたきつけたのだった。ほぼ30年後にコールマンはノーフォーク鉄道につながる支線を会社として確保し、そこに移った（この鉄道は、そのときには東部州鉄道［イースタンカウンティーズ］の一部になっていた）。業績が伸びはじめた。コールマンの黄色い粉マスタードは世界中に輸送され、ボンベイからシドニーまで、大英帝国の建設者たちに舌づつみをうたせた。（ジェレマイアの成功を見て、他の食品の製造業者もそれに追随した。リチャードおよびジョージのキャドベリー兄弟は、バーミンガムのスターチリー駅のそばにチョコレート工場を作った。砂糖の精製をしていたヘンリー・テイトとエイブラハム・ライルは、ロンドンのウェストシルヴァータウン駅のそばに、そして1923年にはフィラデルフィアのピクルス製造業者のヘンリー・ハインツが、ロンドンのウィルズデン駅の近くに工場を作った。）

市中のマーケット

ビーフもウィスキーも、ロンドンの東の地区に住んでいる平均的な家族には縁がなかった。職のある者でさえ質屋の世話になるような時代である。「質屋を経営している人たちは、困ってる人のことがよくわかっていたのよ」と、20世紀の初頭に、ある兵士の娘ケイティ・ディームが回想している。「いつも、服を大きな束にして、それでハーフクラウン［2シリング6ペンス相当の銀貨］借りるの…。で、週末になったらなんとかハーフクラウンをみつけてきて、全部返してもらったものよ」。ケイティのような子どもの健康状態は、ミルクが毎日飲めるようになって改善した。

1860年代に、牛のかかる熱病「牛疫」がはやり、ロンドンの市中の雌牛が根絶やしになってしまった。貧しい人々の多くは、裏通りの家畜小屋で牛を飼ってミルクを飲んでいたのだが、それができなくなった。しかし、汽車によって、ミルクがちょろちょろと入ってくるようになった。カーマーゼンシャー、ペンブロクシャー、デヴォン、コーンウォール、チェシャーなどのいなかの農場が、ミルク列車の運行を組織しはじめた。鉄道関係の仕事の経験者

よそではダメ
目先のきくジェレマイア・コールマンは、工場をノーフォーク鉄道沿いに移転した。

もくわわるようになった。ウェールズの国境に育った少年エドワード・マシューズは1833年にアメリカに渡り、シカゴとニューヨークのあいだで蒸気機関車の運転士をしていたが、その後帰国して、カーディフとシュルーズベリーのあいだの運転士となった。鉄道の事故で負傷して補償金をもらい、それを元手にして14ポンド12シリングで乳牛を買い、手押し車で近所に牛乳を届けていた。

20世紀に入ったころ、ハイランド鉄道はあらたな都市のマーケットで大もうけをしていた。ヴィクトリア朝の中期、（金曜日には肉を食べないというカトリックの伝統から誕生してきたので）金曜の食事は魚という習慣が、貧しい家庭でさえ定番となった。「銀色のかわい子ちゃん」ことニシンが樽づめで南へと輸送された。1903年には軽便鉄道のウィック＝リブスター線が開通し、魚がより速く運べるようになった。大量の魚が貨車で運ばれたので、魚油がぽたぽた落ちてレールが滑るようになり、静止摩擦が小さくブレーキがきかないという問題が生じた。

魚を運んだのはハイランド鉄道だけではない。1880年代には、マンチェスター＝シェフィールド＝リンカンシャー鉄道の、リンカンシャー州にあるグリンビードックス駅が、国で消費される魚の4分の1を扱ったと推定されている。蒸気のトロール船と、蒸気の汽車がどん欲にスクラムを組んでしまえば、資源の方はたまったものではない。捕鯨業が乱獲しすぎたように、この商売がやがて北海の魚資源を枯渇させてしまうことになるが、それはまだまだ先の話で、その前にフィッシュ・アンド・チップスのス

急行ミルク列車
◆

鉄道によって、ロンドンの「ウェールズ牛乳工場」が商売として確立された。すなわち、ロンドンでミルクを瓶づめして売るのだが、一家の商売として行なわれることが多かった。ミルクはウェールズ西部の酪農場から供給される。親戚筋の農場である場合などが多い。農場でしぼられたミルクは大型ミルク缶に入れられ、荷車で最寄りのグレートウェスタン鉄道の駅に運ばれる。そこでミルク缶は汽車にのせられ、ロンドンの「ウェールズ牛乳工場」に到着する。ビジネスマンのジョージ・バラムの野心は、そこにはとどまらなかった。ロンドンに「急行」ミルク会社を作ったのだ。ミルクはグレートウェスタン鉄道とサザン鉄道の急行列車で、ロンドン南郊の瓶づめ工場へと輸送されるようにしたのである。

牛乳タンク車
ジョージ・バラムは、イングランド南部と西部のミルクをロンドンの市場にとどけるために急行列車を使った。

ナックが誕生した。イングランド北部にフィッシュ・アンド・チップスの店が開業したのは1860年代だが、魚のフライと「おじゃが」というメニューは、地方の沿岸部に住む人たちには古くからおなじみのものだった。魚とジャガイモ（1920年には、ほとんどすべてがミッドランドとリンカンシャーの産で220万トンほど）を鉄道が運ぶようになって、はじめて伝統的なフィッシュ・アンド・チップスが誕生した。

ケント州のウィールド地方
秋になると、ロンドンからの列車が、大勢のホップ摘みの人々をつれてきた。それぞれ最大350人をのせた列車が、1日に26便も着いた。

全国ブランドとなったビール

　金持ちにも貧乏人にもひとしく分けあたえられた楽しみ、それは一杯のポーター［ビール］だ。「ポーター」とは、俗説では、醸造所の大樽をかつぎあげた筋骨隆々の男にちなんでそう呼ばれるようになったというが［「ポーター」には人夫という意味がある］、強くて色の濃いエール酒のことである。保存がきくようにホップをたっぷりときかせ、味をよくするために軽いエール酒がブレンドされている。工場で作られるようになった最初のビールで、鉄道で遠くまで輸送することができた。

　19世紀の後半となっても地方の醸造所がなおも主流だったが（多くのパブは独自に醸造した。その習慣は20世紀後半になって復活する）、多くのビールが「全国ブランド」にされようとしていた。すなわち1つの場所で醸造され、各地の店へと鉄道で運ばれていくのである。イギリスのビールのメッカはバートン＝オン＝トレントだ。そこでは会社所有の線路がくねくねと曲がりながら、「バス」や、「アーサー・ギネス＆サン」など大手の醸造所のまわりをとりまいて、主線へとつながっている。鉄道が運ぶのはビールとホップばかりではない。ホップを摘む労働者をホップ畑まで運んだのだ。19世紀の終わり近くには、約283平方キロのホップ畑がイングランドにあり、そのほとんどがケン

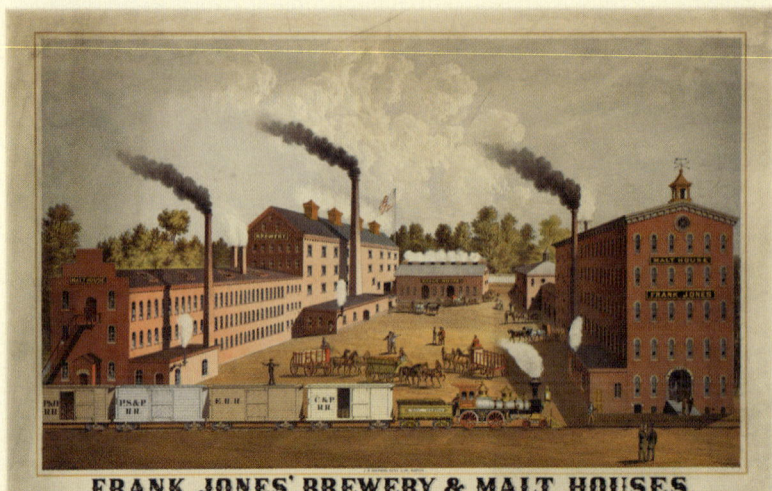

不穏な情勢の醸造
鉄道の時代となり、ビールの取引量が跳ね上がった。鉄道のおかげで、大手の蔵元が国内市場と輸出市場を牛耳ることになり、小規模の醸造所は大手に吸収されていった。

142　世界史を変えた50の鉄道

ベンブラッキー
ハイランド鉄道の「ベン級」の蒸気機関車。ディングウォール駅で石炭車を押している。

ト州、ヘレフォードシャー州、ウスターシャー州に集中していた。秋になると、都会の貧しい地域——ロンドンの東の地区、ウェールズの谷間の炭鉱町、バーミンガムなど——に住む者たちを家族ごとつのって、ホップの収穫のために特別列車にのせて運んでいったものだ。

　スコットランドのハイランドでは、よそからのビールの需要はなかったが、2度の大戦の際に、スコットランドに駐屯した兵士たちは別であった。どちらの際にも、ハイランド鉄道が重要な役割をはたした。第1次世界大戦の時には、イギリス海軍の艦隊がオークニー諸島沖のスカパフロー湾に停泊していたので、兵、弾薬、糧食が国の四方八方から運ばれてきた。どちらの戦争の場合にも、鉄道は酷使され、メンテナンスも十分に行われなかった。そしてその後支線が次々と廃止されていき、ついに1963年、ハイランド線そのものが、ビーチング卿の勧告により鉄道地図から消される手はずとなった。最終的には、鉄道のルートは1898年の基本ネットワークに戻されることになった。ミルク、ビーフ、ウィスキーの輸送は、ほとんどすべて道路に奪われてしまっていた。

いなか駅
◆

　農夫のアーサー・ベラミーは、1950年代には、生活が村のフォーリー駅を中心にまわっていたことを覚えている。「1日に客車は6便でしたね。どんな家畜だって——牛、羊、豚も、それに干し草も、藁も、サトウダイコンも、エサも、ミネラルも、家畜飼料だって、粉炭だって——なんでも汽車だったな」。フォーリー駅、それにロス＝オン＝ワイとヘレフォードのあいだの路線が、1960年代に廃止になった。イギリス国有鉄道の会長だったリチャード・ビーチングが、2000の駅の削減を行なった中にふくまれていたのだ。その50年後、一般に鉄道の乗客数が増え、その一方でいなかの村はどこでも自家用車とトラックの往来に悩まされており、ビーチングの鉄道切りすてを嘆く声は大きい。

ハイランド鉄道　143

1902年 ヴァルテッリーナ鉄道

国：イタリア
タイプ：旅客輸送
全長：106キロメートル

◆社　会
◆商　業
◆政　治
◆技　術
◆軍　事

　2世紀のあいだ、汽車を動かす手段はなんでもありだった。人力、馬、帆、そして蒸気機関…。だが、20世紀になって、ビリビリとしびれる新しい動力が出てきた。すなわち電気である。

電気ショックで目がさめる

　1840年代のこと、賊がスコットランドの鉄道の格納庫に押し入った。おめあては金庫ではなかった。賊とはいっても、彼らは蒸気機関車の鉄道マンたちだ。捜しているのはガルヴァーニ号——ロバート・デイヴィッドソンが製作した電気機関車だ。見つけると、彼らは棒で打ちすえて、こなごなに壊した。

　デイヴィッドソンは自分の作った機械を、ルイージ・ガルヴァーニというイタリア人にちなんで名づけた。ガルヴァーニはボローニャ生まれの物理学者、身をかためるに際して、大学で教わった恩師の娘をもらった。そのおかげでボローニャ大学にポストを得ることができ、そのおかげで、1770年代に生物電気を発見することができた。ガルヴァーニは、電気のインパルスが神経組織に驚くべき影響をあたえること、それによって解剖しているカエルの足がピクピクと動くことを発見した。

　合衆国ヴァーモント州の鍛冶職人トマス・ダヴェンポートは、1835年に電気モーターの特許を取得したが、アバディーンの発明家ロバート・デイヴィッドソンも、ガルヴァーニの発見した電気の作用を創造的に利用できないかと考

ロンバルディア州
機関車が電気駆動となるのは必然の流れだった。ハンガリー人エンジニアの、カンドー・カールマーンが、このイタリア北部の鉄道の電化を進めた。

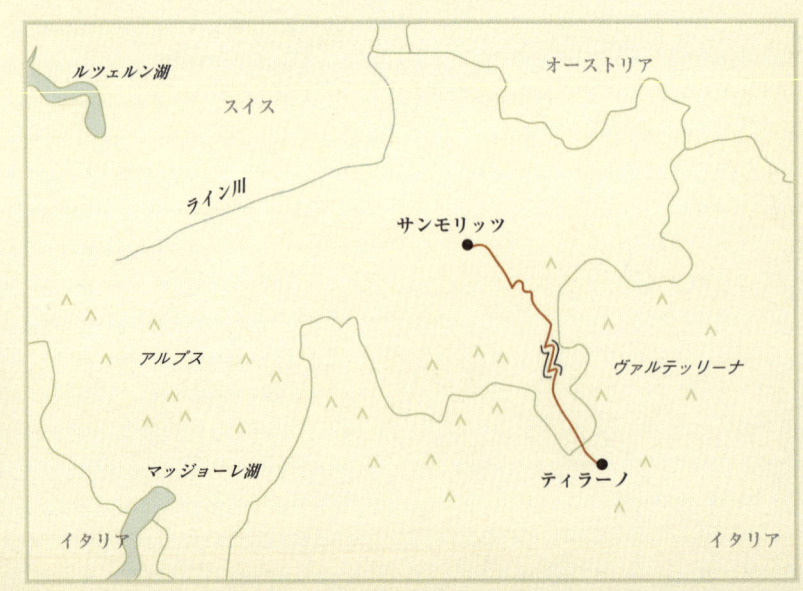

奇妙な創造物
見かけはスマートではないが、カンドー・カールマーンの電気機関車は、鉄道の物語に変化が起きることを予見させた。

え、4輪の、バッテリーを動力源とする機関車が作れないものかと思案した。エディンバラからグラスゴーの路線で試験して、時速6.4キロというまずまずの速度で走らせることができた。だが、新発明を脅威に感じた鉄道関係者の恐怖とはうらはらに、ガルヴァーニ号は蒸気機関車にとって深刻な脅威とはならなかった。脅威は、1879年ベルリン万国博覧会の際に、レールター駅の隣の公園に敷かれた小さな線路を走ってやってきた。蒸気の旅客列車が威風堂々たるレールター駅を出てハノーファーへと走っていくのを尻目に、晴れ着でおしゃれした家族連れのドイツ人たちは、電気で走る汽車に乗って公園めぐりをしていた。ユニフォームを着た運転士は、まるで騎手が馬にまたがるように、前方の真鍮のプレートの上に座っていた。プレートには〈ジーメンス・ウント・ハルスケ［のちの国際企業シーメンス］、ベルリン〉と書かれてあった。

ヴェルナー・フォン・ジーメンスは1840年代に会社を設立し、鉄道の線路に沿って設置されることの多い、長距離の電信線で不動の名声を得た。まもなく、イギリス、サリー州のゴダルミンで、世界で初の電気の街灯を導入することになるが、電気のトラクターが成功したことを土台に、1881年に、ベルリンで初の電気の路面電車を走らせることになった。その2年後、ブライトン出身のエンジニアだったマグナス・フォルクが、自作の電気機関車（147ページのコラム参照）を走らせた。そしてその1か月後には、オーストリア人がウィーン近郊のメドリングで、彼らの路面電車と電気機関車を手に入れて、走らせていた。

スイスは、石炭がとぼしい代わりに水力発電の電気には恵まれているので、電気機関車の発達をたえず見守っていた。国民の合意によって鉄道が国有化されたあと、1904年、ゼーバッハ・ヴェッティンゲン間の鉄道で、複雑な姿をした電気機関車の試験運転が行われた。1913年には、アルプスを抜ける、世界一の絶景をほこる電車の路線、ベルン＝レッチュベルク＝シンプソン線を開業し、1919年にスイスは鉄道網をすべて電化する方向へと動いた。1950年に

> わたしの子ども時代は、後ろをふりかえれば、中世の暗黒時代からずっと連続している時代だった。灯心草ろうそく、獣脂ろうそく、それか暖炉の炎だけが、ふつう室内の照明手段だったのだ。
> ──電気フィラメントのランプを発明したジョーゼフ・スワンの『電気技術者』(1893)

ヴァルテッリーナ鉄道　145

パイオニア走る
1896年、ボルティモア＝オハイオ鉄道の、巨大サイズの電気機関車が、有名なロイヤルブルー線のマウントロイヤル駅からの出発の準備をしている。

アルプスの岩山
サンモリッツからティラノへのローカル線の電車が、雪原を走る。2011年、ベルニナ鉄道。

は1等車を廃止し、1980年代にはパターンダイヤを採用した。すなわち電車の出発時間を一定間隔にして、何分に出るのかが毎時同じになるようなダイヤである。

ときには事故もおきた。2005年には、停電のため鉄道全線がダウンし、1500両の列車が止まり、20万人の乗客が一時的に足止めをくらった。昔にもどるが、1890年代のアメリカでは、ボルティモア＝オハイオ鉄道で、ハワードストリートのトンネルに煙と蒸気がこもってあまりにひどい状態となったので、電気機関車を発注した。それは、近くで走っている機関車の9倍の重量がある（そしてパワーも9倍の）ものだった。重要路線としては大きな決断だった。1902年にはニューヨークセントラルもこれに追随した。そのころ、電車の開発にとくに力を入れている工学系の会社でブダペストに本社のあるガンツ社が、イタリアの鉄道建設を受注した。

ガンツ社のカンドー・カールマーンは先見の明のあるエンジニアで、電車を効率よく走らせるには、みずから発電するのではなく、公共の電線網から電気をえるものでなければならないと、早くから考えていた。1902年、シーメンスの電車がベルリン万国博覧会でとことこ走った数年後に、カンドー・カールマーンはイタリア北部のスイス国境近く、ロンバルディア地方のヴァルテッリーナ渓谷の山の空気を満喫していた。ただしここに来たのは仕事のためだ。幹線鉄道では世界初の、高電圧の鉄道を敷いていたのだ。

イタリアの鉄道には苦難のときが長かった。19世紀になって鉄道建設の競争がはじまったころ、ヨーロッパの他の地域についていこうと苦労した。第一号だったナポリ・ポルティチ間の路線は、ロバート・スティーヴンソンから買った機関車を走らせたが、両シチリア王国の王フェルディナンド2世の王宮を、8.5キロ離れた兵舎と結ぶだけのものだった。1861年にイタリアに群雄割拠していた王国が統一されて、ようやくのことに、既存の2148キロにくわえて、1600キロ強の予定で線路建設がはじまった。鉄道は国を統合させるものであることがわかっていたイタリアは、さらなる建設をうながすため、民間の会社に多額の補助金をあたえた。まもなく鉄道網が国中に張りめぐらされた。1863年にナポリからローマ、1864年にフィレンツェからミラノ、1866年にローマからフィレンツェ、そして1867年には、ヴェローナからガルヴァーニの生まれ故郷ボローニャ、そしてさらにオーストリアのインスブルックまでの鉄道が敷かれた。工事の質はおせじにもよいとはいえなかった。請負業者は補助金をがっぽり懐に入れることにばかり目が行って、線路に真剣に金をかけようという気があまりなかった。そんな状況を打開するために、政府は鉄

道を3つの会社のもとにグループ分けした。上イタリア鉄道、ローマ鉄道（中央の鉄道網と、フィレンツェ＝ローマ＝ナポリ線が守備範囲）、そしてカラブリア＝シチリア鉄道の3つである。ただし、補足としてもう1つくわわった。それはストラーデ・フェラーテ・メリディオナーリ［南部鉄道会社］で、アドリア海の海岸に沿って南下する路線と、イタリア半島の「かかと」の部分に、ボローニャ＝レッチェの路線を作ることが課せられた。ヴァルテッリーナ鉄道が開通して3年後に、国家が古い鉄道会社を（2つは財政的に行きづまり、すでに処分されていた）すべて引き取り、イタリア国営鉄道［フェッロヴィーエ・デッロ・スタート、国の鉄道］となった。ヴァルテッリーナ線はその後30年のあいだ、問題なく運行された。しかしながら、イタリアと電車のホットな関係はまだまだ終わらなかった。

　ガンツもジーメンス・ウント・ハルスケも、電車の開発を進めた。1903年、シーメンスの電車EMU［Electric Multiple Unit］が、ドイツのマリエンフェルデ＝ツォッセン線を時速211キロで走った。（同社は、また1905年にベルリンで初期の電車を運行させはじめた。）1937年には、イタリア国営鉄道が新型車エレットロトレーノ［電車］号のお披露目をした。前面が飛行性能抜群のコオロギのような流線型をしているエレットロトレーノ200号は、ポンテヌーレ＝ピアチェンツァ線のボローニャ・ミラノ間を時速203キロで疾走し、一躍最速記録をつくった。運転していたのは誰あろう、でっぷりふとったイタリアの独裁者ベニート・ムッソリーニその人だったのだと、まことしやかにささやかれた。そんなのは、ムッソリーニがイタリアの汽車を時間どおりに走らせたというのと同じく、よた話だ。しかし、この国の誇りをニューヨークの世界万博に出展したというのは事実で、ビッグエンジン号という名のついた、ペンシルヴァニアの巨大な実験機関車とともに脚光をあびた。エレットロトレーノ号の開発は戦争のために道なかばで中断の憂き目にあい、多くの車両が連合軍の爆撃で破壊された。また、戦争のために、エレットロトレーノ号の内装デザイナー、ジュゼッペ・パガーノも命を落とした。パガーノはムッソリーニのファシスト体制を去ってレジスタンス運動に身を投じたが、1945年にドイツの強制収容所で拷問をうけて亡くなった。戦後になって、かつてヨーロッパ一のスピードをほこったイタリアの小粋（こいき）な電車は、1990年代まで国のために走りつづけたのだった。

フォルクの電車
◆
　イングランド、ブライトンのフォルクの電気鉄道は、今も走っているものとしては世界でいちばん古い電車で、1883年8月3日の運行開始だ。ブライトン市の電気エンジニア、マグナス・フォルクによって開発された。フォルクは、線路沿いに電車に電気を供給するための、発電所の設計も行なった。フォルクのブライトン電車は人気が出た。これが開通して5週間後、水力発電の電気で動く電車が、北アイルランド、ポートラッシュのジャイアントコーズウェーで走りはじめた。

ケープ＝カイロ鉄道

1904年

国：アフリカ
タイプ：旅客・貨物・軍事輸送
全長：2641キロメートル

◆社　会
◆商　業
◆政　治
◆技　術
◆軍　事

　もしもセシル・ローズのアフリカ大幹線鉄道の夢が実現していたなら、世界でもっとも長い鉄道となっていたことだろう。だが、この計画は失敗する運命にあった。

最上級の人種

　ヴィクトリア時代でもっとも影響力の大きい思想家の1人ジョン・ラスキンは、鉄道が好きではなかった。嫌なのはそのスピードだった。「愚人は空間と時間を短くしたがる。賢人は長くすることを願う」と述べたことがあった。だから、親しかった詩人のワーズワースが、愛する湖水地方に鉄道が入るという計画に反対したとき、いちはやく支持を表明した。

　だが、ラスキンはアフリカでもっとも鉄道建設に熱心だった1人、すなわちセシル・ローズに間接的に大きな影響をあたえた。それはラスキンがオクスフォード大学教授に就任したときの記念講演だ。テーマは「帝国の責務」で、もしもイギリスが滅びの運命をたどりたくなければ、「植民地をなるたけ速く、なるたけ広く作らなければならない…実り多き荒れ地に足をふみ入れ、すべてどん欲に獲得し…入植者に対して…彼らの第1の目的はイギリスの国力を伸展させることだということを教えなければならない」と、学部学生たちに向かって説いたのである。

　セシル・ローズは1853年にハートフォードシャー州の牧師の家に生まれたが、病気がちの子どもだった。だが、アフリカの太陽のもとですこやかに活躍した。1870年にダーバン（現代の南アフリカ）にやってきて、兄が経営する綿工場で働きはじめたが、会社が破綻すると、ケープ州の北部キンバリーの金鉱に行った。ローズは小さな会社や鉱山の買収を進め、しだいに鉱物の資産を蓄積していき、ついに〈デビアス鉱物会社〉を立ち上げるにいたった。そして、ある時期、この会社が世界のダイヤモンド市場の90％を支配していることもあった。

　ローズはアフリカ縦貫鉄道という、とんでもなく野心的な計画を胸にいだいていた。そして、それはラスキンとほとんど同じ思想だった。ローズの言葉で言えば次のようになる。「もしもこの世に神がいるなら、アフリカの地図をなるたけイギリスの赤に塗り替えることを、わたしにお望みなのだと思う」。ローズのアフリカ縦断の夢、すなわち9173キロのまっすぐの線路は、南はケープタウンから出発し、現在

巨人ローズ
1892年に「パンチ」誌に描かれたセシル・ローズ。彼が提案した2641キロの鉄道に沿って走る電信線で、ケープタウンとカイロをつないでいる。

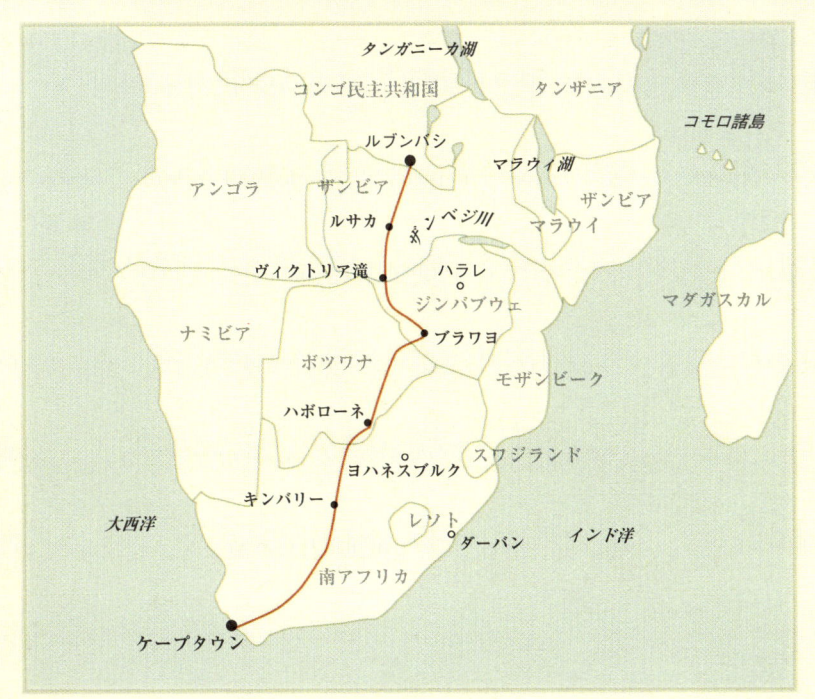

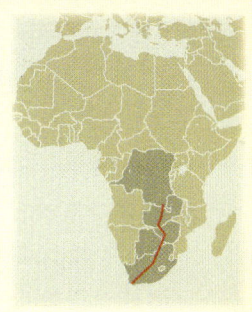

ローズの鉄道
セシル・ローズは、アフリカを南から北まで縦断する鉄道を作ることを夢見た。そんな野心は実現する運命にはなかった。この地図はルートの南の端の部分。

の南アフリカをうねりながら通過し、ボツワナ、ジンバブウェ、ザンビア、タンザニア、ウガンダ、スーダンへと北上し、エジプトに入って、アラブ世界の首都カイロに到着するという計画だった。その当時、これらほとんどの地域でイギリスの権益が強かったが、ドイツ、ポルトガル、フランスもアフリカ大陸の一部を獲得しようと血まなこになっていた。アフリカの土地争奪戦の中で、こうした国々の対立によって、結局ローズの鉄道計画は挫折することになる。

1904年4月、セシル・ローズのケープ＝カイロ鉄道の最初の列車がヴィクトリア滝に到着した。ケープからの旅は、かつて牛のひく荷車で6か月かかっていたのが、わずか数日で行なえるようになった。しかし、ケープ＝カイロ鉄道の実験は、実質的にこれで終わりを告げたのだった。

アフリカの大幹線鉄道

ローズにとって、アフリカは最後の大きな植民地だった。アフリカは鉱物資源の宝庫であり、鉄道はそれをヨーロッパ人の懐に入れるための手段であった。そのプロセスで、アフリカの人々は召使いになるべきものであった。ローズは遺言にこのように記した。──「われわれは世界で最上級の人種であり、世界のより多くの地域を占めれば占めるほど、人類のためになる」。この遺言は、1906年に有名なヴィクトリア滝に列車が到着する前に読まれた。ローズは1902年に亡くなり、その追悼文では、その政治的な貢献（ローズはケープ植民地首相だった）、莫大な財産、そしてローデシアという国名がローズにちなんで命名されたことがたたえられている。けれども、マンチェスターガーディアン紙が述べているように、「ローズの最後の大きな仕事は、今のところ

まだ完成にいたっていないが、ケープ＝カイロ鉄道の建設だった」のだ。

ローズはケープ＝カイロ鉄道の建設をスタートさせるに際して、オクスフォード大学時代の友人であるチャールズ・メトカーフが、その当時南アフリカで働いていたので声をかけて、キンバリーからフライバーグまでの経路を測量させた。国有のケープ政府鉄道は1874年にわずか92キロの私有の路線を買収していたが、1885年に、キンバリーのダイヤモンド産出地とケープタウンを結ぶ1041キロの新線を完成させた（そして、さらにケープ州に2000キロの鉄道を追加した）。

ローズとメトカーフは、フライバーグまでの延長を、みずから「アフリカの大幹線鉄道」と呼ぶ鉄道のスタートと考えていた。（「ケープからカイロへ」というキャッチフレーズをひねり出したのはロンドンの新聞、デイリーテレグラフ紙だった。）メトカーフとローズは完全に心が一つだった。「最終的には鉄の道が…ケープとカイロを結びあわせ、暗黒の大陸の心臓部に文明を運ばなければならない」とはメトカーフの言である。1893年にフライバーグ線を完成させると、ローズは155キロ離れたマフェキングまでの延長のための請負契約を、ジョージ・ポーリングに受注させた。

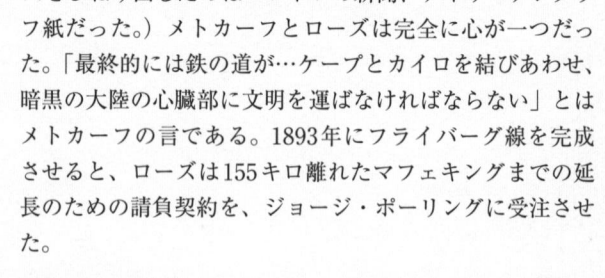

建設の停止へ

メトカーフ、ローズと同じく、ポーリングもアフリカに一旗あげに来た1人だった。シャンパンとフルコースのごちそうが大好きという巨漢で、1877年、20歳の時に兄とともにアフリカに渡り、1881年までに東ケープ、ポートアルフレッドで105キロの鉄道を完成させた。ポーリングは、ウスターとボーフォートウェストとのあいだに61メートルのトンネルを掘るという問題の解決をまかされ（おまけにイギリスとフランスのあいだの海底トンネルについて考えるよう依頼を受け）、鉄道の仕事には事欠かなかった。その後の18年間に、ケープ＝カイロ鉄道のほぼ2500キロを建設し、現在のボツワナ、ジンバブウェ、ザンビア、コンゴのエリザベスビル（ルブンバシ）へとつないで、そこで鉄道建設は打ち止めとなった。

マフェキングに鉄道を通した後、ポーリングは次なる難関、ブラワヨにいたる平原に挑戦した。鉄道ができる前、ブラワヨに行く最短の方法は、ドエル・ジーダーバーグの辺境馬車に乗ることだった。ジーダーバーグは南アフリカに生まれ育った人で、アメリカ製の駅馬車で商売をしていた。

ヴィクトリア滝
◆

ケープ＝カイロ鉄道がヴィクトリア滝にまでたっすると、ケープタウン鉄道は「もっとも暗黒のアフリカ」を行く豪華鉄道旅行の宣伝をした。退屈なバーデンバーデンなどとはさっさとおさらばして、インペリアルメール号かザンベジ号かアフリカンエクスプレス号に乗って、ヴィクトリア滝に行こうと、異国の旅へと誘ったのだった。この写真では、ザンベジ号が崖の上を越えて、虹のかかった霧の中につっこもうとしている。夜には、野獣の声が「ヴィクトリア滝ホテル」のバルコニーで聞けるかもしれない。昼間は、キリンや象の群れが見えて（汽車がときどき象の群れにぶつかった）、ぞくぞくするような異国情緒を味わうことができた。

草原の駅馬車
鉄道によってマフェキングとブラワヨが結ばれる前は、ジーダーバーグの駅馬車で行くしかなかった。最大5日かかった。

　ケープタウンの汽車が到着した2時間後に、マフェキングにおける鉄道の中断地点から馬車を出発させ、未開の土地へと突入させる。定員は12人で、1マイル［約1.6キロ］あたり9から12ペンスというべらぼうな運賃を払って、5ないしは6日のブラワヨまでのきわめて不快な旅にたえる。引いていくのは数頭だてのラバ（シマ馬を用いてみたこともあったが、失敗と判断された）だった。旅の時間は、途中で何度馬車がひっくりかえるかで決まった。また、マタベレ族の反乱分子の政治的状況にも左右された。
　ジョージ・ポーリングがこの馬車に乗ったとき、ブラワヨに着くのに9日かかった。マタベレ族の砦のあいだを、夜の闇にまぎれて通らなければならなかったからだ。「丘の上に彼らのたき火が見えた。不安な情勢だったが、われわれを止めようとする動きはなかった」とポーリングは後に述べている。旅が耐えがたかったのは、何千頭もの死んだ牛や、死にかけた牛が放つ悪臭のせいだった。牛疫が流行していたのだ。この疫病は土地の経済にとって壊滅的な打撃をあたえただけでなく、人と物をマフェキングからブラワヨに輸送する経費がはねあがった。ヨーロッパ系の入植者はこれまで以上に鉄道の必要性を感じており、その時、そこにジョージ・ポーリングがいた、というわけである。
　ローズは鉄道の早期の完成をポーリングに期待し、1897年11月、フランシスタウン・ブラワヨ間の最後の区間ができあがった。ジーダーバーグの馬車は廃業となり、ケープ州はケープタウンからブラワヨの広い並木道への鉄道の旅を宣伝しはじめた。（ローズ自身が経営するイギリス南アフリカ会社が街

セシル・ローズ
ダイヤモンド産業のデビアス社を設立したセシル・ローズの戯画。「ヴァニティ・フェア」誌より。ローズはイギリスのアフリカ植民地支配の熱烈な支持者だった。

ケープ＝カイロ鉄道　151

路を拡張し、9頭だてのラバの馬車が方向転換できるようにした。）汽車の旅だとたったの5日半で着くことができた。

キッチナーの鉄道

　いっぽう、アフリカ大陸の北部ではイギリスのキッチナー卿が、チャールズ・ゴードン将軍の殺害に報復し、カイロからの鉄道ルートでハルトゥームを奪還しようという行動を起こしていた。1881年にイギリスがエジプトを占領した後、ゴードンとその守備隊はスーダンの首都ハルトゥームを奪った。しかし1884年に、「マフディー」[救世主]を名のるムハンマド・アフマドの軍によって攻撃され、殺された。その4年後、キッチナーの鉄道の総延長が927キロとなり、オムデュルマンにまでたっし、新式のマキシム機関銃の威力をかりて、アフマドの後継者アブダッラーヒ・イブン＝ムハンマドとその戦士たちを虐殺した。

　アフリカ大陸で最初に敷かれた鉄道は、1856年、ロバート・スティーヴンソンが作ったアレクサンドリアからカイロまでの区間だった。いまや、1896年となり、キッチナーはスーダン軍事鉄道をハルトゥームをめざして南へ南へと伸ばしていったが、当然予想される狭軌ではなかった。キッチナーはローズに、建設が始まるわずか数週間前に出会ったばかりだったが、ローズの説得によって、ケープ＝カイロ鉄道でポーリングが採用したのと同じゲージを用いることにした。また、キッチナーはローズの機関車を数台「借りた」──というより、キッチナーの配下のカナダ人のエンジニア、エドゥアルド・ジルアールが借りた。摂氏40度にもなるサハラ砂漠をのりこえるためである。キッチナーがスーダンを去った後、鉄道は南へと延長されつづけた。そして1965キロ先のコスティにたっした。

　ポーリングのほうも北へ北へと線路を延ばしてゆき、ヴィクトリア滝にまでたっした。けれども、ボーア戦争が起きたのと、ローズが死んだことにより建設がとどこおりがちになった。1905年に、滝の上にかけられたヴィクトリア橋が完成した。落ちるのではないかという噂が流れてから、人が集まるようになった。この橋は、イギリス、ダーリントンのクリーヴランド社が──この会社もアフリカの鉄道建設レースの恩恵を受けた1つだった──部分に分けて作成し、それを現地で組み立てるという方式がとられた。ただし高い気温に対応するために修正し、

野獣を飼い慣らす
◆

　ポーリングはインド洋に面している（モザンビークの）ベイラから、西に向かってフォートソールズベリー（のちにジンバブウェの首都ハラレ）に達する鉄道を建設した。たいへんな難工事だったが、ベイラ線はケープタウンをインド洋につなぐので、ケープ＝カイロ鉄道の必要不可欠の一部とローズは考えていた。1892年に建設が開始され、狭軌の鉄道としては世界最長となった。パナマ鉄道や西ガーツ鉄道のように、建設は困難をきわめた。損耗率は30から60パーセントのあいだで、マラリアで死んだ者が圧倒的に多数を占めたが、野獣に襲われた者も多数いた。

共通のゲージ
キッチナー卿はセシル・ローズと会ったあと、ハルトゥームまでのスーダン軍事鉄道を建設する際に、ケープ鉄道と同じゲージを採用した。

金属の橋梁を広げた。開通は4月1日、エイプリルフールの日だった。

ポーリングはさらに線路を延ばして、中央アフリカにまで切りこんでいった（最初はスコットランドの鉱山エンジニアのロバート・ウィリアムズが資本を提供していた。カタンガで貴重な銅の鉱床を発見したからだ）。1906年には、ポーリングはルサカの町を作り、ケープから3218キロの地点にまで来ていた。そこからさらに独力で、ケープ＝カイロ鉄道を、コンゴのブカマまでひっぱっていった。そして、そこで停止した。

ケープ＝カイロ鉄道は、アフリカの地図の上にまっすぐに直線を引いたというだけでも偉業といえる。ただし、その両端がつながることはついになかった。（おそらく、ローズはそうすることを意図してはいなかっただろう。蒸気船やフェリーによって接続されることを予想していたのではあるまいか。）また、ローズが予想していたように、この幹線鉄道から派生して、新しい路線が数多く作られた。386キロのマタディ＝キンシャサ線はその１つだ。また、アンゴラをつらぬくベンゲラ鉄道もしかり。これは1932年にウィリアムズの銅を運び出すのに用いられた。

ケープ＝カイロ鉄道は完成にいたらなかったという点で初の、大陸横断鉄道だ。失敗の原因は、１つには各国の植民地の利害対立があげられる。東アフリカにはドイツ、アンゴラとモザンビークにはポルトガル、北アフリカにはフランスが植民地をもっていた。第１次世界大戦でドイツが敗れたために、イギリスはケープ＝カイロ鉄道を完成させるのに必要な領土は確保した。だが、それをおしすすめようという政治的意思が欠けていた。アフリカの南北をつらぬく鉄道を創ろうという図面は作成されたけれど、ケープ＝カイロ鉄道の夢はもう終わっていた。

危険な横断
ボツワナとジンバブウェの国境地帯にフランシスタウンがあるが、その近くを流れるシャシェ川の浅瀬を、蒸気機関車がじわじわと渡っている。

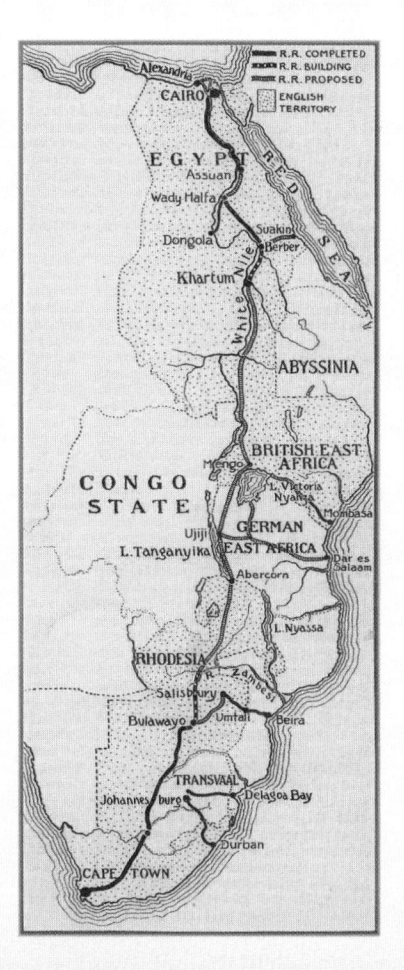

見果てぬ夢
セシル・ローズのアフリカ南北をつらぬく鉄道の夢は、20世紀の初頭についについえた。

ケープ＝カイロ鉄道　153

1909年 京張鉄道

国：中国
タイプ：旅客・貨物輸送
全長：195キロメートル

◆社　会
◆商　業
◆政　治
◆技　術
◆軍　事

　20世紀、世界の鉄道の中で、もっとも多くの人間と貨物を運んでいるのは中国の鉄道だ。しかし、1876年に中国初の鉄道がオープンしたときには、反鉄道の暴動が起きたのだった。

全中国鉄道

　2009年の1月、中国が新年を祝う春節はあいにくの豪雪にみまわれ、10万名の旅客が広州の幹線鉄道の駅に立ち往生となった。線路から雪をとりのぞき、中国の南方地域で列車を走らせるために、正規の軍と予備兵が動員された。

　春節の時期に旅行するのはいつだって簡単なことではない。1週間の祝日があるので、学生は休暇となり、その他の人々も1年に1度の里帰りをするので、のべ20億の人が鉄道を使って移動する。（あまりに膨大な数値に見えるが、2009年の中国の人口は15億弱であることを思い出してほしい。）列車、バスの便を特別に増発し、臨時の券売場を設けても、新年の鉄道旅行のストレスを緩和することはむずかしい。

　2010年に多少なりとも旅のストレスを軽くする展開があった。すなわち高速鉄道だ。ただし、ダフ屋からまずまずの値段で切符を手に入れることができたとしての話だ。世界で最速の鉄道は、武漢から広州まで10.5時間かかっていたうちの、7.5時間を短縮した。980キロのルートを平均速度320キロで突っ走ったのだ。これはフランスのTGV（212ページ参照）の記録さえをも破っ

京張鉄道
詹天佑（前列右から3人目）は、予定より2年早く鉄道を完成した。それによって「鉄道の父」と称されるようになった。

154　世界史を変えた50の鉄道

た。この高速鉄道は、シーメンスと川崎重工の技術にもとづきながらもすべて中国製だ。そして温州で高速の衝突があって開発は中断したものの、高速鉄道は国の誇りであり、重要な意味をもつものだ。

公式の物語は、詹天佑とともに始まる。詹天佑は「鉄道の父」と呼ばれるが、じつは名目上のものにすぎない。詹天佑は中国のエンジニアで、1909年に、北京と張家口とを結ぶ全中国製の京張鉄道を作った人物だ。これは工学的に見てすばらしい作品であり、予定より2年も前倒しで完成した。しかも、北京の北、万里の長城の近くの山岳地帯を越える部分では、スイッチバック［急勾配を上るためのＺ字形の線路］を作らなければならなかったのだ。この鉄道を作ったことで、詹天佑は英雄になった。青龍橋駅に墓があり、張家口駅のすぐ外に記念する銅像が立っている。

おもしろいことに、詹天佑が受けた教育も影響も、広東省出身の少年というより、アメリカ人の少年に近かった。12歳で、時の清王朝の政府によって留学生に抜擢され、アメリカで勉強することになった。イエール大学に入学し、1881年に（留学の功罪について高級官僚たちが考えを変えたので）急遽中国に呼びもどされる直前に、鉄道工学の学位をあたえられた。鉄道の研究者なのに海軍に入れられたが、偶然によって、クロード・キンダーという名の鉄道エンジニアに出会った。このキンダーという人物がすごしてきた背景は、詹天佑のそれにもまして数奇なものだった。

使用されているもっとも古い線

キンダーの父親はイギリス人で、日本の造幣局［当時、造幣寮］の造幣首長であった。ロシアのサンクトペテルブルクで鉄道工学を学び、1873年に明治日本の鉄道建設のためのエンジニア助手となった。西南戦争後に日本を去り、上海に行った。上海は後に世界最大の都市となり、人口の上でも最大となるが、中国で初の鉄道が創られた町だった（156ページのコラム参照）。ところが鉄道は一時的に存在しただけだった。キンダーがやってきたときには、彼らの機関車ヴィクトリー号が最後の運行を終えたばかりで、鉄道をなくしたことへの憤りが、上海の実業家たちのあいだになおもくすぶっていた。線路は引きはがされ、台湾の海岸に積まれ、まっ赤なさびの山となった（上海には電信線にも苦情があった。「風水」をひどく乱すというのだ。）

キンダーは上海を去り、広東の商人唐景星と知りあった。唐景星はキンダーに、開平の近くの唐山にある中国鉱業会社［China Mining Company］のポストをあたえた。中国では鉄道に対して根強いアレルギーがあることを念頭に、キ

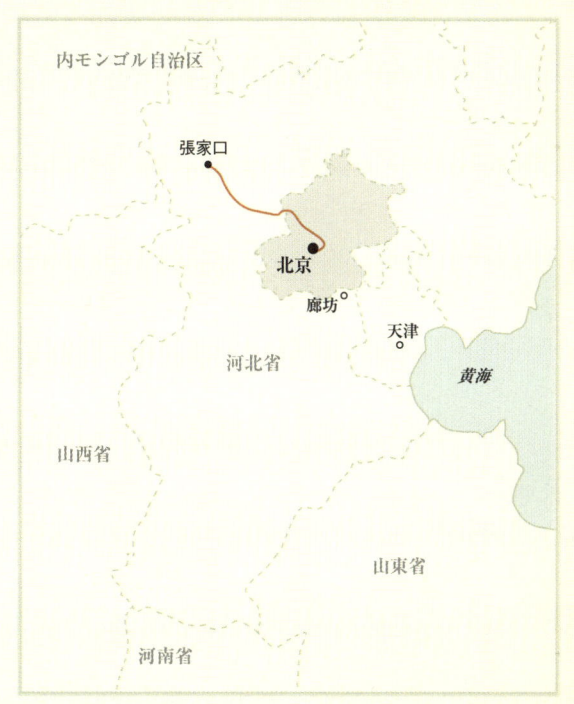

中国
京張鉄道は京包線の最初の一部をなしている。包頭にまで達したのは1923年。

京張鉄道 155

〈天朝号〉

　中国初の鉄道は呉淞鉄道で、1876年に上海・呉淞鎮のあいだに開通したが、歩行者を轢く事故が起きて1877年に廃止された。武松には砂州があり、上海湾に船で入ろうとすると邪魔で、商売の妨げとなっていたので、この砂州を避けるために、地元の商人たちが作った鉄道だった。保守的な中国の役人は、この砂州は外国人の侵入を防いでくれる神の贈り物だと思っていた。したがって鉄道を作るという案には反対だったので、秘密のうちに構想された。8キロの鉄道が1876年6月に開通すると、蒸気機関車が毎日6便の列車を引いた。だが、事故が地元民の暴動を誘発し、〈天朝号〉の運行を最後に、役所によって廃止させられた。

企業秘密
クロード・キンダーはスクラップをもとに機関車〈ロケット・オヴ・チャイナ号〉を製作し、開平の高山から石炭を輸送するのに用いた。

ンダーは秘密で機関車〈ロケット・オヴ・チャイナ号〉を作り（中国で作られた機関車第一号だった）、1881年に天津から唐山の炭鉱までの10キロの線路を走らせた。

　役所にむかっては「路面電車」と称したこの鉄道、大いに利用されて、後には中国で第2の主要鉄道であるというにとどまらず、多数の分岐・路線延長が行なわれ、記すもわずらわしいほどの名前の変更をへて（北京＝沈陽線、北京＝ハルビン線などさまざまな呼び名があった）、現存する最古の鉄道としていまなお健在である。

拡張は続く

　詹天佑はこの路線を作るのにあたってキンダーに協力したが、その後、西太后のための個人用の鉄道を手がけて完成させた。西太后はかつて皇帝の愛妾であったが、権力をにぎり、ほぼ50年にわたって清王朝を巧みにあやつった。この西太后が祖先の墓所に参拝するための手段を望んだので、エンジニアたる詹天佑が、西太后の支援のもとに、北京＝張家口鉄道の建設を手がけたというわけだった。1908年には西太后が死去し、清王朝が崩壊しはじめ、1911年には清にとどめを刺す辛亥革命へと歴史が流れていったが、国家主義者たちは鉄道に熱い思いをもった。革命を指導した孫文は、鉄道の熱烈な支持者であり、革命後に、国の鉄道網の計画をまかされた。1949年に毛沢東の紅衛兵が国民党の旧体制を打ち破ったとき、中国にはまだ2万7359キロの鉄道しかなかった。しかも、ほぼ半分が満州にあった。毛沢東は孫文と同じくらい国営鉄道に熱心であった。ただしその目的は経済ではなく政治だった。アメリカが1800年代に行なったように1949年以降、もうれつな勢いで鉄道を拡張していった。10年間で1万9000キロの新線が建設され、6437キロが近代化された。南西部には、全長965キロの成都＝昆明線があった。この路線には400以上のトンネル——そのなかには急傾斜に対処するため、螺旋形に岩を掘ったものもある——、650以上の橋が必要となり、さらに2000名以上の作業員が犠牲になった。1958年に建設がはじまり、12年後の1970年に完成した。1964年、襄樊［現襄陽］から前首都の重慶までの916キロの路線の建設がはじまった。716の橋、400のトンネルが必要となり、1979年に竣工したが、この年、鉄道貨物の需要が1949年のレベルの16倍となりピークにたっした。

　1959年、中国で初のディーゼル車である東風号が登場し、蒸気機関車の終焉に

156　世界史を変えた50の鉄道

世界でもっとも高い鉄道
青蔵鉄道は世界でもっとも標高の高い場所を走っている。荒涼として荒れ果てた土地を通過する鉄道だ。

いたる、長い、ゆっくりとしたプロセスがはじまった。中国は世界で最後の蒸気機関車の工場を建設した国であり、2005年の時点でもすくなくとも1本の主要路線でまだ蒸気機関車を走らせていた。高速列車は別にして、中国の鉄道物語には、さらにもう1章がある。青蔵鉄道である。全長1956キロにおよぶこの鉄道は、1917年に孫文によって構想されたが、1984年に西寧・格爾木のあいだが開通し、2006年には拉薩にまでたっした。これは永久凍土層の上を通過する手法が開発されて造られたという意味で、工学上の勝利であった。タングラ峠の上を通ることで、世界でもっとも標高の高い土地を通る鉄道となった。同時に、タングラ駅は世界でもっとも標高の高い駅としての記録をつくった。どの列車にも医師が乗っていて、乗客のための酸素ボンベをもっている。1909年、詹天佑による北京＝張家口の鉄道開通から、中国の鉄道はずいぶん遠くまで来たものである。

> 鉄道は中国人自身が建設し、中国人自身が運営してはじめて、中国を益するものとなるだろう。
> ——李鴻章（1863）

東風
中国初のディーゼル機関車。1950年代に登場した。

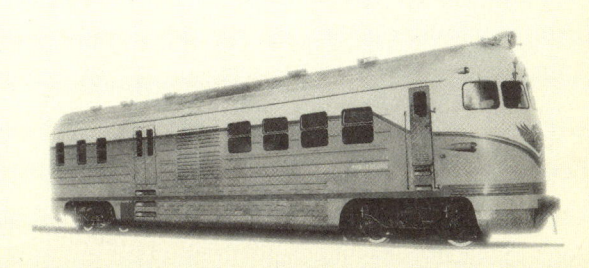

京張鉄道 157

グランドセントラル駅

1913年

国：アメリカ合衆国
タイプ：旅客輸送
全長：53キロメートル

◆社　会
◆商　業
◆政　治
◆技　術
◆軍　事

　セルゲイ・ラフマニノフのピアノ協奏曲第2番の郷愁をそそる調べがバックに流れ、イギリス北部の煙りのかかった駅で、男が女にみじかく別れを告げる。ノエル・カワードの『逢びき』は駅のロマンスに一時代をもたらした──。だが、ニューヨークのグランドセントラル駅の迫力におよぶものはない。

荒野のごちそう

　世界でもっとも歴史ある駅はどこ？と問えば、われもわれもと名のりをあげるものは多いだろう。1832年、バードンヒルのアシュビー・ロード・ホテルの貸しきりの部屋。イギリスのレスター＝スワニントン線に乗った最初の乗客がそこで休んだ、記念的な場所だ。あるいは、パリの北駅。そこはヨーロッパでもっとも乗客の多い駅。1940年、パリ占領のためにやってきたドイツ兵がプラットフォームからあふれそうになった。ボンベイのヴィクトリア駅。大英帝国とインドの様式がみごとに溶けあっている。ミラノ駅。ベニート・ムッソリーニのファシスタ党員たちの記念碑。ロンドンのセントパンクラス駅。ヴィクトリア時代のゴシック建築の変わり種。これらは、すべて、19世紀のフランスの文人テオフィル・ゴーチエが「新しい人類の大聖堂」と呼んだ記念碑ばかりである。

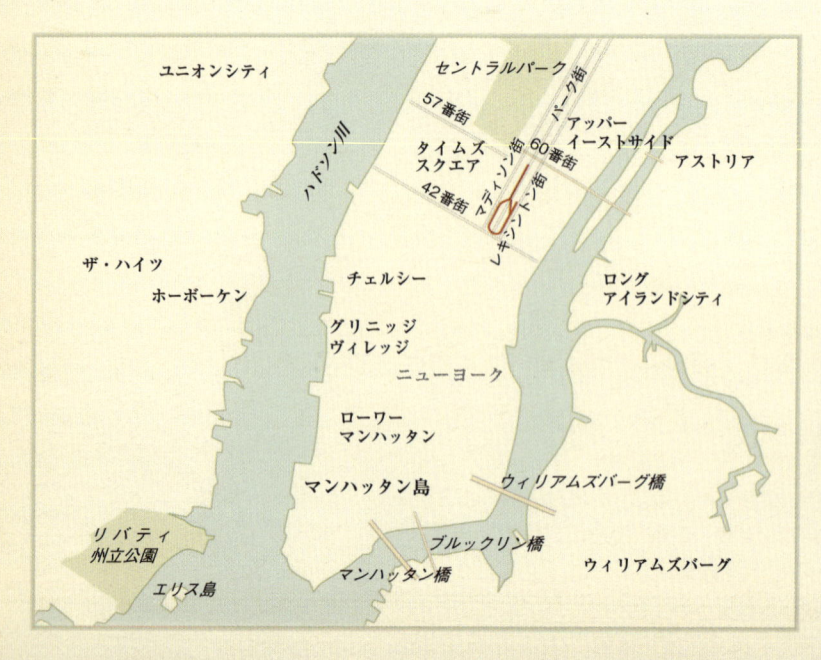

ニューヨーク
グランドセントラル駅の地上部分は、42番通りと48番通りのあいだ、レキシントン街とマディソン街のあいだに姿をあらわした。1871年に開業したが、まもなく再建築されることになった。

158　世界史を変えた50の鉄道

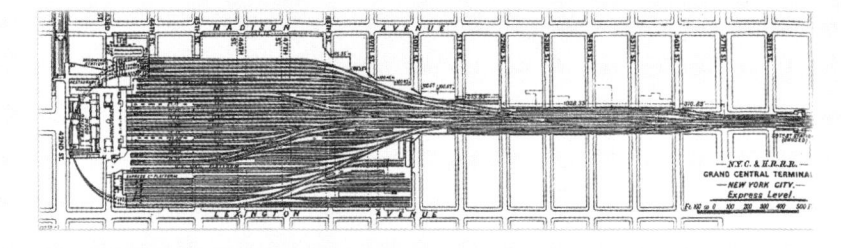

壮大な設計
グランドセントラル駅に入ってくる鉄道は2層になっている。地下鉄と急行が、異なる階にあるのだ。

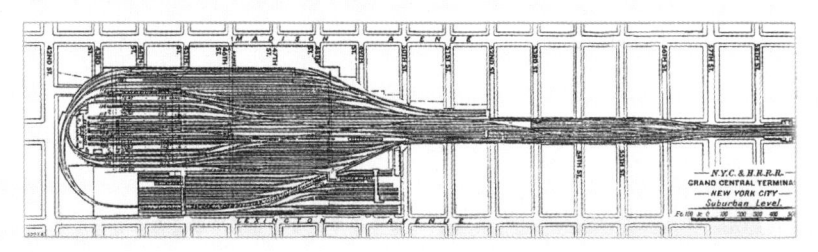

　鉄道の駅はうれしい再会の場所でもあり、はらわたがえぐられるほどの悲しい別れの場所でもある。ある駅で生じた場面を思い出して、イギリスの詩人トマス・ハーディ（1840-1925）が、『待合室にて』（1901）でこのように書いている。

　１人の兵士とその妻が、やつれた顔をして、
　心をおさえにおさえて、黙りこんでいる。
　やがて、ふと耳にした、
　なにげない言葉から知った
　――２人は永遠の別れをしているのだと。

　ノエル・カワードの劇をもとにしたデイヴィッド・リーン監督の『逢びき』（1945年）は純粋なフィクションだ。しかし、駅の時計が時をきざんでゆき、愛しあう２人が駅で別れる哀愁に満ちた最後の瞬間は観客を泣かせた。公開とともに、ロケに使われた駅は映画ファンのメッカとなり、巡礼の地となった。ファンたちは、トレヴァー・ハワードの演じるアレックが、シーリア・ジョンソンのローラを残して去るその瞬間を自分で生きてみたいと願って、ロンドン＝ミッドランド＝スコットランド鉄道のカーンフォース駅に行くのだった。この映画のおかげで、この駅と時計（160ページのコラム参照）を保存してほしいという運動がおきたほどだ。

> いなかの屋敷にとって、駅の貸し馬車ほど重要な乗物はない。町の生活――町の便利さ、そこで手に入れる商品――とつながるための最後の手段だからだ。
> ――メルヴィン・オゴーマン、「カントリーホーム」誌（1908）より

　カーンフォース駅は1846年の開業だが、その頃のアメリカの大陸横断鉄道の駅といえば、多くが線路わきのごくおそまつな停車場にすぎなかった。あるジャーナリストが見たのは、細長くて天井の低い丸太小屋で、泥まみれの床にテーブルが１つ、椅子がいくつか置いてあって、近くに荷車が２、３台客待ちをしていた。駅はおそまつだったが、この記者、ロッキー山脈では鉄道の食事を満喫している。「バッファロー、ヘラジカ、ライチョウ、ソウゲンライチョ

グランドセントラル駅　159

ウ、アンテロープ、シチメンチョウ、その他小さなシカ」の料理が、「雪崩よけや防雪柵があって、きびしい冬の嵐を想像させる」区間で出てきたという。そして、「ときどき、一緒になった乗客たちがみんなで次の駅に電報を打っておくと、着いてみると席が予約されていて、荒野のまん中でごちそうがたっぷりと用意されていた」とのこと。

乗客は汽車に乗っているあいだ満足に身動きもならず、腹を減らし、退屈していることも多いものだが、鉄道会社がそこに目をつけて、駅にレストランや本屋の営業を許可するようになってきた。イギリスのグレートウェスタン鉄道は、スウィンドン駅で提供されている軽食を利用してうまく利益をあげようと考え、どの列車もそこで軽食のために止まらなければならないという内容で、99年のリース契約を結んだ。ばかなことをやったものだ。結局、違約金を払って契約を解除してもらった。とんだ出費であった。『罐たきと火かき棒』(1849)の著者フランシス・ヘッドは、スウィンドン駅でウェイトレスをしている「うら若き乙女たち」には大いに心をそそられたようだが、ウォルヴァートン駅で、汽車からはき出された空腹の人間の群れにはあまり感心しなかった。「汽車からいっせいに解放され、団子になって押し寄せる乗客たちが［軽食堂］に向かって急ぐ…まさに腹の減り具合に比例した速度で」。ずいぶん健康な乗客たちだったようである。それというのも、１年で約19万個のバンベリーケーキと、クイーンケーキを食べ、たっぷりのコーヒー、ソーダ水、お茶、レモネード、ジンジャービールで流しこんだようである。3000本のジン、ラム、ブランデーが消費されたというのもすごい。

駅のにぎわい

チャールズ・ディケンズは（乗っている汽車が衝突するという不運に出会ったことがあったが）、ことに、1856年のピーターバラ駅でのサービスには感心しなかったようだ。「軽食堂の店の女が…わたしに紅茶を渡すとき、まるでわたしがハイエナで、彼女はわたしの血も涙もない飼い主で、しかもわたしが大嫌いといわんばかりだった」と述べている。もうひとりヴィクトリア時代の小説家アントニー・トロロープが、『彼は自分が正しいことを知っていた』(1869)という小説で、イギリスのサンドイッチという永遠不滅のテーマをとりあげている。「新聞などで、イギリスはあれが不名誉、これが恥さらしなどとよく書かれるが…イギリスで真に恥ずべきものは、鉄道のサンドイッチだ。白く塗られた墓石、外見はまずまずだが、中は痩せて貧しくふぬけた味だ」

アメリカ人エドワード・ドーシーによれば、イギリスの

駅の時計
◆

教会、軍隊をはじめどんな公の組織にしろ、鉄道会社ほど多くの時計をもっている組織はない。イギリスでは1925年に主要な鉄道会社が統合されたとき、時計は合計で約４万2000個と推定された。1960年代までに、さらに１万5000個が追加された。塔の時計、プラットフォームの時計、壁にかかった時計、床置きの時計、小さくてコンパクトなフランスのドラム形時計などさまざまだが、これらすべての祖先は、イギリスのダイヤル時計だ。ヨーロッパで最大の時計は、スイスのアーラウ駅にある（スイスは、スイスの鉄道時計の代名詞となったハンス・ヒルフィカーの時計が生まれた場所だ）。しかし、世界でもっとも有名な鉄道時計といえば、なんといっても四面に時計のついている真鍮の時計──ニューヨークのグランドセントラル駅の時計だ。

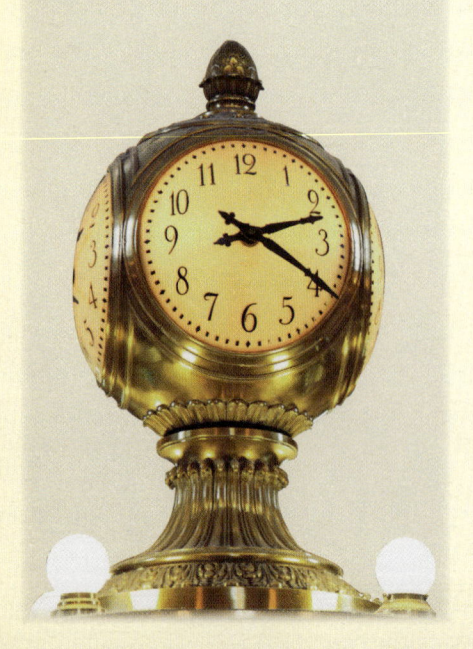

堂々たる正面
1913年、グランドセントラル駅のお披露目の式には、数十万人の見物人が集まった。

駅でたいへんなのはサンドイッチではなく、広告だという。「イギリスのどこでも、駅の広告がものすごく、何百もの広告があるので、どれが駅の看板か見分けるのが至難の業だという。ペアーズ石鹸、ローンのウイスキー、コールマンのカラシ等々の広告がわが物顔にならび、駅の名前がすっかりお隠れになっている」という。ドーシーはかつてロンドンからグロスターまでの183キロを旅したが、「乗っている客車からは、駅名がまったくわからなかった」とのこと。ドーシーは『イギリスとアメリカの鉄道を比較すると』(1887)という本の中で、鉄道と駅の両方に目を配っている。そしてどちらについても批判的だ。手荷物の扱いを例にとろう。「手荷物のチェックは、わが国の多くの地方鉄道で行われているような厳密なチェックシステムは、イギリスにはまだ存在しない。手荷物は、持ち主の印もなく、貨物車にのせられる。受けとるときには、自分のだと言えばそれでおしまいだ」。(ただし、「手荷物がなくなったとはほとんど聞かない。イギリス人が正直な証拠といえよう」とも述べている。)

ドーシーがこれを書いたのは、ニューヨークのグランドセントラル駅が、1871年、汽車の操車場、醸造所、家畜の処分場、バラック小屋などがひしめきあう郊外の地域のまん中にはじめてお目見えしてから16年後のことだった。ニューヨークは1831年にニューヨーク＝ハーレム鉄道ができ、その格納庫やオフィスが4番街26番通りと17番通りに作られて、町が混雑してきた。(後になって、P・T・バーナムがこの駅と操車場を買いとり、初代のマディソンスクエアガーデンにした。) その後も鉄道がやってきて、混雑がますますひどくなった。1840年代に、ニューヨーク＝ニューヘヴン＝ハドソン鉄道が開通した。大気汚染もひどく、ニューヨーク市では蒸気機関車が混雑した通りを抜けるときには、煙を吐くことを禁じた。ニューヨークはあらたなターミナル駅を必要としていた。

コーニリアス・ヴァンダービルト(「代将」と呼ばれることを好んだ)は、ニューヨークのフェリー勤務のボーイとして人生のスタートを切って、いまや裕福な海運会社の社長となっていたが、1864年にハドソン川鉄道を買収し、ニューヨークセントラル鉄道も買い入れ、スパイトンダイヴァル水路とモットヘイヴンをつないだ(それによってハドソン川鉄道の汽車がイーストサイドの

代将
もとはフェリー勤務のボーイだったコーニリアス・ヴァンダービルトが、新たなグランドセントラル駅を建設した。

グランドセントラル駅
ニューヨークのターミナル駅「グランドセントラル」は、その大げさな名前に恥じない駅となった。今では世界で最大の駅なのだ。

ターミナル駅に到着することができるようになった)。それにくわえて、42番通りと48番通りのあいだの土地を可能なかぎり買い上げ、レキシントン街とマディソン街を買い占めることにより、1871年にグランドセントラル駅をオープンさせた。それはニューヨークセントラル鉄道、ハドソン川鉄道、ニューヨーク＝ハーレム鉄道という3つの線が入ってくる、まるで無秩序な駅だった。それぞれの線に独自の切符売り場があり、それぞれ独自の手荷物エリアがあった。

1898年、グランドセントラルは、パリのエッフェル塔、ロンドンの水晶宮と張りあうかのように、ガラスとスチールの大屋根でおおわれた瀟洒な駅に生まれ変わった。建物正面は古代ギリシア・ローマ風で、上には1.5トンの鋳鉄のワシの像がずらりとならんでいた。ワシはアメリカの強さ、威厳、そして長命を象徴していた。しかし、このワシは再度の改修でとり壊された。改修への気運が盛り上がったのは、3.2キロのパークアヴェニュートンネルで、濛々とした空気の中で2つの列車が衝突して多数の死者を出すという大惨事が起きたからだ。ニューヨークセントラル鉄道は電化せざるをえなくなり、グランドセントラル駅はまたもや再開発された。

1913年2月に開業したが、請負業者の選定に情実があったという噂にもかかわらず（あるいは、それゆえに）、オープンの日には15万の見物人が集まり、有名なボザール風の正面と、建物の中の星をあしらった天井を、あっけにとられて眺めた。（黄金の葉と電球で描いた夜空の風景はフランス人アーティストのポール・エルーの作品だが、これはアメリカではなくフランスの夜空だ。しかも、どういうわけか反転像になっている。）このオープンには開発業者たちも集まった。彼らは「空中権」を買って、スチール、ガラス、コンクリートのタワーで地平線の形を一変させようとしていた。こうして54階のリンカーンビル、56階のチャニンビル、77階のクライスラービルなどが続々と建っていったのだ。グランドセントラル駅には画廊や美術学校もあり、ニュース専用の映画館、鉄道博物館も入っていた。1947年には6500万人以上の利用があったが、これはじつにアメリカの人口の40％にあたる。とり壊そうという計画が何度も出されたが（実際ニューヨークの最初のペンシルヴァニア駅は、1960年代に抗議活動のなかとり壊された）、ジャックリーン・ケネディ・オナシスなど有名人が反対したこともあり、その運命をまぬがれた。

切符を拝見いたします
◆

　印刷業者は、鉄道の仕事でかなりの収入を得た。イギリスのノースブリティッシュ鉄道会社は自前で印刷工場をもっていたが、ほとんどの鉄道会社は印刷業者に委託していた。切符には通し番号がふってあり、切符売り場で売られるときに日付が記された。旅客が乗り終えると、切符は改札口で回収され、駅員による整理のために送られる。回収された切符を数えることで有益なマーケティング情報が得られるばかりでなく、偽造切符の使用を発見することができた。

フライイング・スコッツマン号

　グランドセントラル駅には、〈トゥエンティエス・センチュリー号〉［20世紀］、〈ブロードウェー・リミティド号〉など当時の有名な列車が着いた。しかしながら、歴史的な転換点という観点からいえば、イギリス、ヨークシャー州のドンカスター駅は、おそらく世界でもっとも有名な2つの列車、すなわち〈フライイング・スコッツマン号〉と〈マラード号〉（242ページ参照）の初のお目見えを目撃した生き証人だ。ドンカスターはグレートノーザン鉄道の駅だ。黒いダイヤすなわち石炭をバーンズリーの石炭層からロンドンへと運ぶ貨物列車が、ほとんど1時間に1台という割合で通過していく。

　この駅がオープンしたのは1849年のことで、鉄道工学の工作所〈プラント〉は1853年に作られた。町の人口は3000に跳ね上がり、鉄道会社は学校を作り、新しい教会を作るための寄付を行ない、そうして有名な蒸気機関車を続々と誕生させていった。1870年代、まずは〈スターリング・シングル号〉。巨大な駆動輪が特徴で、最大26両の客車を引いて、平均時速76キロで走ることができた。ついで1923年には〈フライイング・スコッツマン号〉がドンカスター駅から出てきた。この機関車は5年後の1928年に、史上はじめて、ロンドン・エディンバラ間を8時間ノンストップで走りとおした。ついでアメリカ、オーストラリアにもツアーに出かけ（オーストラリアでは679キロを走り、当時としては蒸気機関車がノンストップで走った最長距離だった）、そしてお蔵入りとなった。ドンカスター蒸気機関車製作所は最終的には一般の寄付と、鉄道実業家のリチャード・ブランソンからの寄付金によって保存されることになった。

スターリング・シングル号
スターリング・シングル号の特徴は巨大な駆動輪だ。ドンカスターの製作工場で作られた。

鋼鉄のハイウェー
セシル・アレンによる、キングズクロス駅に停車している、昔懐かしい〈フライイング・スコッツマン号〉の絵（左）。その横に〈リーズ・エクスプレス号〉と〈スコッチ・エクスプレス号〉がならんでいる。

グランドセントラル駅　163

シベリア鉄道

1916年

国：ロシア
タイプ：旅客・貨物輸送
全長：7446キロメートル

◆社　会
◆商　業
◆政　治
◆技　術
◆軍　事

　世界でもっとも長い鉄道の旅となるはずだった。だが、ロシアのシベリア鉄道は大陸をまたがる橋となったばかりか、王制から革命へと移る架け橋ともなったのだった。

ファベルジェのイースター卵

　1917年4月、アメリカで製造された蒸気機関車293号（4-6-0, Hk-1クラス）がサンクトペテルブルクをめざして走っていた。この汽車の機関助士はかつらをかぶり、ニセの身分証明書をもっていた。〈ビッグホイールカーナリ〉とあだ名のついた蒸気機関車の機関士の踏み板にのっていたのは、誰あろうロシア革命の立役者の1人、ヴラジーミル・レーニンその人だった。フィンランドからロシアにもぐりこんできたレーニンは、サンクトペテルブルクのフィンランド駅で変装をかなぐりすてると、ブラスバンドと、銃をもち、赤い旗をふって歓迎する群衆に歓喜の声で迎えられた。これに対して、同胞であるレフ・トロツキーは、武装した列車に乗って今から出発しようとしていた。赤軍の各部隊に対して革命への支持を呼びかけるためだ。「列車は前線と基地をつなぎ、緊急の問題をその場で解決し、民衆を教育し、訴えかけ、食料をあたえ、報酬をあたえ、罰することができた」と、トロツキーは後に回想録『わが生涯』に記した。

　レーニンの機関車は1957年に首相のニキータ・フルシチョフに贈呈され、フィンランド駅のガラスケースの中に置かれた。また、武装をほどこした汽車

鉄道とロシア革命
シベリア鉄道は世界最長で、建設に際しては想像を絶するほどの困難にみまわれた。

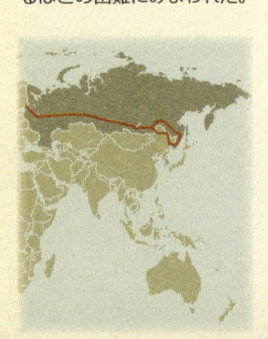

164　世界史を変えた50の鉄道

の砲塔の上に立っているレーニン像が、外のレーニン広場にたてられた。1917年、鉄道とロシア革命は緊密なパートナーだったのだ。

　レーニンはまもなく、ロシア最後の皇帝ニコライ2世とその家族の運命を定める命令を出すことになった。1918年に皇帝の一族は召使いたちとともにエカテリンブルクで銃で撃たれ、銃剣で刺されて殺害された。このエカテリンブルクはシベリア鉄道にある重要な都市駅である。モスクワから極東のウラジオストクまで、世界最長の鉄道が完成してから2年がたっていた。ニコライ2世は父親の皇帝アレクサンドルが1891年に建設の裁可をくだしたとき、この鉄道の建設委員会の委員長に指名されて以来、その職にあった。ニコライは、その年の5月にウラジオストクで建設がはじまったとき、その場に立ち会いさえした。視野を広げるための世界旅行の締めくくりに、着工式に参列したのだった。

　1900年、ロシアの宝石商ペーター・ファベルジェが、シベリア鉄道を記念して、特別のファベルジェ・エッグを皇帝のために制作した。金と銀でできた卵が開くと、銀で彫刻されたシベリア鉄道の地図があらわれる。さらに驚きが用意されていた。シベリア鉄道の五両編成の列車のゼンマイじかけの精巧な模型と、ぜんまいを巻くための黄金の鍵がついていた。皇帝は、1900年開催のパリ万国博覧会に行って、エッフェル塔（1889年完成）、ルドルフ・ディーゼルの新型機関車とともに、シベリア横断パノラマの映画も見ることができた。現代イギリスのヨーク鉄道博物館の「新幹線」（202ページ参照）では、客が実際に列車の椅子に座って、旅の景色を眺めることができるようになっているが、1900年のパリでも、寝台車に座って、車窓の外をシベリアを描いた風景が流れていくのを眺めながら、ウェイターからキャビアとボルシチをもらうことができるのだった。このパノラマは、1904年、ミズーリ州セントルイスで開催されたセントルイス万国博覧会でもふたたびお目見えした。

皇帝への贈り物
シベリア鉄道記念のファベルジェ・エッグには、ゼンマイじかけの汽車の模型が入っている。

レーニンの機関車
シベリア鉄道が完成して2年後に、ヴラジーミル・レーニンはサンクトペテルブルクに着いた。そのときの機関車は、フィンランド駅に展示されている。

黄金列車
◆

　1920年代、ソヴィエトはスウェーデンの会社ノーハブに注文した機関車の代金を金で支払った。どこから金塊を手に入れたのかは謎だが、ロシア革命の最中の1919年、ロシア帝国がカザンに貯蔵していた黄金を、レーニンの敵が列車に満載して、シベリア鉄道を東へと向かわせたことがあった。チェコ人の兵士が護衛にあたっていたが、荷の一部が行方不明になり、それ以来、それがどうなったのかを解明しようと歴史家たちの努力が続いている。一説に、レーニンのボルシェヴィキ［社会民主労働党の多数派］が、黄金の一部をあたえられたが、輸送していた列車がバイカル湖で地滑りにあい、湖につっこんだのだという。調査が行なわれ、湖の底で客車の残骸が発見されたと報じられている。

奴隷労働
囚人や軍の兵士が召集されて、ロシアを横断するシベリア鉄道を建設した。

過酷な建設作業

シベリア鉄道はロンドン・ケープタウン間に匹敵する距離にまたがるもので、巨大な建設工事となった。線路を敷きはじめるにあたって、レールや車両のたぐいは地球をほぼ半周してウラジオストクまで運んでゆかなければならなかった。西の端の建設は、翌年の7月、7242キロ離れたウラル山脈のチェリャビンスクからはじまった。枕木と車両のたぐいはシベリアの川が凍結していない間に船で運ばれた。

> 革命の炎がもっとも熾烈に燃えた何年かのあいだ、革命評議会の議長として、わたし個人の生活は、鉄道と分かちがたく結びついていた。
> ——レオン・トロツキー『わが生涯』(1930)

シベリアはロシアの東の荒野である。16世紀にロシアのコサック兵が、先住民であるタタール人の抵抗を廃しながら侵入した場所で、20世紀にはロシアの非人道的な流刑地の代名詞となった。シベリアの800万平方キロといえば、アメリカとヨーロッパを合わせたよりも大きい。鉄道は3つの大きな川、オビ川、エニセイ川、レナ川、そして世界一深い内陸湖であるバイカル湖をまたいでいる。8つの橋が架けられ（どれも305メートル以上で、1つはほぼ914メートルにおよぶ）、それらが完成すると、今度はバイカル湖だ。冬になって湖が凍結している間に、氷の上にレールが置かれた。エンジニアはよく見張っていて、春の雪解けが始まる前にそれを取り去らねばならない。湖上がふたたび航行できるようになると、砕氷能力をそなえたイギリス製のフェリーが2台用意され、汽車を岸から岸へと渡す作業が行われた。最終的には、バイカル湖の崖に沿って線路が敷かれ、フェリーは用ずみとなった（そのうちの1隻アンガラ号は、イルクーツクで展示されることになった）。

シベリア鉄道の建設は困難をきわめ、東に行くと領土問題で中国、日本とのあいだに緊張があり、困難はさらにました。シベリア鉄道は一部満州を抜けており、中国の中東鉄道の上を走っている個所がある。1898年から1903年にかけて、南満州を獲得していた日本が、三国干渉によって満州を返還しなければならなくなり、その隙をついて、ロシアが入りこみ、シベリア鉄道建設のために、膨大な量のルーブルを港町の大連と、となりの旅順に投下した。ひき続いて起きた日露戦争では、シベリア鉄道は単線だったので、兵と弾薬を前線に輸

送しなければならない反面、空の列車と負傷兵を返さねばならないので、ロジスティクスの上で大きな支障が生じた。このボトルネックのせいで、ロシアは戦争に敗れ、大連および南満州の鉄道を失うはめとなった。20世紀に入って初の大きな紛争で、大国のロシアがちっぽけな日本に敗れたことに西欧はショックを受けた。

1916年には、バイカル湖をめぐる区域を除き、作業員、囚人、兵士などを動員してのシベリア鉄道の建設工事が完了した。最終的に建設されるロシアの鉄道網の約半分が、これで完成したことになる。ロシアの蒸気機関車は、走らなければならない距離も大きいが、図体も大きかった。ロシア革命で一時中断したが、200台のアメリカ製のデカポッド型蒸気機関車の輸入が行われるいっぽうで（1886年製造のボールドウィン社の〈デカポッド〉は当代一の巨体だといわれた）、ソヴィエト連邦はまもなく、サンクトペテルブルクで、アメリカの機関車の設計をもとにして自前で製造しはじめていた。1934年の〈レビヤタン号〉と名づけられた機関車は、非連結式で、史上最長の蒸気機関車だが、あまりに巨大で線路のカーブをまっすぐに伸ばしてしまったので、スクラップにするしかなかった。

蒸気機関車の大軍団がついに引退する時期がきて、今度はディーゼル車が列車を引く時代となったが、1991年にボリス・エリツィンが権力をにぎり、ソヴィエト政府が瓦解した。今やシベリア鉄道は75歳となり、ロシアの鉄道は世界で2番目の規模をほこる大鉄道となり、毎年350万人の人々の移動に利用されている。

ホワイトの車輪
◆

レーニンはロシア製の機関車U-127の列車で墓へと運ばれていったが、フィンランド駅に着いたときに乗っていたのは、4-6-0クラスのHk-1という機関車だった。ハイフンで区切られている数字は、それぞれ先輪、動輪、従輪の数を意味する。蒸気機関車を分類するために、ニューヨークの鉄道マン、フレッド・ホワイトが1900年に用いはじめた。「クラス」というのは、同じ設計で作られた同型の機関車を示している。「ヨシフ・スターリン」クラスの機関車が作られたのは必然のなりゆきだ。それぞれの機関車には名前がつけられた。たとえば、秘密警察のもと長官の名をとった〈フェリックス・E・ジェルジンスキー号〉という機関車もあった。

赤い星
ソヴィエト連邦の蒸気機関車は、このアメリカ製のデカポッド型蒸気機関車のように、1980年代に、ほとんどが消えていった。

1917年 連合軍の鉄道補給線

国：フランス・ベルギー
タイプ：貨物・旅客輸送
全長：638キロメートル

◆社　会
◆商　業
◆政　治
◆技　術
◆軍　事

1914年にヨーロッパで戦闘がはじまり、鉄道がこれまでにないほど用いられた。世界の主要国が歴史上類を見ない破壊的な戦争へとつき進んでいったが、あるフランスの農夫によるレールの発明と、1917年、アメリカ合衆国の時宜をえた介入によって、ついに戦争の流れが変わっていった。

西部戦線には狭軌を

1914年の夏、大戦の前夜に、イギリスの詩人エドワード・トマスは、汽車に乗ってグロスターシャー州へと向かった。「ダイモックの詩人たち」といわれる仲間に会いに行くのだ。ルーパート・ブルックス、エリナー・ファージョン（賛美歌「雨にぬれた朝」の作者）、アメリカの詩人ロバート・フロストなどがメンバーだった。トマスは戦争をのがれてアメリカに行かないかと、フロストから誘ってもらうのを期待していた。

列車はグロスターシャーの小さな村で一時停車した。緊張をはらんだ沈黙の中で、クロウタドリの歌がすぐそこから聞こえる。トマスは心にふと詩を感じて、最初の1行を書きとめた。「ああ、わたしはアドルストロップを思い出す」と。これはイギリスののどかな田園を懐かしく思い出し、あこがれる詩となり、塹壕戦の悲惨によってショックを受けた人々にとっては、とくに心に響くものであった。

連合軍（イギリス、フランス、ロシア、日本、セルビア、イタリア、ポルトガル、ルーマニア）と同盟軍（ドイツ、オーストリア=ハンガリー、オスマン帝国、ブルガリア）の戦争の中で、第一撃に鉄道を用いようとしたのはドイツだった。プロイセンの陸軍元帥だったヘルムート・フォン・モルトケは早くから鉄道の力に目をつけており、1870年のフランス・プロイセン戦争の際には、複数の前線に同時攻撃をかけるために鉄道を用いた。あたかもトマスがグロスターシャーに旅しているころ、いまやドイツ軍の陸軍参謀総長になっていたモルトケの甥が、軍に動員令を出し、計画どおりの列車によって、ベルギー、フランスへと突入させる予定であった。いったんフランスを倒してしまえば、兵士を汽車にのせて東部戦線へと送り、ロシアを攻めるという作戦だった。

これは発案者のアルフレッド・

征服する鉄道
1917年、ドイツ軍はイープルの近くの沼地を渡るために鉄道を敷いた。

168　世界史を変えた50の鉄道

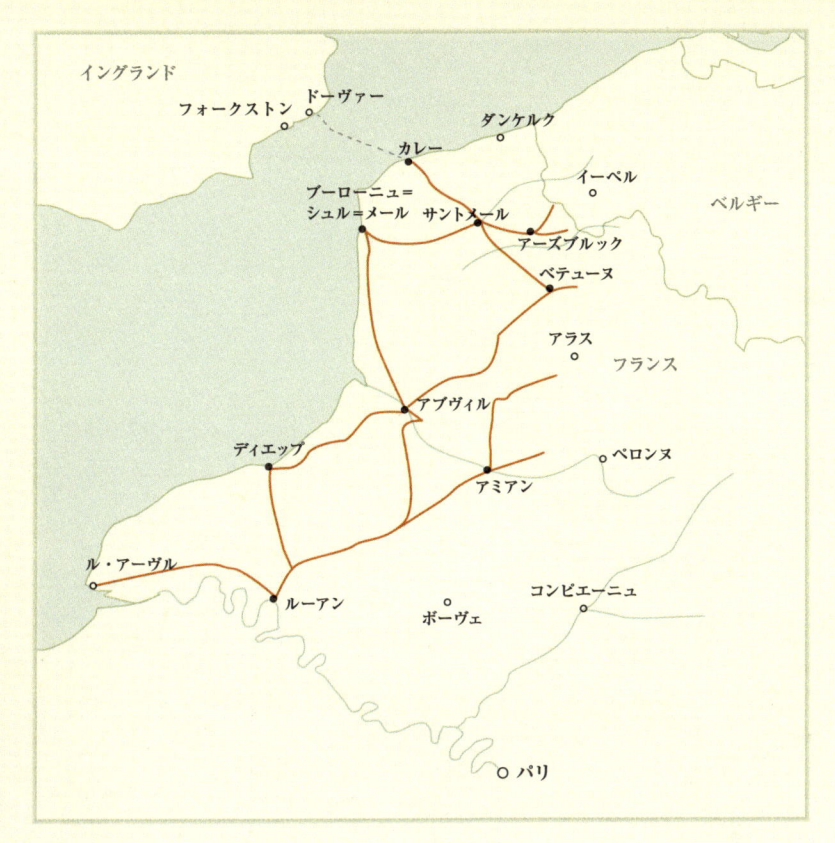

ヨーロッパの戦争
第1次世界大戦では、それまでは想像も及ばなかったほどの遠距離に、補給のための線路を延ばした。1917年には、前線に送る弾薬がグラスゴーの工場で作られていた。

　シュリーフェンにちなんで、シュリーフェン作戦と呼ばれた。ドイツの鉄道力が優位にあることを前提とする作戦だった。ところが、同盟軍はフランスの鉄道を過小評価していたし、フランス陸軍とイギリスの派遣軍の戦闘精神を甘く見ていた。ドイツの進軍は1914年9月、マルヌの戦闘でとどめられた。（この戦闘には、フランスの1万名の予備兵が、パリで徴用された600台のタクシーに乗ってかけつけるという、大いに士気を高めてくれる出来事もあった。）モルトケは皇帝ヴィルヘルム2世に向かって、「この戦は負けです」と言ったと伝えられている。

　敵味方の双方が塹壕をほり、塹壕線はうねりながら南北に756キロ以上に及んだ。「輸送の問題が…戦いを維持する根っこにあった」とドイツの将軍エーリヒ・ルーデンドルフが戦後に書いた回想録で述べている。そしてこれらの問題は、機関車、荷車、人員があるかどうかにかかってきて、石炭の供給と密接に結びついていた。われわれは短期決戦の準備をしてのぞんだが…長期戦に合わせるために体制を再構築しなければならなくなった」

　トラック、汽車、馬、軽便鉄道などによって、塹壕への補給がなされた。蒸気機関、電灯、狭軌の鉄道が誕生するはるか以前から、線路は鉱山や石切場でひろく用いられてきた。1875年、ポール・ドゥコヴィルという農夫が、農作業の非効率が頭にきたのがきっかけで、既成のレールのユニットを作っておき、雨でぐしょぐしょの畑で泥まみれになったテンサイを、まとめて輸送するということを始めた。ドゥコヴィルのレールが製品化されると、フランス軍は

連合軍の鉄道補給線　169

急いで進む
戦車が塹壕に使う材木の束を運んでいるが、この戦車は1917年にカンブレーの戦いのために鉄道によって運ばれてきたのだった。

さっそくマダガスカルとモロッコの遠征のために買いこんだ。

同盟軍のほうが一歩先に進んでいた。ヨーロッパでの戦争を予期して、ドイツのオレンシュタイン＝コッペル社製の軽量レール、車両を、大量に備蓄していた。（皮肉なことに、オレンシュタイン一族の株は、第2次世界大戦でナチ・ドイツの「アーリア化」政策によって没収されてしまった。）イギリスだけが遅れをとっていた。西部戦線の泥と血にのまれようが埋もれようが、イギリスの将軍たちときたら、いまだに馬とトラックを使えばよいだろうというくらいの頭であった。

軽便鉄道の線路網は、前線から最大16キロの位置に作られた終端駅や補給拠点につながっている。そしてそこまでは鉄道の本線が兵や物資を輸送してくるのだが、最初はフランス軍の管理下にあった。それによって混乱と混沌が生じた。たとえば、イギリスの歩兵大隊が、イギリスで港まで時速40キロで定常運転できる2つの列車に分乗してやってくるとする。フランスで乗るのは、1つの長くのろい列車で、せいぜいが時速19キロしか出ない、といった具合だった。イギリス軍の手に管理がうつると、連合軍の補給線は改善した。1917年には、7万名以上のイギリス人の鉄道関係者がこうした補給用の路線で働いていた（そして時として命を失った）。

1000万人の兵士がこの戦争で命を失った。そのほとんどが大砲の砲弾によるものだった。

きのうの夜も砲撃、
おとついの夜も砲撃、
きょうの夜も砲撃さ、
それ以上は知らないけれど。

こんな歌がミュージックホールではやった。だが、戦争の初期段階で、連合軍は使う砲弾のタイプをまちがえていたのだ。

最後のメッセージ
◆
1917年、ノヴァスコシア州ハリファックスの地域全体が壊滅的な被害を受けた。ハリファックス湾で、火薬を積んだ汽船モンブラン号が、ノルウェーの汽船イモ号に衝突した。壊れたモンブラン号は岸に向かって漂流して爆発し、約2000名の犠牲者を出した。この数は、もしも鉄道マンのヴィンス・コールマンの存在がなかったらさらに大きなものになっていただろう。コールマンは駅を出ようとしていたとき、大爆発が迫っていると知らされた。持ち場に帰ると、ニューブランズウィックから接近してくる旅客列車へ電報で警告した。「火薬を積んだ船が港で火災。6番埠頭に向かっている。爆発する。これがわたしの最後のメッセージになるだろう。みんな、さようなら」。そのとおりとなった。だが、汽車はぶじに停止することができた。

170　世界史を変えた50の鉄道

軍需品工場の労働者

　1915年5月のある朝、デイリーメール紙のすっぱ抜きがあった。キッチナー卿──「祖国が君を必要としている」という新兵募集のポスターの顔になっている、あのキッチナー卿のせいで、高性能爆薬の砲弾が軍にとどいていない──「キッチナー卿が砲弾の種類をまちがえて発注したという事実を当局は認めた」というのだ。キッチナーは批判の矢おもてに立つことはなかった。1916年ロシアとの外交上の会議へと向かう途中、乗っていた軍艦ハンプシャー号がオークニー諸島沖でドイツの機雷に触れて沈没し、キッチナーは溺死したのだ。ウェールズ出身の火の玉のような政治家、後に戦時内閣の首相となるデイヴィッド・ロイドジョージが、キッチナーの後釜として軍需相に任命され、正しい砲弾を供給する仕事を課せられた。ロイドジョージは鉄道網をフルに活用し、軍需工場に、それまで排除されていた女性労働力を利用することを考えた。

　ロイドジョージは戦時中には女性労働者を活用すべし、というのが持論だった。女性参政権を求めて、「女性の頭脳と活力を動員せよ」という旗をふりながらロンドンを練り歩くデモンストレーションがあったとき、ロイドジョージは金銭的な支援を行なったほどだ。彼はクライドサイドの造船業労働者の組合と交渉した。組合側は「労働希釈」に対して根強い反感をもっていた。すなわち、ふつうなら組合のメンバーが行なっている仕事を、技術のない者、あるいは技術の未熟な者たち（主として女性）を訓練して行なわせようとすることには絶対反対、というわけだった。しかし、いったん彼らの反対を押しきると、ロイドジョージは鉄道沿線、もしくはその近くに、次々と新たな軍需工場を

危険な仕事
「カナリアガール」とあだ名された女性たち。高性能火薬の粉にさらされて、肌や髪が黄色く染まってしまうからだ。弾薬工場の女性労働者たちは、「大砲弾スキャンダル」の後、時間外労働で砲弾を作った。

作っていった。最後に作られたのは〈スコットランド砲弾製造工場〉だったが、ロイドジョージへの敬意をこめて「ジョージタウン」と呼ばれるようになった。

これらの工場には食堂、休憩室、救急センターがそなわっていた。どれも戦後の産業界で目安となっていく設備だ。ロイドジョージの強い指導があって、女性労働者には公正な給料が支払われた。そして彼らは鉄道を大いに利用した。ロンドンのイーストエンドに住んでいたキャロライン・レニーズという女性の回想が、ロンドンの帝国戦争博物館に記録されている。ロンドンブリッジ駅からロンドン郊外のデットフォードの軍需工場まで、横の壁のない「アダム列車」で通ったとのこと。(「この汽車、アダムが創造されたときに作られたんだってみんなで言ってましたよ。雨が降ったら入ってくるんだもの」)

大砲の砲弾の中身をつめる作業をしていた女性たちは、「カナリアガール」と呼ばれていた。高性能爆薬の粉が肌や髪について、まるで黄疸にでもかかったような黄色いしみができるからだった。「夜、アダム列車から降りてきたら、髪はショウガ色、顔はまっ黄っ黄だったわ」。帰りの汽車に乗るとき兵隊でいっぱいだったら、駅のポーターが内緒で1等のコンパートメントに乗せてくれた。「わたしらが軍需工場の女の子だって知ってるもんだから、客車を開けてくれて、『ほれ、女の子、入りな』って言ってくれたわ」。そこで乗りあわせた客が冷たい顔をすればするほど、からかってやりたいという気持ちになる。「横に将校さんが座っていたりするわね。こっちは疲れているもんだから、その人の肩に寄りかかって寝ちゃったりしてね」

この女性たちは勇敢そのもので、死などおそれてはいない。「先輩の男の人が、汽車で、(砲弾づくりなんてやってると)2年であの世行きだね、なんて

> 大砲よりも機関車のほうが重要になる時がくるだろう。
> ——エーリヒ・ルーデンドルフ大将『戦争の到来』
>   (1934)

参政権キャンペーン
ペンシルヴァニア州ニューカースル、ベスレヘム鋼鉄会社の軍需工場の女性従業員が6人、参政権法案を支持するよう、ウッドロー・ウィルソン大統領に対して陳情を行なった。

言うのよ」とキャロラインの思い出話が続く。「どなり返してやるの。『お国のためよ。死ぬのなんて恐くないよ』ってね」

たしかに、避けがたいこととはいえ多数の犠牲者がでた。鉄道に近いということで、ノッティンガムのチルウェルに建てられた砲弾製造工場の6号棟で爆発事故が起き、1918年に130人を超す女性が合同で埋葬された。チルウェルは戦時下のイギリスで最悪の事故が起きた工場という汚名を背負ったが、カナリアガールたちは、事故の翌日には仕事に復帰し、連合軍の最後の攻勢のための砲弾を製造しているのだった。

1917年、大西洋航路ルシタニア号をドイツの潜水艦が撃沈したこと、さらに合衆国に宣戦布告すれば軍事支援を行なうと、ドイツがメキシコにもちかけていたことが判明し、アメリカも参戦することを決意した。アメリカは大量の鉄道資財、ボールドウィン製作所の蒸気機関車を送ってきた。大砲を西部戦線に輸送するためであった。ドイツが降伏すると、休戦協定の調印が、まことにけっこうなことに鉄道の客車の中で行われた（コラム参照）。この戦争は資源の戦いだった。ドイツよりも連合軍のほうが資源においてまさっていた。それは軍需工場の労働者のおかげだった。（その功績が認められたこともあり、1928年にはイギリスの21歳以上の女性に投票権があたえられた。）

話は1914年にもどる。詩人のエドワード・トマスはアメリカに逃げないことを決意した。「アーティスト・ライフルズ」という軽歩兵の部隊に志願し、1917年にアラスの戦闘で砲弾によって命を落とした。友人の詩人ルーパート・ブルックは1915年にガリポリの近くですでに死亡していた。「兵士」という詩が残っている。

もしわたしが死ねば、
これだけを思い出してほしい。
外つ国の野のどこか片隅に、
永遠にイギリスである場所があるのだと。

休戦の列車

◆

戦争のあいだ、ナゲルマケールスのワゴンリーの現役の客車のうちの1台が引き抜かれて、連合軍総司令官のフォッシュ元帥がオフィスとして用いるよう改装された。ドイツが降伏すると、このワゴンリーはパリ郊外のコンピエーニュの森の待避線に移され、その中で、1918年11月11日に休戦協定が調印された。ドイツの指導者アドルフ・ヒトラーはこれを侮辱と感じ、第2次世界大戦でフランスがドイツに降伏すると、同じ場所、同じ客車で調印を行わせた。のちに、ナチの親衛隊がこの「休戦の列車」を破壊した。連合国側の勝利が確実となったからである。

カルグーリー＝ポートオーガスタ鉄道

1917年

国：オーストラリア
タイプ：旅客・貨物輸送
全長：1693キロメートル

◆社　会
◆商　業
◆政　治
◆技　術
◆軍　事

　初期の鉄道の発達を推進させたのは貨物輸送だったが、オーストラリアの奥地には、〈スロー・ミックスト号〉が、食肉、野菜にはじまり大事な水にいたるまで、家族の生活に必要なものをすべて運んできた。

〈スロー・ミックスト号〉

　鉄道の第1の役割は物資を移動させることであり、人の移動ではなかった。1870年代の後半、興行主のフィネアス・バーナムは、ペンシルヴァニア鉄道を使ってサーカスをアメリカ中に送った。ロシア正教会はかつて牛のひく荷車から会衆にむかって説教していたが、シベリア鉄道の列車の移動教会へと宗旨を改めた（革命後、ソヴィエト連邦が宗教を違法とするまで続いた）。そしてヨーロッパの宣教師たちは、アフリカに同胞を得るために、貨物車を改装した列車の祭壇から呼びかけた。ところが、〈スロー・ミックスト5205号〉［のろのろで雑多の意］は、積み荷だったらおよそなんでもござれだったが、オーストラリア横断鉄道の線路沿いに住んでいる鉄道作業員に説教することだけはしなかった。

　〈スロー・ミックスト号〉は、〈ティー・アンド・シュガー号〉［お茶と砂糖］というニックネームでも親しまれたが、オーストラリア西部のカルグーリーと、南部のポートオーガスタのあいだをほぼ80年間にわたって運行しつづけた。専属の肉屋（この汽車に乗っている、ただ1人の非鉄道員）、新鮮野菜、生活必需品ともいえるお茶と砂糖をふくむその他の食品を運ぶ汽車だった。巡回の健康クリニックもあり、1950年代には動く映画館をのせていることもあった。これは路線にある11の停車場に住んでいる保線員とその家族345名の娯楽のためであった。とりわけ重要なのが、それぞれの家族の水瓶をいっぱいにする、水のタンク車だった。オーストラリア横断鉄道を走るその他の列車でも同じだったが、〈スロー・ミックスト号〉は自分自身のために水をもっていなければならなかった。どこにも水はないからである。

　内陸で金が発見されて、1897年にパースからカルグーリーまで鉄道が通じ

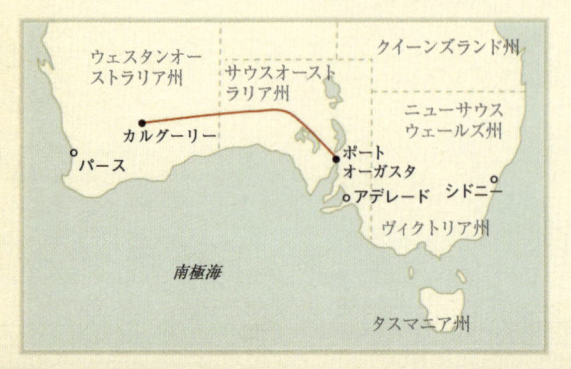

コモンウェルスの絆
オーストラリア横断鉄道の建設への熱意は、オーストラリア西部をニューサウスウェールズともっと密接につなごうという思いから出てきた。

た。さらにナラボー砂漠を横切って、この路線をポートオーガスタまで延長しようという気運が1901年に高まった。それは6つの植民地——ウェスタンオーストラリア、ノーザンテリトリー、サウスオーストラリア、クイーンズランド、ニューサウスウェールズ、ヴィクトリア——が連合して、オーストラリア連邦となったからである。カナダ政府がカナダ横断鉄道をエサにしてブリティッシュコロンビアに合体するよう説得したように、ポートオーガスタ、さらにシドニーまで鉄道を延ばすというエサで、ウェスタンオーストラリアは吸い寄せられてくるはずであった。

　ところが大きな障害があった。ナラボーと呼ばれる、たった1枚の世界最大の石灰岩でできている場所、それにアボリジニーの住む広大な地域があった。牧師の息子エドワード・エアが、1841年にアボリジニーの案内人ワイリーとともに歩いて2000キロを踏破した。20年後、これも牧師の家に生まれたピーター・ウォーバートン大佐が、ラクダの一隊とともに横断した。ラクダは「生きているときは言うことをきかず、肉になっても食べる気にはならなかった」という報告が残っている。1896年、冒険心にあふれたアーサー・リチャードソンが自転車で横断した。1900年代になって、ようやく鉄道マンたちの番がまわってきて、横断鉄道のルートを測量した。直線としては世界最長の478キロの区間がふくまれていた。横断鉄道の建設には5年かかった。どちらの端も、つながっている線路はゲージが違うので、横断鉄道は独自の列車を走らせた。その1つが〈スロー・ミックスト号〉だったというわけだ。

　パースからカルグーリーへの路線には、1938年からは夜行のウェストランド号が走るようになった。水の袋は客車の手すりにかけて冷やし、客車でストーブを焚くために薪がそなえられてあった。1969年には線路のゲージがようやく変更され、〈インディアンパシフィック号〉——ピカピカのステンレスの旅客列車で、わずか144名の乗客しか乗れない（食堂車が3交代でサービスできる最大数）——が、パース・シドニー間で直通運転をはじめた。

　横断鉄道は、こうして鉄道ファンなら1度は乗るべき名物列車となったが、依然として東と西を結ぶ貨物輸送ルートとして重要な役割を演じつづけている。

インディアンパシフィック号
大陸横断鉄道のゲージが整えられると、パースからシドニーまでの定期便を走らせることができるようになった。このルートには、世界でもっとも長い直線区間がある。

ガーン鉄道
◆
オーストラリアを南北に縦断して、ポートオーガスタとダーウィンをアリススプリングズ経由で結ぶ鉄道を完成させるには、125年以上の年月がかかった。ポートオーガスタ＝ガバメントガムズ鉄道（〈アフガンエクスプレス〉もしくは〈ガーン〉と一般に呼ばれている）は、1891年にはウードナダッタまで来ていた。その後の22年のあいだ、アリススプリングズへ行くには最後にラクダに乗らなければならなかった。1929年に線路がアリススプリングズまでつながっても、2979キロのルート全体をつなぐ仕事が完成するまでには、さらに75年待たなければならなかった。

こっちにはじめてきたとき、カミさんに言ったんだ。さんざん聞かされてはいたけど、見るのははじめてだとね。
　——オーストラリア横断鉄道についての、ある鉄
　　道マンの感想（1954）

カルグーリー＝ポートオーガスタ鉄道　175

1932年 シドニーシティ鉄道

国：オーストラリア
タイプ：旅客輸送
全長：4.9キロメートル

◆社　会
◆商　業
◆政　治
◆技　術
◆軍　事

「世界でいちばん長い橋は」と聞かれると、シドニー・ハーバーブリッジと答えるのがずっと定番だった。この橋はシドニー市の地下鉄システムの一部として建設されたものだ。鉄道の時代が進むにつれて、他の大陸でも大きな橋がどんどん作られるようになってきた。だから今では、橋が大きなニュースとなって登場するのは──落ちたときだけだ。

牛の角

「橋恐怖症」の人、つまり橋に本能的な恐怖をおぼえる人は別にして、ふつうは橋があれば渡りたくなるものだ。川岸をいつもと違った角度から見るのもおもしろいし、安心しきって下の奈落をのぞきこむのもなかなかよいものだ。大きな橋は美的鑑賞の対象でもある。フィレンツェのヴェッキオ橋、フランス、アヴィニョンのポン・デュ・ガール、プラハのカレル橋、ニューヨークの設計の粋をほこるブルックリン橋、ポルトガル、リスボンのタホ川にかかるサラザール鉄道橋──ただしポルトガルの独裁者が失脚した後、あわてて〈4月25日橋〉と改名された。どれもこれも美しい。橋の設計者はエンジニアのなかでも、もっとも芸術家肌ではないだろうか。

ジャン＝ロドルフ・ペロネは世界で初のエンジニアの学校、〈エコール・デ・ポン・ゼ・ショッセ〉［橋と道の学校］を設立した。また、細くてカーブした柱でもかなりの重量を支えられるという理論（「牛の角」理論）を実地に証

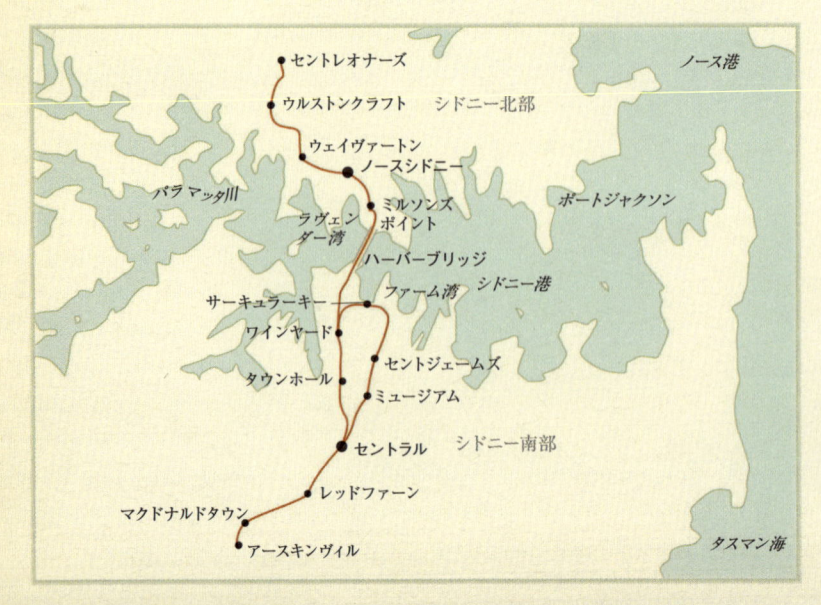

ニューサウスウェールズ
オーストラリアを代表するシドニー・ハーバーブリッジ（あだ名は〈コートハンガー〉）は、北岸とシドニーの中心のビジネス地区を結ぶ重要な鉄道の橋だ。

176　世界史を変えた50の鉄道

明するため、1771年、パリのセーヌ川の上にレンガと石で〈ポン・ド・ヌイイ〉［ヌイイ橋］を架けた。鉄道時代の幕開けとともに、橋のエンジニアたちはすばらしい新素材を手に入れた。すなわち鉄である。イギリス、シュロップシャー州コールブルックデールに初代の鉄橋が架けられたのは1770年代の後半のことだった。「このすさまじい金属塊、物作りの精髄、そしておそらくは文明社会を生み出すバネ」とは、サミュエル・スマイルズが『発明と勤勉』（1884）で用いている言葉だ。そして、それはたしかに「バネ」だった。

それというのも、鉄の大きな長所はその圧縮力にあるからだ。トマス・ペインはアメリカの独立宣言に署名した人物だが、鋳鉄と錬鉄を用いるアイディアをさまざまに探求したことがあった。また、ペンシルヴァニア州ファイエット郡の判事だったジェイムズ・フィンリーは1800年に鉄を用いて、ジェイコブ川に剛構造の吊り橋を架けた。そして1808年にこのアイディアの特許をとったのだった。

しかし、鉄道の橋の第一号は、1725年にイギリスで作られたレンガ造りの橋だった。ドーソンという地主の土地にある、コージーバーンという名の小さな谷に架けられたものだ。この地方の炭鉱を所有している企業体がラルフ・ウッドという石工を雇って工事をさせた。こうしてできたのが〈ドーソン橋〉だ（後に〈タンフィールド橋〉、もしくは〈コージーアーチ〉と呼ばれる）。作った本人は知らなかったが、1年後に完成すると、世界でいちばん長い単スパンの橋となり、しばらくは世界記録を保持していた。（1980年になっても、タンフィールド鉄道はまだこの橋の上に蒸気機関車を走らせていた。その時点で、使用されているものとしては世界で最古の鉄道橋であった。）ラルフ・ウッドは自分のこしらえた構造にまるで自信がなかったようだ。開通した日に

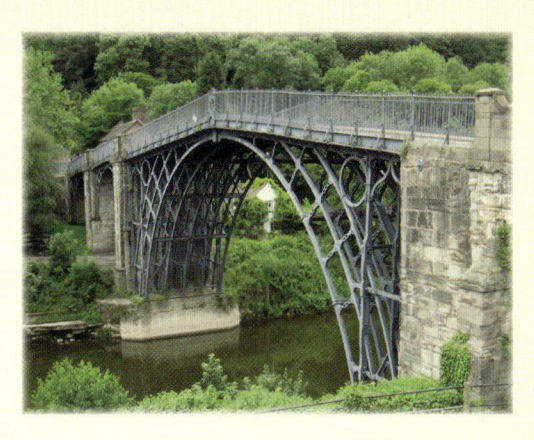

鋳鉄
シュロップシャー州のアイアンブリッジにある、世界初の鉄橋。その後、サミュエル・スマイルズの言葉を用いるなら「文明社会を生み出す主要なバネ」となっていった。

コージーアーチ
世界ではじめて鉄道のために架けられた橋は、ダラム州の炭鉱のためであった。作った石工は開通したときに身を投げて死んだという。

シドニーシティ鉄道　177

橋の崩壊
◆

ハニバル＝セントジョーゼフ鉄道（106ページ参照）が、1861年9月に崩落し、セントジョーゼフの夜汽車が川に転落した。約100名の乗客のうち17名が死亡し、多数が負傷した。南軍の軍人による破壊活動のせいだった。橋の低い部分に放火され、一部が破損していたのだ。1977年、オーストラリアで平時では最悪の鉄道事故が起きた。通勤列車が脱線し、道路の橋の支柱に衝突し、橋が列車の上に崩れてきた。87名が死亡、200名以上が負傷した。事故の原因はレール保守の手抜きだった。

欄干から飛び降りて自殺してしまった。

1845年という年は、イギリスの鉄道建設のラッシュがひと休みした年だ。リヴァプール＝マンチェスター鉄道が開通して以来、全国の橋の数が2倍になっていた。すべてとまではいわないが、そのほとんどが今なお健在である。汽車の問題点は、時間は短いが、移動する重量が橋にかかるという点だ。汽車の振動のせいで文字どおり橋がばらばらになることもありうる。ストックトン＝ダーリントン鉄道のためにサミュエル・ブラウンによってティーズ川に架けられた吊り橋は、この理由でほんの数か月しかもたなかった。

アメリカ初期の鉄道の橋は、木材を塔のように組みあわせた構造で、エイブラハム・リンカーンをして「まるでマメの蔓の支柱、トウモロコシの茎」といわしめたほどのシロモノで、とうてい万人に安心感をあたえるものではなかった。「ぐらぐらして信頼できない…架台の部分がどうなるか知れたものではない」とはいかにもうさんくさげなマーク・トウェインの言。しかし勢いづく国家であった19世紀アメリカにふさわしく、その後いくつか記念碑的な橋を造っている。もっともドラマティックなものの1つは、ジョン・ローブリングがナイアガラの滝にかけた鉄道橋だ。上下2層の橋で、上は汽車が走り、下は馬の引く馬車が通行する。1855年3月に開通した吊り橋は、ひっきりなしに通行車両があり、1897年には疲弊して作りかえられた。ローブリングの栄光は、1883年開通の、線路と道路が通っているニューヨークのブルックリン橋だ。（ローブリングは自分で渡ることができなかった。フェリーに足をつぶされ、破傷風で亡くなった。）20世紀の初頭まで、ブルックリン橋は世界最長の吊り橋だった。アメリカの橋の建築家として、もうひとり記録破りの男がいた。その名はジェイムズ・イーズ、独学で学んだミズーリ州セントルイス生まれの人だ。南北戦争の時には、北軍のために「装甲船」、すなわち武装した船を建造した。そして川底から難破船を引き上げる仕事で、ちょっとした財を築いた。ミシシッピ川をよく知っていたので、セントルイス初の鉄道の橋をミシシッピに架ける契約をもらい、世界最長のアーチ橋を作った。イーズは橋の性能試験まで行なった。14台の機関車で荷重テストを行なったのだ。

ナイアガラ滝
1855年に、滝の上に橋が架けられた。世界初の吊り橋の鉄橋だった。これはカナダ側からの姿。

騎兵隊の攻撃
シドニー・ハーバーブリッジの建設は1923年に始まった。1932年の開通式には、思いもかけない抗議運動の一幕があった。

シドニー・ハーバーブリッジ

　それからほぼ60年後に記念碑的なシドニー・ハーバーブリッジを設計した人々は、もっと慎重だった。一度に90代の機関車をのせて荷重テストを行なった。ハーバーブリッジが〈コートハンガー〉［洋服かけ］というカジュアルなニックネームをもらった理由は一目瞭然だが、世界でもっとも大きく、幅があり、もっとも有名なアーチ型をした鋼鉄の鉄道橋であることはまちがいない。1932年にこの橋がオープンした。式典に、突如としてさっそうと軍服を着た騎兵が馬に乗って現れ、剣でリボンに切りつけた。政府の政策に反対するという意思表示であった。橋は川の北岸とシドニーの中心の商業地区を結び、シドニーシティ鉄道を1本につなぎあわせることを目的とするもので、1926年、ジョン・ブラッドフィールドによって工事が始められ、30年後に完成された。ただし、汽車のレールより車のレーンのほうが多く、自動車の隆盛を見せつけるものとなっている。（路面電車のレールも2本あったが、1961年に路面電車が廃止されると同時に、これもトラックと自家用車のための道となってしまった。）

　ハーバーブリッジ建設にかかわったイギリス人エンジニアの1人に、ラルフ・フリーマンがいる。1905年にヴィクトリア橋を作った人物だ（149ページ参照）。フリーマンはジョン・レニーや、独学の人トマス・テルフォードなどの橋の建築家と同じ道を進んだ。どちらの人物も、もとは道路の橋の建築を手がけていたが、そこに鉄道の時代がやってきた。レニーは蒸気機関車の製作にたずさわるボールトン＆ワットのもとで働いていた。テルフォードは1826年に、〈ポント・グログ・イ・ボルス〉［メナイ吊り橋］、すなわち郵便馬車がウェールズ北部のメナイ海峡を渡って、アイルランド行きのフェリーにまで行けるようにした橋を作っていた。もしもこの仕事の話が10年後に来ていたなら、鉄道のための橋を作っていたところだ。現実には、この海峡を渡る鉄道橋を作る仕事はロバート・スティーヴンソンにゆだねられることとなった。スティーヴンソンは、イザムバード・キングダム・ブルネル、ジョーゼフ・ロックとならんで、19世紀初頭の鉄道橋建設の三羽がらすだったのだ。スティーヴンソンはウェールズ北部の現場を見てきて、〈ブリタニア橋〉のための図

ブラッドフィールドの橋
ジョン・ブラッドフィールドはシドニー・ハーバーブリッジ建設の立役者だが、北と南を鉄道で結ぶことによって市の経済にはずみがつく、という信念をもっていた。

シドニーシティ鉄道　179

面を書いた。錬鉄の管を用いるという斬新な設計だった。そのような橋で鉄道列車を安全に走らせることができるのかと異論を唱える者たちもいたが、縮尺模型を用いて86トンの荷重テストを行なうことで、ようやく懐疑派を納得させることができた。1850年、スティーヴンソン自身が（総200万本のうち）最後の1本のリベットを打ちこんで竣工した。その後の120年間、汽車がこの橋の上を走りつづけたが、1970年に火災が起きて再建された。

　ジョーゼフ・ロックは、スティーヴンソンとブルネルの陰に隠れて目立たない（とはいえ、パリ＝ル・アーヴル線など、いくつかの主要な鉄道建設の立役者だった）。ブルネルは橋の建設ということでは超人的な働きをした。ブルネルのグレートウェスタン鉄道がイングランドを西に向かって進んでいくと、まずエイヴォンとサマセットのなだらかにうねる丘陵があり、デヴォンとコーンウォールの急峻な谷間にさしかかる。ブルネルはウェストコーンウォール線のために8つの高架橋、コーンウォール鉄道のプリマス・トルーロ間には34の高架橋を設計し、さらにテーマー川に橋をかけ、ヴィクトリア女王の夫君アルバート公の名をもらい、1859年5月に開通の宣言をしてもらった。その4か月後、死の淵にあったブルネル（脳卒中の発作をおこしていた）は、この橋を渡って自宅へと運ばれた。

　テーマー橋のようにぶじに立っている橋より、落ちた橋のほうが歴史へのインパクトが大きい。カナダのグランドトランク［大幹線］大陸横断鉄道の（134ページ参照）、セントローレンス川にかかったケベック橋ほど悲運にもてあそばれた橋はない。片持ち式になっている549メートルの中央部は、1907年8月までに一部ができていたが、現場のエンジニアが、支持プレートのいくつかに皺がよっているのに気づいた。そのことが年とった設計家のシオドア・クーパー（かつてセントルイス鉄道のチーフエンジニアとしてジェイムズ・イーズのもとで働いていた）のところに伝えられた。クーパーは作業の中止を命じた。しかしこの指示は作業チームにはとどかず、橋がとつぜん崩落した。その

ブルネルの橋
テーマー川に架けられた革命的な新アルバートブリッジ。1859年にグレートウェスタン鉄道のために作られた。死を目前にしたブルネルは、その後まもなくこの橋を渡って運ばれていった。

渡りぞめ
1932年にシドニー・ハーバーブリッジをはじめて渡る旅客列車。すでに建築の過程で、90を超える機関車で試験ずみだった。

とき、橋の上で85人の者が働いていたが、助かったのはわずか11人だった。1916年9月、新たなケベック橋が完成まぎわとなって、ふたたび悲劇にみまわれた。中心部をはめこもうと、つり上げ作業をしていたところ、セントローレンス川に落下した。こんども11人の死者が出た。セントローレンス川がついに征服されたのはその1年後であった。

　イギリスでもっとも有名な鉄道事故は、スコットランドのテイ橋の崩落にまつわるものだ。この橋を作ったのはトマス・バウチ、1879年当時としては世界最長のこの橋を、ヴィクトリア女王が渡った後で叙勲されて「サー」の称号をもらった。かりに、ヴィクトリア女王のお召し列車の通過が、同じ年の暮れの12月、ある荒れた夜だったとしたら、大英帝国の運命はずいぶんとちがったものとなっていたことだろう。橋のまわりで大風がほえわめいているなか、車掌車の赤い光が闇の中に消えていったと、後に信号手が報告している。郵便列車を見たのはこれが最後だった。橋の中央部がすでに崩壊していて、汽車は75人の乗客もろともテイ川に頭からつっこんだ。生存者はなかった。機関車は後に引き上げられて修復され、ふたたび使用された。事故調査の結果、バウチ（いまや爵位を剥奪されていた）が単純な計算ミスをしでかしたことが判明した。未来の橋の設計者は慎重の上にも慎重を心がけるべしという教訓だけが残った。

ジョゼフ・モニエ
◆
　コンクリートの鉄道橋の建設者たちは、フランス人の造園師ジョゼフ・モニエに感謝しなければならない。モニエは伝統的な陶製の鉢がもろく壊れやすいので、湿ったコンクリートの可塑性と、鋼鉄の強度を高める性質を組みあわせるアイディアで特許をとった。こうして鉄筋コンクリートが誕生した。モニエは1867年のパリ万国博覧会に、このアイディアをもとにした植木鉢をもっていった（博覧会では、ベルギーから出展された牛を積む貨車と、ニュージャージー州パターソンのグラント製作所によって作られた〈アメリカ号〉という蒸気機関車とならんで展示された）。そして後には、シャズレの人に依頼されてコンクリートの橋を作った。

1933年 ベルリン＝ハンブルク鉄道

国：ドイツ
タイプ：貨物・旅客輸送
全長：286キロメートル

◆社　会
◆商　業
◆政　治
◆技　術
◆軍　事

蒸気は1世紀以上にわたって鉄道を支配してきた。しかし、ルドルフ・ディーゼル博士なる人物の発明と、1930年代に〈フリーゲンダー・ハンブルガー号〉が登場したことで、蒸気は好敵手とあいまみえることとなった。

電気ディーゼル列車の登場

1934年、ユニオンパシフィック鉄道は、アメリカを横断する鉄道の旅の様相を一変させてしまうような汽車を投入した。同年2月、93.5トンのM-10000型機関車が、『スター・ウォーズ』のダースベーダーのような前面と、優美な曲線で仕上げられた後尾をほこるかのように、ユニオンパシフィックの線路へと姿をあらわし、東海岸から西海岸へとデモンストレーションの旅をしてまわった。この列車は〈シティ・オヴ・サライナ号〉と名づけられ、ミズーリ州カンザスシティとカンザス州サライナのあいだを、郵便にくわえてわずか100名あまりの乗客を、空調が快適にきいた空間にのせて運ぼうというものであった。また、高速で運行される、世界初のディーゼル電気機関車となるはずであった。

ところが、そのディーゼルエンジンがまだ完全に完成してはいなかったので、ライバルである〈パイオニア・ゼファー号〉が、アメリカ初の栄誉をかっさらってしまった。ゼファー号のほうがユニオンパシフィックの実働のディーゼル機関車の第一号で、ワイオミング州シャイアン・ネブラスカ州オマハ間の817キロを、平均時速135キロで疾走した。その後継機関車〈シティ・オヴ・

ドイツのディーゼル
ベルリン＝ハンブルク鉄道は、ディーゼルで駆動する〈フリーゲンダー・ハンブルガー号〉で、世界最速の旅客輸送の定期便を運行して、たびたび1930年代に新聞の見出しを飾った。

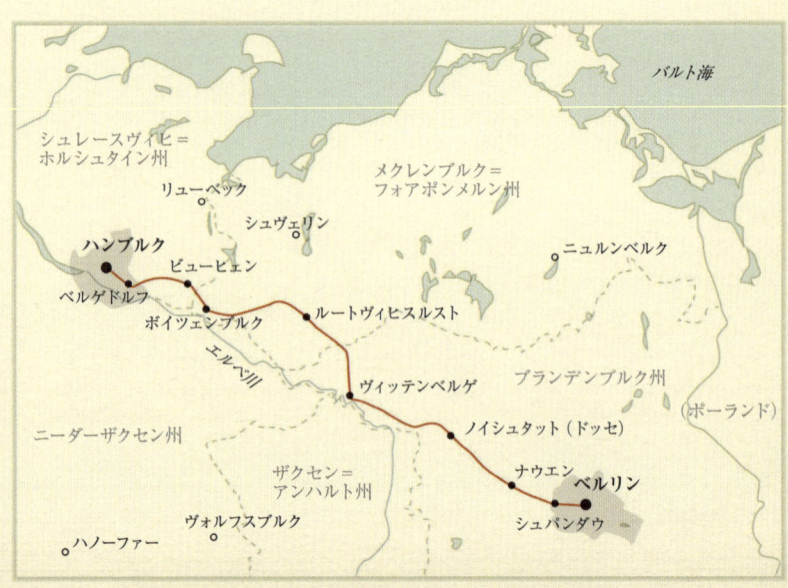

182　世界史を変えた50の鉄道

ポートランド号〉は、シカゴからオレゴン州ポートランドまでの3652キロを走ったが、所要時間がそれ以前には58時間かかっていたのを、一挙に18時間短縮した。これにより、高速の鉄道旅行への需要が高まったが、それとちょうど時期を同じくして、アメリカの自動車への恋が深まってきて、鉄道にも影響をあたえはじめていた。鉄道の側は、〈シティ・オヴ・ロサンゼルス号〉、〈シティ・オヴ・サンフランシスコ号〉など、まずは11両、後には17両の流線型列車を投入した。

流線型のゼファー号は（M-10000型機関車の影をすっかり薄くしてしまったが）、カンザスシティとネブラスカ州リンカーンのあいだの路線で運行した。それ以前には、この2都市を結ぶ最速の列車は蒸気機関車が引く〈オートクラット号〉で、1930年代のはじめごろ、時速59キロというまずまずのスピードを出した。1624キロの区間に対して所要時間は28時間たらずだったが、1934年5月26日、ステンレス鋼製、連結式のゼファー号が平均速度125キロで走ると、13時間にまで短縮された。列車は、この記録を作った足でシカゴ万国博覧会［「シカゴ進歩の1世紀展」］の会場に乗りこんでいったが、これはまさにぴったりの演出であった。ゼファー号が大衆にアピールしたのは、その登場をめぐって集中的に宣伝活動を行なったということも大きい。その日は「夜明けから宵闇までのノンストップ運転」のために、踏切には鉄道会社の職員が立てられ、ボーイスカウトが各駅につめた。

ゼファー号のようなディーゼル電気機関車は、製造に費用がかかったが、その分運転経費が（石炭を用いる蒸気機関車に比べて）安価だったので、採算的に問題はなかった。客車には空調がきいていたばかりか、リクライニングシートがあり、ラジオを聞くこともできたし、展望ラウンジ、軽食堂もあった。この第一号は客席は72名分しかなかったが（郵便と荷物が3分の1の空間を占めていた）、トータルで160万9300キロ走行して引退し、シカゴ科学産業博物館に展示されている。それとは対照的に、車体がアルミでできていたM-10000型のほうは、第2次世界大戦中に解体され、航空機や武器の製造のためにリサイクルされて国防のために役立った。

とがっていて速い

1930年代には流線型がアメリカとヨーロッパを席巻した。「流線型」というのは、もともと空気力学的な効率を改善する文脈で用いられる専門用語だったが、やがてスピードとパワーを意味するようになった。1930年代の列車の多くは、ドイツのバウハウスとアール・デコから大き

銀色の稲妻
ステンレス鋼の〈パイオニア・ゼファー号〉は、デンバー・シカゴ間を走って、「夜明けから宵闇まで」を時速124キロで走るという記録を打ち立てた。

BoBoとCoCo
◆
車輪の配置によって蒸気機関車を区別する伝統的な方法（167ページ参照）は、新世代のディーゼルや電気機関車にはあてはまらない。旧式に代わって、動軸と、非動軸の数を示すためにアルファベットが使用された。Aは1動軸、Bは2動軸、Cは3動軸、Dは4動軸を意味する。それぞれの軸が別々に駆動されながらグループ化されると分類はもっと複雑になり、「o」の文字が追加され、BoBoやCoCoなどのかわいい表記法となった。

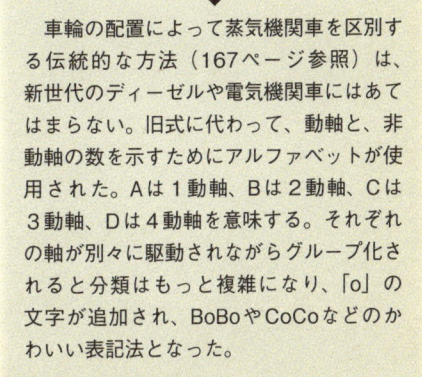

な影響をうけた流線型となっている。〈パイオニア・ゼファー号〉、〈フリーゲンダー・ハンブルガー号〉、イギリスの〈ダッチェス・オヴ・ハミルトン号〉などが代表だ。ハミルトン号は、後になって、休暇用キャンプ場を経営するビリー・バトリンによって、くず鉄の山から救い出された。流線型はとりたてて新しいアイディアというわけではなかった。「機関車の前面は船のようにくさび形にすべきだと提案されている…。それによって汽車が…より少ないエネルギーで進むことができるだろうという考えである」と、ジェイムズ・コットがすでに1895年に述べている。

ディーゼルという名のもとになった、ドイツ人エンジニアのルドルフ・ディーゼル博士によって発明されたディーゼル車には、もともと空調がなかった。ちょっとした運命のたわむれで、「ディーゼル」は「アクロイド＝ステュアート」と呼ばれていたかもしれない。アクロイド＝ステュアートも同じような機関車で1890年に特許をとっていたからだ。ところがそうはならずに、フランス生まれのディーゼルが1892年に特許をとり、大金持ちになった。ところが、ディーゼルは、1913年、汽船のドレスデン号に乗ってアントウェルペンからハリッジに渡る途中、謎の失踪をとげてしまった。

鉄道が誕生して以来、蒸気以外の動力源がさまざまに試されてきた。ガソリンとパラフィンは、揮発性が高く爆発しやすいので扱いにくいのに対して、アクロイド＝ステュアートとディーゼルのエンジンは安価な、精錬度の低い石油で動かすことができた。ただし100パーセント安全というわけではなかった。運よく死をまぬがれたものの、試作品が爆発したこともあった。ディーゼルの問題点は、動かす前に熱しなければならないということだった。この問題点にさまざまのエンジニアが取り組み、1898年ミュンヘンで、ディーゼルエンジンの世界初の公開デモンストレーションが行われた。

その15年後、ディーゼルはロンドンで開かれる会社の会議に出席するため、夜行の汽船に乗って、モーニングコールを依頼した。それきり姿を消してしまった。コートはたたんでデッキの上に置かれているのが見つかり、船室には乱れたあとがなかった。後になって、あるオランダの船の船員が海から死体を引き上げ、所持品を抜きとった（後に、息子のユージンによって父親のものと確認された）。遺骸は海に返された。財政上の心配がこうじて自殺したのだろうか？　誰かに殺害されたのだろうか？　ドイツの諜報部員に殺されたという説（ドイツとイギリスの敵意を高める有益な情報をもっていたかもしれない）、石油会社の者に殺されたという説（ディーゼルは自分の発明した機械を植物油で動かしたいという夢をもっていたが、そうなると石油化学産業の利益をそこなうことになる）など、陰謀説に花が咲いた。謎は謎のままだが、ディーゼルエンジンは世界中に広まっていった。

植物油はやがて、現在の石油やコールタールと同じくらい重要なものとなるだろう。
——ルドルフ・ディーゼル

ディーゼル博士
歴史上もっとも成功したエンジンの1つを発明したルドルフ・ディーゼル博士だったが、謎の状況の中で姿を消した。

カナダナショナル鉄道は、1925年、8台のディーゼル電気機関車を製造し、そのうちの1台を、運転士に「途中で止めるな」という指示をあたえて、モントリオールからヴァンクーヴァーへと大陸横断の旅に送り出した。エンジンは67時間動きつづけ、4715キロを走破した。

　7年後、1933年のドイツで、よそで聞いたら噴き出すかもしれない名前の〈フリーゲンダー・ハンブルガー号〉、すなわち空飛ぶハンバーガー号がディーゼルエンジンをつけて登場した。名前には噴き出しても、走りっぷりを見てライバルはまっ青になった。2両の流線型の、クリーム色とむらさき色の車両は、それぞれに運転台があったが、ベルリン・ハンブルク間を時速161キロで疾駆した。いまやドイツは世界一高速の定期列車を走らせている国となった。第2次世界大戦のあいだにハンブルガー号は運行をやめ、戦後はフランスによって戦利品として接収された。フランスは1940年代の終わりまで走らせつづけた。

　ハンブルク＝ベルリン間の列車スピードはその後65年のあいだ改善されることはなかったが、ディーゼル機関車と電車が蒸気機関車をおしのけるプロセスが進むのと並行して、アメリカの自動車メーカーのゼネラルモーターズが、ディーゼル電気機関車を大量生産しはじめた。標準化されたユニットに分けられ、プレハブの家のように組みあわせるよう設計されていた。荷重が軽い場合は1ユニット、とくに重い場合は4ユニットであった。ディーゼルエンジンは未来の動力としてしっかりと根づいたかのように思われた。ところが、物語はこれで終わりではなかった。1985年、ドイッチェバーン［ドイツ鉄道］は新たにもっと高速の列車、ICEの運行をはじめたのだ（217ページ参照）。

ハンブルガー
〈フリーゲンダー・ハンブルガー号〉は、第2次世界大戦前では世界最速の旅客便だった。

未来の形
アメリカ製の汎用ディーゼル・エレクトリック機関車が世界の大陸をかけめぐり、蒸気機関の終焉を加速させた。

1939年

プラハ＝リヴァプールストリート駅（ロンドン）

国：チェコスロヴァキア・ドイツ・オランダ・イギリス
タイプ：旅客輸送
全長：1296キロメートル

◆社　会
◆商　業
◆政　治
◆技　術
◆軍　事

社会の弱者を危険からのがれさせるのは大昔から行われてきたことだが、一般の人でも飛行機の旅ができるようになるまでは、大勢の人を安全な場所に避難させるには、船と汽車がその主役だった。

鉄道の子どもたち

サリー州に住んでいた作家のイーディス・ネズビットは、1905年に『鉄道の子どもたち』という物語を書いた。ボビー、ピーター、フィルの3人きょうだいが、毎日汽車の走るのを見ながら、父親が遠くから帰ってくるのをむなしく待ちつづけるという物語である。本が出版された年から、第2次世界大戦の終わりまでのあいだに、鉄道はじつに700万人もの「鉄道の子どもたち」が疎開するのを手伝うこととなった。

社会的弱者である子どもやその母親たちを安全な場所へと疎開させることは大昔から行われてきたことだが、20世紀になって、ヨーロッパにファシズムが勃興してくると、鉄道という1度に大量の人間を移動させる手段が目の前に提供されていることによって、逆に疎開への必要性が緊急のものとして感じられるようになった。最初に疎開したのは、バスク人の難民だった。スペイン北部に住んでいた彼らはフランシスコ・フランコ将軍（後のスペイン統領）によって率いられたファシストの軍隊によって攻撃され、子どもたちを疎開させた。1937年、ドイツ空軍のコンドル軍団の爆撃機が、防御力のない町ゲルニカに無差別爆撃を実験的に行なった。この事件に心を動かされ、パブロ・ピカソは抗議の気持ちを表現するため、記念碑的な作品「ゲルニカ」を制作することになった。同時にこの事件によって、後に「バスク難民」と呼ばれるように

脱出ルート
約1万人の疎開児童がナチからのがれるために、戦争が始まる前に親もとを離れた。

生命線
鉄道は、ユダヤ人の家庭が子どもを悲惨な戦争から引き離す手段をもたらしてくれる、ただ1つのルートだった。

なる人々が生み出されることになったのだ。幼ければ5歳といういたいけな子どもたちが、戦争の難をのがれるため、イギリス、ベルギー、メキシコやソヴィエト連邦へと送られた。ソヴィエトの家庭に引き取られた子どもたちは、ロシアの指導者スターリンもしくはスペインの独裁者フランコによって、親もとに帰るのを禁じられた。

4000人以上の子どもたちが、「イギリス行き」と記された名札を襟につけ、蒸気船のハバナ号に乗せられた。行く先はイギリスのサウサンプトン港。近くのノースストーナムに臨時の宿所が設けられていたので、まずはそこまで汽車で行き、そこからイギリス各地のあらたな家族のもとへと送られた。(「黒髪で、肌の浅黒い少女がちがとつぜん学校にやってきたときのことを覚えています。聞き慣れない童謡を教えてくれました」とあるイギリス人の少女が回想している。)

イギリスの都市にドイツ軍の空襲がはじまり、汽車による大規模な子どもの疎開が行なわれるようになった。1939年に戦争がはじまったとき、推定480万人の者たちがより安全な農村地区へと移動することが予想されていたが、実際には、汽車でいなかに送られたのは約150万人であった。これは大きな数字だが、どの2人をとっても同じ経験をした子どもはいない。9歳のパミラ・ダブルが11歳と3歳の兄弟たちと疎開したとき、夜遅くいなかの駅についた。パミラは兄弟たちから引き離されて、牧師の家の庭師夫婦のもとへと遣られた。「母代わりのあの人は、9歳の女の子がいっしょに住むのをあまり喜んではいなかったように思います」とパミラは述べている。

フランスが降伏し、ドイツによるイギリス侵攻が目前に迫ったときには、疎開児童の数が急増した。1940年代のはじめにドイツの爆撃がピークにたっし、都市をのがれる子どもの数も最大数をかぞえた。その1人メイヴィス・オーウェンは10歳、髪をお下げにし、いちばんのよそ行きを着ていた。1941年に

> ドイツ占領下にあるヨーロッパの全地域で、ユダヤ問題の完全解決のための準備を行なうよう、ここに命じる。
> ——ヘルマン・ゲーリング（1941年7月）

プラハ＝リヴァプールストリート駅（ロンドン）

最後の旅

2009年、児童疎開の輸送が始まって70年後に、歴史的な列車がプラハ中央駅を出発して、ロンドンのリヴァプールストリート駅をめざした。「子ども輸送」を組織したニコラス・ウィントンの功績を記念するためである。この旅は4日をかけて行われ、スロヴァキアの機関車〈グリーンアントン号〉や、主要路線での運行用に2008年に新たに製造された蒸気機関車〈トルネード号〉など、6台の異なる機関車が用いられた。客車には、チェコスロヴァキアの初代大統領トマーシュ・マサリクの豪華サロン車もふくまれていた。これは、1951年に、英仏連絡列車便に用いられていた〈ゴールデンアロー号〉のために作られたものだ。

英雄をたたえる
フロア・ケントによるニコラス・ウィントンの像。ウィントンはロンドンの株式仲買人だったが、1939年に子どもたちがドイツから逃げるのを援助した。

リヴァプールの爆撃で穴だらけの通りをつれられて、駅に行ったときのことを覚えている。「お母さんたちは、子どもたちと一緒にプラットフォームに入るのを許されませんでした。動転しすぎてはまずいからです。なので、お父さんたちが汽車に乗せてくれました。わたしはもう両親の顔を見るのもこれが最後かと思って、泣きじゃくりました」

汽車はウェールズ中部をぬけ、右も左もわからない子どもたちはランドリンドッドウェルズで下ろされた。メイヴィスはクライロ村の小さな農場につれられていった。「パラダイスという名の農場のエヴァンズさんのご夫婦のところにお世話になりました。小さな農場だったけど、名前のとおり天国だったわ」。1944年メイヴィスは農業支援婦人会にくわわった。「戦争が終わると農場に帰って、リヴァプールには2度と戻らなかったわ」。戦時中に鉄道で疎開して、戦後、自分の家や家族のもとに帰ることは、ドイツの子どもたちにとっては不可能な場合が多かった。そんな1人がルートヒェン・ミヒャエリスである［ルートヒェンRutchenはルートRutの愛称、Rutは英語ではルースRuth］。ルートヒェンは1935年の1月にベルリンに生まれた。母はユダヤ人ではなかったが、父のロバートはユダヤ人で、まだ幼い3歳のときでさえ、世間の風がユダヤ人に対して冷たく吹いていることを感じた。「まずいことが起きているのがわかりました。なにか恐怖を感じながら、その正体がわからないという気持ちだったのを覚えています」

1939年2月、ルートヒェンは母親、そして7歳になる兄といっしょに、ベルリン動物園駅で汽車に乗った。彼女はその後10年間ベルリンを見ることはなかった。「車から降りたときわたしは泣きわめきました。イギリスなんかじゃなく、動物園に行きたかったのです」。3人は汽車に乗って、海峡に面した港に着いた。「汽車の旅がいつまでも終わらないような気がしたのを覚えています…汽車をおりるとまっ暗で、波止場に行って、大きな船の横を歩かされました」

彼らは海峡を渡り、イギリスの関税のデスクにやってきた。ルートヒェンのお気に入りの人形クリスティーヌを、母親が係の役人に渡した。役人は人形を調べようとしたが、ルートヒェンが泣き叫び、大騒ぎをしたので、さっと見ただけで返してくれた。人形には母親が代々受け継いできた家宝の宝石が入っていた。こうしてドイツからうまく密輸できたというわけだ。

「船が着いた後、われわれはまた汽車に長々と乗ってロンドンに行きました。もう汽車はうん

ざりという気分でした」。けれども、まだ汽車の旅が待っていた。ケント州メードストンの家庭で里子として養われることになっていたからだ。そこに着くと母親は子どもたちをベッドに寝かしつけ、お休みといって姿を消した。ドイツに帰ったのだった。さよならはなかった。「母は死んだのだと思うことに決めました」

レールの上で止められた

　鉄道を使って疎開したユダヤ人の子どもは1万人いたが、ルートヒェンの身元証明の書類にも「無国籍」と記されてあった。ルートヒェンは、これからはイギリス人のルースになろうと決意した。それは平坦な道ではなかった。3つの家庭、ホステルに移り住んだあげく、14歳の時、ドイツ行きの汽車に乗った彼女の姿があった。戦争中に父親は上海にのがれていたことが判明した。また、母親は、危険きわまりないローゼンシュトラーセ［ローズ通り］運動——ユダヤ人の夫の収監に抗議する妻たちの抗議運動——に参加したものの、ベルリンでなんとか生きのびていることを知った。ルースは、父親からドイツに戻ってほしいといわれたのを最初のうちこばんだが、召喚状を受けてやむなく帰った。けれども、心に傷を負った少女は再度の人生の変転を受け入れることができず、イギリスへと戻っていった。

　1939年のルースの汽車は、首尾よくヨーロッパからのがれることができたが、それほど好運ではない者たちもいた。9月3日、「鉄道疎開児童」の250人のグループが、プラハ駅でイギリス行きの汽車に乗った。同じような疎開列車が、ロンドンの株仲買人ニコラス・ウィントンによって組織され、これまでも何度も行われていた。ウィントンは開戦の前の年にプラハを訪れ、疎開児童の支援をするために、ヴァーツラフ広場のホテルにオフィスをかまえていた。これまで600人を超える子どもたちの疎開に手をかしてきた。その親たちは後にほとんどが殺害された。ところが、この最後のグループは目的の地に着くことができなかった。その時点でドイツのポーランド侵攻が始まっており、汽車は途中で止められ、子どもたちは家に返され、ナチの手に運命をゆだねなければならなかった。疎開児のルース・バーネットが回想録『無国籍の人』に書いている。「われわれ子どもたち——生き残った子どもたちは、ヨーロッパ大陸の100万人以上の子どもたちが逃げる機会をえられず、殺害されたということを決して忘れない。そうした子どもたちの誰かが有名な音楽家になったり、致命的な難病の治療薬を発見したかもしれないのだという思いに、いまだにとらわれるのだ」と。

ウィントンの列車
ロンドン行きの特別列車がプラハ駅を出ていくところ。2009年に児童疎開の輸送を記念するために走った。かつてこれで逃げた子どもだった人たちも乗っていた。

プラハ＝リヴァプールストリート駅（ロンドン）　189

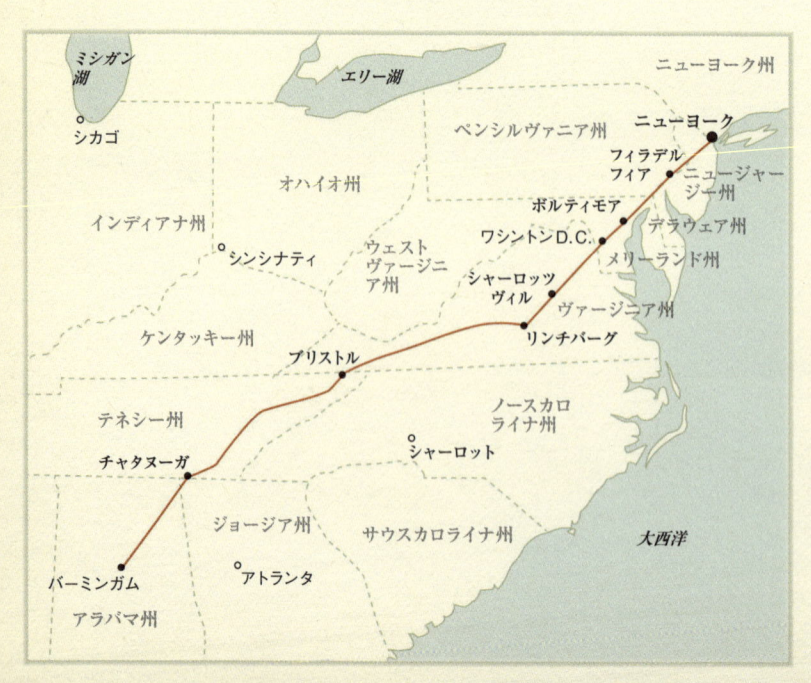

サザン鉄道

1941年

国：アメリカ合衆国
タイプ：旅客・貨物輸送
全長：1585キロメートル

◆社　会
◆商　業
◆政　治
◆技　術
◆軍　事

　蒸気機関車の音はミュージシャンにとって天からの贈り物だが、1つの歌がアメリカのある駅を、ポップスの世界地図にのせることになろうとは誰も予想しなかった。

女や英雄

　ジョン・ヘンリーは強い男だった。死後に残った伝説では、蒸気駆動のハンマーを自分の筋肉でがっしと受けとめ、死んだという。ジョン・ヘンリーは鉄道トンネルの工事に雇われている、ごくありきたりの掘削工だったのかもしれない。あるいはウェストヴァージニア州タルコットの住民たちが信じているように、チェサピーク＝オハイオ鉄道の建設の際に、近くのビッグベンドトンネルで働いていた人物かもしれない。真実はわからないが、ジョン・ヘンリーはケイシー・ジョーンズ（コラム参照）と同じく、フォーク・ヒーロー、すなわち民衆の英雄となり、「ジョン・ヘンリーのバラード」を残した。

　鉄道によって、心奮い立つような歌が生まれた。もっとも早いものの1つに、踊りはねるような「キャロルトンマーチ」がある。ボルティモア＝オハイオ鉄道の開通記念に作られたものだ。この曲は、1950、60年代、イギリスの蒸気機関車時代が閉じようとしているころに汽車の音を記録した、ピーター・

君、ちょっといい？
ハリー・ウォレンとマック・ゴードンの「チャタヌーガ・チュー・チュー」のおかげで、テネシーの鉄道町が世界の音楽地図の上で確固不動の地位を占めることになった。

190　世界史を変えた50の鉄道

サザンベル［南の美人］号
カンザスシティからニューオーリンズまで走っていた、〈サザンベル号〉のような列車の懐かしい響きは、歌手や演奏家、作曲家にとってインスピレーションのもとだった。

ハンフォードの「音楽」と比較するとおもしろい。

　スイスの作曲家アルテュール・オネゲルは、1923年作曲の郷愁をそそる「パシフィック231」で、蒸気機関車の音を音楽にしている。（231というのは機関車の車輪の配列をフランス式に記述している数字だが、これに対してホワイト式車輪配置［167ページ参照］というのもあり、それだと4-6-2となる）。オネゲルは作曲家としての生涯のほとんどをパリですごしたが、「パシフィック231」では、「300トンの列車が徐々にスピードを増してゆき…時速120マイル［193キロ］で夜の中を突っ走る」さまを記録したかったのだと、あるインタビューで述べている。「人が女や英雄を愛するように、わたしは機関車が好きだ」と。

　偉大なオペラ作曲家ジョアキーノ・ロッシーニは、ヨハン・シュトラウス2世と同じく、女と英雄のほうがはるかに好きな口で、鉄道の旅に心底嫌悪を感じていた。ロッシーニは「楽しい汽車の小旅行」という小品を書いているが、最後は衝突で終わるのだと、うれしそうに説明したという。だが、ロッシーニとシュトラウスは少数派だ。鉄道旅行のシュッシュポッポ、ガタガタンのリズムを愛した作曲家は数多い。フランスの作曲家マリー＝ジョゼフ・カントループは、心に染みつくような美しい「オーヴェルニュの歌」を、1度の長い汽車旅行のあいだに書いたという。ブラジルのエイトル・ヴィラ＝ロボスは「カイピラの小さな汽車」でもっと直接に汽車そのものを表現して、汽車の警笛や、機関車が列車を引くときの車輪と線路のきしみの音を再現している。ヴィラ＝ロボスもオネゲルと同じで、汽車の旅のリズム感に魅せられていた。2分間の小品に（1930年の初演ではみずからチェロを弾いた）、ラテンアメリカ風の軽快なリズムをあたえている。

　「パシフィック231」のような曲は、1923年から1932年

ケイシー・ジョーンズ
◆

列車事故は、鉄道の歌を作る人々が好むテーマだ。「〈オールド97号〉の大惨事」や、カーソン・ロビンソンとロバート・マッシーの「暴走列車」（1925）なども有名だが、「ケイシー・ジョーンズのバラード」も息長く歌いつがれてきた。ケンタッキー州ケイシー出身のジョン・ルーサー・ジョーンズは、1900年4月ミシシッピ州ヴォーンで、貨物列車との衝突を回避するため、メンフィスからの4番列車を止めようとして亡くなった。運転席の下で見つかった遺体は、ホイッスルのちぎれたひもをしっかりとにぎりしめていたという。

おねがいだよ、ケイシー
ホイッスルを鳴らしてよ
ホイッスルを鳴らしてよ
みんなに聞こえるように

サザン鉄道　191

コーンウォールのリズム
ヴィヴィアン・エリスが作曲したラジオのテーマ曲は「コロネーション・スコット」だが、じつは別の方面に向かう列車――〈コーニッシュ・リヴィエラ号〉に乗っていて浮かんだ曲だったようだ。

音楽を作る人
レスター州の楽器職人が、鉄道エンジニアのジョージ・スティーヴンソンのために、最初の蒸気機関車の「スチーム・トランペット」[後のホイッスル] を設計した。

にかけてカナダ国営鉄道によって放送された、北米の初期の全国ネットラジオでよく演奏された。このラジオ局が発展して、BBCをモデルにしたカナダ放送協会の設立へとつながっていった。カナダ放送協会は、最初にして唯一の、鉄道から生み出された全国ネットラジオ局だといえる。ところで、1930年代にBBCのポール・テンプルの探偵物のドラマを聞いていると、こちらでも、蒸気機関車の旅が目に浮かんでくる音楽が流れていた。ポール・テンプルのテーマ音楽は、作曲家ヴィヴィアン・エリスによる「コロネーション・スコット」だが、これは1930年代にロンドン・グラスゴー間を6時間半で走るという記録をうちたてた、流線型をした赤と金の急行列車〈コロネーション・スコット号〉を記念する楽しい曲だったのだ。ただし、曲想をえた列車はスコット号ではなく、じつは〈コーニッシュ・リヴィエラ号〉だった。「列車のリズムは、サマセット州にあるわたしのいなかの別荘と、ロンドンのあいだの旅で聞いたものだった」とエリスは後になって認めている。

エリスの「コロネーション・スコット」が始まると、オーケストラが低くうめくような汽車のホイッスルを鳴らす。ホイッスルと鐘は、鋼鉄の車輪がレールの継ぎ目を通るゴットンゴットンのシンコペーションとともに、鉄道音楽になくてならない要素なのだ。アメリカの蒸気機関車には、蒸気のホイッスルの独自の音色がある。ペンシルヴァニア鉄道の妖怪じみた泣き声から、ノーフォーク＝ウェスタン鉄道の悲しい遠吠え風の声までじつにさまざまだ。ホイッスルは鐘のような形に作られ、中は複数の空間に仕切られているので、同時に複数の音が出る仕組みになっている。サザン鉄道の3チャイムのホイッスルの陰鬱な遠吠えを聞くと、悲しい別れと空漠たる原野が目に浮かんでくる。中西部のかたすみで自然にできあがったような鉄道の唄もあるが、1930年代のジョン・ロマックスのような大衆音楽の研究家が収集した「ロックアイランド線」（シカゴ＝ロックアイランド＝パシフィック鉄道の歌だと考えられている）のような唄が残っているばかりである。

蒸気機関車がディーゼル機関車に変わり、ホイッスルも実用的で想像力をかきたてない2音ホイッスルに変わっても、音楽好きの運転士は、ベートーベンの第5シンフォニーの冒頭部や、もっとくだけたところではヨークシャーのフォークソング「帽子もかぶらずイルクリーの丘で」を演奏することができたという。

黒人のミュージシャンからは、鉄道、ジャズ、ブルースが組みあわさって、あらたな曲がごっそり誕生した。ハリー・レイダーマンの1921年の「レールウェイ・ブルース」から、マディ・ウォーターズの1951年の「スティル・ア・フール」（「いや、汽車が2つ走ってる」）までじつにさまざまである。だが、有名といえば、なんといってもグレン・ミラーの「チャタヌーガ・チュー・チュー」にとどめをさす。作曲したのはイタリア人のハリー・ウォレン（1946年のミュージカル映画『ハーヴェイ・ガールズ』で、ジュディ・ガーランドが歌っている「アッチソン・トピカ・アンド・サンタフェ鉄道に乗って」も書いた）と、ワルシャワ生まれのマーク・ゴードンで、サザン鉄道のバーミンガム

特別列車をテーマにした歌である。この列車はチャタヌーガ経由でアラバマ州バーミンガム・ニューヨーク間を走ったが、この1941年の歌のおかげでグレン・ミラーも、チャタヌーガの町も有名になった（チャタヌーガは全国鉄道模型協会の本拠地となった）。ミラーは1944年12月に、イギリスからパリへの飛行の途中、乗っていた飛行機が（おそらく味方の誤射によって）消息不明となり死亡した。戦後、ドイツのジャズシンガーのビリー・ブーランが、自分流にアレンジして歌った。それは「ケッチェンブロダ急行」という皮肉な歌で、石炭がとぼしく、座席もないときの鉄道の旅がいかに悲惨かを歌ったものだ。

　書かれたのは1988年だが、もっと戦争の記憶を色濃くただよわせている曲がある。それは「違った列車」という曲で、ユダヤ人の作曲家スティーヴ・ライヒによって弦楽四重奏と録音テープのために書かれた。実験的な作品で、ホロコーストを生き残った人々をふくむさまざまの人間とのインタビューのテープからとった声が入っている。ライヒはアメリカ生まれのユダヤ人で、戦時中は汽車でニューヨークとロサンゼルスのあいだを定期的に行き来した。もしもヨーロッパにユダヤ人としていたなら、汽車の旅がどのように違ったものだったろう、との思いから作られた曲だ。

チャタヌーガ・チュー・チュー
〈バーミンガム特別列車〉がグレン・ミラーのヒット曲で歌われた列車だ。サザン鉄道のアラバマ州バーミンガム・ニューヨーク間を走っていた。

サザン鉄道　193

1942年 アウシュヴィッツ分岐線

国：ポーランド
タイプ：旅客・貨物輸送
全長：1.7キロメートル

◆社　会
◆商　業
◆政　治
◆技　術
◆軍　事

　第2次世界大戦中、ドイツ国有鉄道は数百万人におよぶ子どもや成人男女を死の収容所へと送った。大量輸送機関をこれほどまでにショッキングな目的に用いた例は、世界史上ほかには見あたらない。

最終的解決

　1941年9月、ドイツのユダヤ人は、汽車に乗るときは他の乗客のあとに乗り、3等車両に乗り、すべての「アーリア人」が座ってから座席に座るよう指示された。これは、ドイツ国有鉄道の歴史のなかでもっとも恥ずべき一章のはじまりであった。

　国有鉄道である〈ドイッチェライヒスバーン〉は、第1次世界大戦が遺した損傷と負債からようやく回復したばかりだった。アドルフ・ヒトラーが権力の座についたとき、国有鉄道はヨーロッパで有数の効率のよい鉄道を走らせていた。

　1941年、軍の指導者であったハインリヒ・ヒムラーは、ドイツ占領下のポーランドの小さな村に死の収容所を建設するよう命じた。すなわちアウシュヴィッツである。北と東から南西に向かう列車が用いる、複線の主要幹線の近くに位置していた。死の収容所へは、アウシュヴィッツの国鉄駅のすぐ西にのびる支線で行くことができた。

最終的解決
ナチ・ドイツの「最終的解決」はユダヤ人を殲滅する計画である。鉄道はこの「解決」で中心的役割をになっていた。

ユダヤ人、ジプシー、その他「望ましくない者たち」の大量虐殺は1942年にはじまった。（それ以前にも、リガ、ミンスクの森に数千人の人々が汽車によって運ばれ、銃殺されていた。）整然とした虐殺計画は鉄道によって可能となった。人々がガス室に集められ、そこに有毒ガスが満たされるという大量殺人の手順はすでに開発されていたので、ドイツはベルゼッツ、ソビボル、マイダネク、トレブリンカに死の収容所を建設した。立地条件は、人里離れているが鉄道には近いということだった。最初、アウシュヴィッツの2つの小屋がガス室に改装された。子どもたち、そして成人の男女が、アウシュヴィッツ駅から死への行進をさせられた。後に、収容所のために専用の支線が作られ、分岐のための機関車が列車を支線へと押し入れた。鉄道職員は列車を離れ、乗っている人たちだけが収容所へと運ばれていった。

特別貨物
鉄道職員たちは、国家によって殺される犠牲者をガス室へと運ぶのに、運賃を請求した。

　しかし、職員たちには何が起きているかわかっていた。アルフレッド・C・ミヤジェイエフスカ（2005年刊『ヒトラーの列車』）によれば、カトヴィツェの操作主任で、アウシュヴィッツ駅を管理する立場にあったヴァルター・マヌルは、1942年に、近くの建物がユダヤ人を殺すために用いられていることを告げられたという。国有鉄道の輸送部門にいたパウル・シュネルは客車を殺害のための列車にふりあてた。ドイツおよび占領下のヨーロッパの客車は「Da」と記された。かつてポーランドだった地域の客車には「PKr」と記された。

　輸送費は「特別貨物」として計上され、3等の客車に50名を乗せ、20の車両で1列車とされた。（後になると5000名が1列車で運ばれた。）団体料金（400名以上）として、標準の3等料金の半額が「特別料金」として設定された。最終的段階になると、犠牲者を運ぶのに貨物車が用いられた。

　死者の所有物を輸送するのにも鉄道が用いられた。1943年2月には、衣服、羽毛の寝具、ラグ絨毯を満載した825両の貨物車のリストが、ヒムラーのもとにとどけられた。アウシュヴィッツとルービンからドイツに返されてきたものだった。ある貨車には、3000キログラムの女性の髪の毛が積まれていた。

　1942年のクリスマスには、兵士たちが休暇のために鉄道で帰ってくるのに合わせて、一時的に列車の運行が中止された。1943年の1月から3月の終わりまでに、66列車で、9万6450名の人々がアウシュヴィッツへと運ばれた。1944年7月までには、147列車で45万名のユダヤ人が運ばれていた。クロアチア、ギリシア、ベルギー、イタリア、フランス（コラム参照）、そしてオランダから来る列車もあった。

　戦後になって、ドイツ国有鉄道はナチの独裁政治の犠牲者であると述べる者たちが出てきたが、国有鉄道が政府の反ユダヤ政策に協力し、それによって利益を得たことは事実として認めなければならない。あのような規模で大量殺戮が可能となったのは、鉄道網があったればこそだ。1945年1月27日、ロシア軍がアウシュヴィッツに突入した。1月27日はホロコースト記念日となった。

ラ＝マルセイエーズ
◆
　1943年のこと、アウシュヴィッツに入ってきた列車の車内から、フランス国歌「ラ＝マルセイエーズ」の大合唱が聞こえてきた。パリからの列車だった。パリからアウシュヴィッツに来た列車はこれだけだが、乗っていたのはユダヤ人ではなく、レジスタンス運動で活動していて逮捕された女性の戦士たちだった。フランスの警察の協力により、シャーロット・デルボーをふくめて230名の女性がアウシュヴィッツ送りになった。49人が生き残り、シャーロット・デルボーはそのうちの1人だった。のちに『アウシュヴィッツとその後』を書いた。

1943年 ビルマ＝シャム鉄道

国：ビルマ・タイ
タイプ：軍事輸送
全長：423キロメートル

◆社　会
◆商　業
◆政　治
◆技　術
◆軍　事

　第2次世界大戦中、東南アジアに侵出した日本軍の補給のために建設されたビルマ＝シャム鉄道。この鉄道は〈死の鉄道〉とも呼ばれた。数千人もの連合軍の兵士、ビルマとマレーの地元民の犠牲者を出したからだ。

死の鉄道

　1957年に制作された、デイヴィッド・リーン監督の『戦場にかける橋』という映画がある。日本軍が戦争捕虜の労働力を用いて鉄道の橋を建設するという大作映画である。この作品自体はフィクションだが、1942年から1943年にかけて日本陸軍がビルマ＝シャム（ミャンマー＝タイ）鉄道を作った実話にもとづいて作られている。枕木1本に人の命1つが失われたといわれた。

　1940年代のはじめ、日本陸軍は東南アジアの大部分の地域を電撃的に攻略・占領すると、補給線が長くなりすぎてきた。そこでビルマに鉄道を通す計画が立てられた。バンコクの西のバンポンを出て、ジャングルを通過し、三仏峠（スリー・パゴダ・パス）を越えて、ビルマの首都ラングーンの南のタンビュザヤにいたるものである。日本軍はすでに1942年2月にシンガポールを陥落させていた。また、イギリス、オーストラリア、オランダ、ニュージーランド、アメリカ、カナダの兵士や民間人を多数捕虜にしていた。（シンガポールの陥落はJ・G・バラードの『太陽の帝国』に描かれている。）これらの捕虜が鉄道建設に労働力として使われることになった。

　イギリスも、インド統治の時期に、この鉄道の建設を検討したことがあったが、結局実現にはいたらなかった。建設費がかさむのと、シャムを治めていたチュラーロンコーン王との関係悪化をおそれたからでもあった（この王は1956年の映画『王様と私』に描かれている）。このような鉄道建設計画の場合、イギリスだと5年がめどになる。それを日本人はわずか15か月でやってのけた。測量チームの乗っている飛行機が山に激突して全員死亡となったが、それでもこれほどの短期間の竣工だった。これは6万人の捕虜

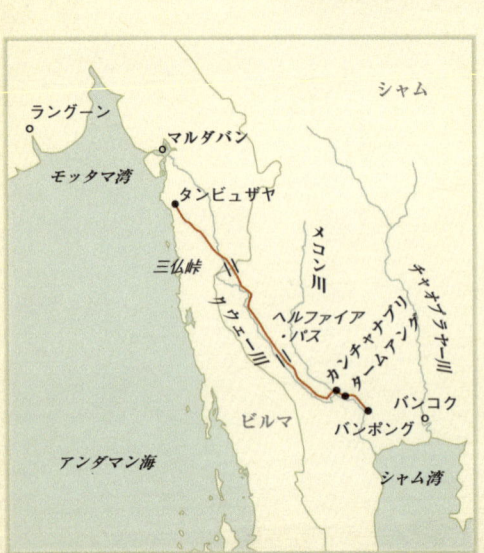

東南アジア
日本軍は戦時中に、ビルマで戦っている兵士への補給のために鉄道を建設した。だが戦況を挽回することはできなかった。

196　世界史を変えた50の鉄道

と、18万人の地元の労働力のたまものであったが、アジア人と連合国側の捕虜合わせて10万人が建設のあいだに死亡したと推定されている。この数字は低く見積もってのものである。

　ビルマ＝シャム鉄道は1943年10月に竣工した。その6か月後に、インド北東部の国境に接するコヒマとインパールの重要な防御戦がおきた。日本軍はインドの国境の町へ大胆な攻撃をかけることを計画した。インド征服の足がかりにしようというのであった。しかし、結果は、日本軍にとってその時点までで最悪の敗北となった。1万3500名の犠牲者が出たが、その多くは敵の砲火ではなく、飢えによって死亡した。〈死の鉄道〉は物資の輸送ができなかったのだ。C56形蒸気機関車によって1日あたり3000トンの糧食と弾薬を輸送し、北部戦線の兵士に補給しようというのが、当初の日本軍の考えだった。しかし、ビルマ鉄道はのろわれていた。地すべりがおきた。捕虜の破壊活動によって線路がとぎれた。制空権は連合国側がにぎっていたので、空襲によって列車の運行が妨げられた。この線で輸送されたのは、1日にたかだか500トン程度だったのではないかと推定されている。確かなことはわからない。ビルマ＝シャム鉄道の記録は、1945年8月に日本が降伏した直後に、ほとんどが破壊されてしまったからだ。それから数週間以内に、連合国の兵士と生き残った捕虜たちが、象に乗って線路沿いを歩いてもどり、可能なかぎりの遺骨を回収した。遺骨は3か所の戦没者のための墓地——カンチャナブリ、チュンカイ、タンビュザヤ——に埋葬された。

　戦争が終わるとすぐに、ビルマ＝シャム鉄道はビルマ国境で切断された。ビルマの解放運動の戦士たちへの補給のために使われることを、イギリスがおそれたからだ。タイを抜ける南方の区間は破壊されたが、後にバンコクから220キロのナムトクまでの区間が再建された。

　『戦場にかける橋』は文学作品だ。フランスの作家ピエール・ブールの小説をもとにして映画が作られた。しかし、タイの国鉄がバンコクから137キロのカンチャナブリに、〈クワェー川鉄橋〉を作った。この創作された記念碑は、死の鉄道で亡くなった人々の親族が詣でる巡礼の場所となった。

ビルマ鉄道
「クワェー川の橋」の物語は、メークロン川（クウェー・ヤイ）に橋が架けられたときの史実におおまかに依拠している。

1944年 オランダ鉄道

国：オランダ
タイプ：旅客・貨物輸送
全長：3518キロメートル

◆社　会
◆商　業
◆政　治
◆技　術
◆軍　事

　鉄道の経営者と労働者の関係は、初期のころは家庭の中の父と子のようで、経営者が絶対的な権威をもっていた。ストライキが起き、組合が結成されるのは必然のなりゆきだったが、その流れの中でアメリカの「労働の日」が作られ、イギリスの労働党が誕生することになった。しかし、戦争によって引き裂かれたオランダでは、ドイツ軍の支配と鉄道ストライキから生まれたのは、「飢餓の冬」だった。

オランダの鉄道レジスタンス

　1944年のオランダ。そこに集まっている人々は、まん中で踊っている小さな子どもに無音の拍手喝采をした。目立つのはまずい。彼らはレジスタンス運動のメンバーなので、ドイツの占領軍によって射殺される危険があった。少女の名はオードリー・ラストン、まもなくハリウッドのスター、オードリー・ヘプバーンとなる。お腹がぺこぺこなのに、彼女のダンスはすばらしかった。じっさい、オードリーのような小さな子どもはみんな飢えていた。いまは「ホンヘルウィンテル」——「飢餓の冬」で、母親たちはチューリップの球根をすりおろして「パン」を焼くほどだった。

　「飢餓の冬」の引き金となったのは鉄道のストライキだった。鉄道ストライキは、ふつうは働く人々が労働条件をよくしようとして起きる。オランダのこのたびのストライキはそれとは違っていた。1944年になると、ドイツのオランダ占領軍はどんどん手薄になってきたように見えた。その3年前にドイツはソヴィエト連邦に侵攻し、アメリカ合衆国に宣戦布告をしたが、今や北アフリカでも、スターリングラードでも敗北を喫していた。連合軍の進攻へのオランダの期待が高まってくるにつれて、占領軍本部

オランダ
オランダで鉄道労働者がストライキを行なったとき、ドイツ占領軍が輸送封鎖をし、厳寒の冬でもあったので、飢饉が広がった。

198　世界史を変えた50の鉄道

鉄道ストライキ
ペンシルヴァニア鉄道の1877年のストライキは、アメリカで初の全国ストライキへと発展した。このストライキのあいだに、ピッツバーグのユニオン駅が焼失した。

は一般市民への締めつけを強化しはじめた。14歳以上のすべての人に身分証を発行し、労働組合はドイツ国家社会主義運動の管理のもとに置かれた。レジスタンス運動は激化した。かつては説教壇から連合軍への協力を会衆に説いていたカトリック教会、プロテスタントの教会の牧師たちは、いまや組合からの脱退を呼びかけはじめた。

　すでに、10万7000人のオランダ系ユダヤ人が拘束され、汽車に乗せられて死の収容所へと送られていた（そのうち約80％が殺害された）。1943年には、電撃的に次々とストライキを行なった労働者たちを、ドイツ軍は即決裁判で銃殺刑に処していた。1944年、ついに連合軍がフランスのノルマンディの海岸に上陸した。9月にはブリュッセルに達していて、オランダ解放のために、マーケットガーデン作戦（200ページのコラム参照）が開始された。ロンドンにのがれていたオランダ政府は、秘密のラジオ放送とスパイを用いて、オランダの鉄道労働者にストライキを呼びかけた。

　マーケットガーデン作戦はライン川のアーネム橋の付近で頓挫した。ドイツ軍は自国の汽車を投入して兵員を増強し、食料と燃料のオランダへの輸送をストップさせた。そして占領軍は「トーデス・カンディダーテン」――すなわち「死の候補者」の作戦を用いはじめた。レジスタンスの攻撃があるごとに、逮捕者をつれだし、公衆の面前で処刑するのである。身の危険をもかえりみず、ほぼ3万人のオランダ人鉄道労働者が地下に潜伏した。

全国的ストライキ

　鉄道労働者がギルドのような結社や組合を組織しはじめたのは1870年代のことだ。ペンシルヴァニアの労働組合は1877年にはしっかりした組織に育っており、アメリカ初の全国的なストライキへの引き金をひくこととなった。アメリカの銀行で、鉄道に多額の投資をしていたジェイ・クック商会が倒産して、金融パニックが生じた。その余波で、国全体で約360あった鉄道会社のほぼ4分の1が破綻した。ボルティモア＝オハイオ鉄道が年に2度目の賃金カットを行なうと、ウェストヴァージニア州マーティンズバーグと、メリーランド

州カンバーランドの鉄道員たちが列車を止めた。州兵に動員がかかり、カンバーランドの繁華街の通りで銃が用いられた。ストライキのウイルスはまん延をはじめた。炭鉱労働者が同情してストライキに参加すると、ペンシルヴァニア騒動は全国的なストライキへと発展した。最後には、ラザフォード・ヘイズ大統領がのりだしてきて、連邦政府の軍を派遣して、蜂起の火をふみ消させた。

その20年たらず後のこと、鉄道会社の親玉たち——とくにプルマン帝国の経営者——は、こと労働者との関係となると、いっこうに学んでいなかった。ジョージ・プルマンは豪華客車を仕立てることにかけては天才だったが、社会工学——すなわち人をどう動かすかという点ではまるで想像力を欠いていた。彼はシカゴにプルマンの町を作っていた。労働者たちはあたらしく建った家をよろこんで借りて住んでいた。ところが1893年にフィラデルフィア＝レディング鉄道が倒産した。労働者の解雇がはじまったが、家賃は待ってくれない。4000名がストライキをはじめた。社会主義者のユージン・デッブズがストライキをしている者たちをまとめて組合を作り、仲裁を求めた。プルマンは拒否し、最終的には、ほぼ30の州にまたがる25万人の労働者が呼びかけに応じて、罷業した。今度もまた鉄道が止まり、そして軍隊が動員されるはめとなった。労働者たちが職場にもどると、デッブズは6か月の禁固刑を受けた（デッブズは監獄の中でカール・マルクスの研究にいそしみ、時間をとても有効に使った）。グロヴァー・クリーヴランド大統領も融和策の実行に6か月かかり、9月の最初の月曜日が「労働の日」の祝日となった。

マーケットガーデン作戦
◆

1944年の冬、連合国軍はヨーロッパの戦いを終結させようとしたものの、ドイツ軍の激しい抵抗にあった。ライン川の渡河作戦に欠かせないアーネム橋をドイツ軍に押さえられたので、ガーデン作戦は頓挫した。オランダはドイツによって封鎖され、その背後でストライキをしているオランダの鉄道労働者、一般市民にとっては悲惨な結果となった。厳しい冬がはじまり、運河が凍り、船が通行できなくなると、食料も燃料もつきてしまったのだ。

ラインをまたぐ橋
ライン川に架かったナイヘーメン橋は、マーケットガーデン作戦の重点目標の1つであった。

200　世界史を変えた50の鉄道

鉄道の組合

　ヨーロッパでは、鉄道員の家族は5月1日が「労働の日」というのが伝統だったが、鉄道従業員統合組合［Amalgamated Society of Railway Servants］は、20世紀の初頭、この日を祝う特別の理由があった。それは、タフ渓谷鉄道と戦って勝利したからである。タフ渓谷鉄道はウェールズのメルサー・カーディフ間を走っている。1901年、鉄道従業員統合組合はこの鉄道の経営者と対立した。10日間のストライキとなり、労働者たちは丘陵付近のレールに油を塗った。そのため汽車の車輪が空まわりし、貨車との連結がはずれ、線路わきの草の上に脱線した。会社は組合を法廷に訴え、裁判に勝って3万2000ポンドの賠償金をえた。当時の3万2000ポンドといえば莫大な額であった。組合の敗訴は、1つの判例として重大な意味をもった。今後、労働者がストライキをすることがきわめてむずかしくなるからだ。こんな判決が出たので、ある労働者のグループが、議会の選挙に立候補することを決意した。（鉄道労働者によって支持された候補もいた。1899年に、ドンカスターの鉄道マンだったトマス・スティールズが、国会議員を支援することをはじめて提案した。）タフ渓谷の騒動がきっかけで、結局29人の労働者議員が誕生して赤じゅうたんをふむことになった。院内会派として活動するのに十分な数であった。彼らはさっそくタフ渓谷判決の検討に入り、逆転させることに成功した。

　長年にわたって、各国の鉄道組合は公正を欠く慣行を正す戦いを続けてきた（ただし組合のせいで、進歩と革新を遅らせる硬直した労働条件が存続してきたということも事実である）。しかしながら、1944年のオランダの鉄道労働者は、賃金カットどころではない、もっと大きな問題に立ち向かっていた。彼らは逮捕をのがれるために地下に潜伏し、レジスタンス運動に協力しながら鉄道網に対して破壊活動を行なったのである。ドイツ軍は自国の鉄道車両をもってきてそれに対抗し、その上で、とくにオランダ西部に食料の補給がとどかないようにした。1945年5月に連合軍がオランダ西部を開放するまでに、2万名以上の人が餓死した。

食糧不足
若きオードリー・ヘプバーンはのちにハリウッドの映画スターになる運命にあったが、ホンヘルウィンテル［飢餓の冬］のあいだ、飢餓に苦しむ子どもの1人であった。

組合は力だ。
人はみな同胞。
　　　──鉄道従業員統合組合の19世紀のモットー

1964年 東海道新幹線

国：日本
タイプ：旅客輸送
全長：515キロメートル

◆社　会
◆商　業
◆政　治
◆技　術
◆軍　事

　20世紀の後半、白い流線型の列車が、頭に雪をかぶった富士山のそばを通りすぎていく写真がよくみられるようになった。日本の新幹線である。これはディーゼル機関車の誕生以降、公共輸送の世界でおきたもっとも重要な大革新劇の幕開けであった。

革新的エンジニアリング

　1964年、東京オリンピック大会が開幕する直前に、新しい列車が東京駅にすべりこんできた。ぴかぴかと光る流線型のボディ——鋼鉄のレールの上を世界最速で走る機械のお目見えであった。「新たな幹線鉄道」を意味する〈新幹線〉がその名だ。平均時速160キロで、6000名の乗客を1度に運ぶことができた。第2次世界大戦が終わったとき、日本はどん底の状態にあった。新幹線はこの国の奇跡的な経済復興から生まれてきた。

　世界はそれ以前にも、日本の技術力の高さを目撃したことがあった。1905年、日露戦争が終わり、日本は838キロの南満州鉄道を手に入れた。大連に近い旅順から沿岸沿いに走って、ハルビンの南の長春にいたる線である。ロシア軍は退却する際に破壊していったが、日本人エンジニアたちはまたたくまに線路を修復したばかりか、奉天と安東のあいだの230キロをつけくわえた。大連に自由港を作り、線路にはアメリカ製の機関車を走らせはじめた。日本人は麻薬の問題に対処し（アヘンが土地の労働者に有害な影響をあたえていた）、大連の近くの沙河口に新たにできた機関車・車両の製作工場で働くよう、本国からの入植者をつのった。

　日本は拡張を続け、中国の鉄道を吸収してゆき、1934年には、世界最速クラスの流線型の列車〈アジア号〉が、大連・長春間の698キロを、最大時速

日本の夢
東京オリンピックに合わせて開業した東海道新幹線は、鉄道の旅に革命をもたらした。あまりに速いので、「弾丸列車」と呼ばれた。

140キロで走った。ある時など、もとの中東鉄道の240キロの区間のゲージ転換を、2000人の労働者がわずか3時間でなしとげてしまった。これによってアジア号は大連からハルビンまでの882キロを、直通13.5時間で走れるようになった。冒険心にあふれた鉄道ファンなら、パリで汽車に乗れば、11日後に大連に到着できるようになったのだ。

　南満州鉄道のめまぐるしい発展は、日本の第2次世界大戦での敗北とともに終わりを告げた。その13年後に新幹線の建設がはじまった。この新線は東海道ベルト地帯を走ることになるが、この地域は東京と大阪にはさまれた、日本でもっとも人口の集中している地域である。日本の産業の3分の1が集中しているので、さまざまの鉄道が競いあいながら、日本全体の貨物と乗客のほぼ4分の1の輸送をになっていた。

　新幹線はスタートから大成功だった。ただし、当初はあまりの高速ゆえに、いくつかの問題が生じた。高速でトンネルに入ると気圧が突然変わり、乗客の耳を傷つけたり、トイレから中身が飛び出すという事例が生じたのだ。圧縮空気の装置を用いて、列車がトンネルに入ると、自動的にドアがフレームにぴたりとはまるようにすることで問題は解決した。

　まもなく路線の延長工事がはじめられた。1975年には東京・博多がつながった（その際、当時としては18.6キロのシンプロントンネルについで、世界で2番目に長いトンネルを関門海峡の下に作らなければならなかった）。1975年5月には、新幹線は1日の乗客数が100万人を超えた。

　だが、すべて順風満帆というわけではない。1973年には石油ショックによって物価がはねあがり、トラック、航空機との競争も激化した。また低騒音化を求めるキャンペーンもあった。ただし騒音といっても列車の走行ではなく、定期的な保線作業の騒音であった。それでも、新幹線網は拡張をつづけ、記録を破りつづけ、150年以上前に最初の鉄道が走った際にもそうであったように、古いコミュニティに新たな息吹をそそぎつづけているのだ。

これらの機械がのさばって、一般に用いられるようになろうとはとうてい思えない。
──ウェリントン公爵（1830）

昇る朝日
日本は、第2次世界大戦で敗戦してからわずか13年後に、世界最速の列車の計画を進めはじめた。

南満州鉄道
◆
　1945年8月、ロシアが南満州に侵略し、鉄道をはぎとり、戦利品としてもち去った。その後この地域は、中国の国民党と毛沢東の率いる共産軍との戦場となり、最終的に共産軍の手に落ちた。南満州鉄道は自他ともに認める鉄道技術のエキスパートたちによって経営されていたが、のちに大連は、中国のディーゼル機関車生産の発祥地となった。

1972年 ベイエリア高速輸送網

国：アメリカ合衆国
タイプ：旅客輸送
全長：115キロメートル

◆社　会
◆商　業
◆政　治
◆技　術
◆軍　事

　サンフランシスコのベイエリア高速輸送網（バート）は、もともとそこにあった鉄道を、アメリカの強力な道路族がロビー活動によって閉鎖させてから、およそ四半世紀たって開業した。うまくいくか危ぶむ声が多かった。

成功のシンボル

　1960年代の終わりごろのこと。ニュージーランドではやりはじめたジョギングブームに、さっそく飛びついたカリフォルニアッ子たち。きょうは、新しいもの好きのジョガーにとって、うってつけの新ルートがあった。サンフランシスコ湾の、長さ6キロの〈トランスベイチューブ〉［湾横断の管］、すなわちオークランド地下道。57の巨大な輪っかを湾のまん中までもっていって、海底に沈めて作られた海底の道だ。その中に電車のレールを敷くまでの数か月のあいだ一般に開放するので、ジョギングに、散歩に、サイクリングにどうぞ、というわけである。トラブル続きのベイエリア高速輸送網（バート）だったが、この地下道の完成は、未来の大勝利を予感させるもののようだった。
　バートは、自家用車の増加による渋滞問題を解消するため、1940年代の後半に提案されたが、さまざまな困難にたたられてきた。記録的なインフレ、大

カリフォルニアの夢
多くの都市が、すでに独自の高速輸送鉄道システムを建設したか、現に建設中だ。サンフランシスコは2度そうする決意をした。

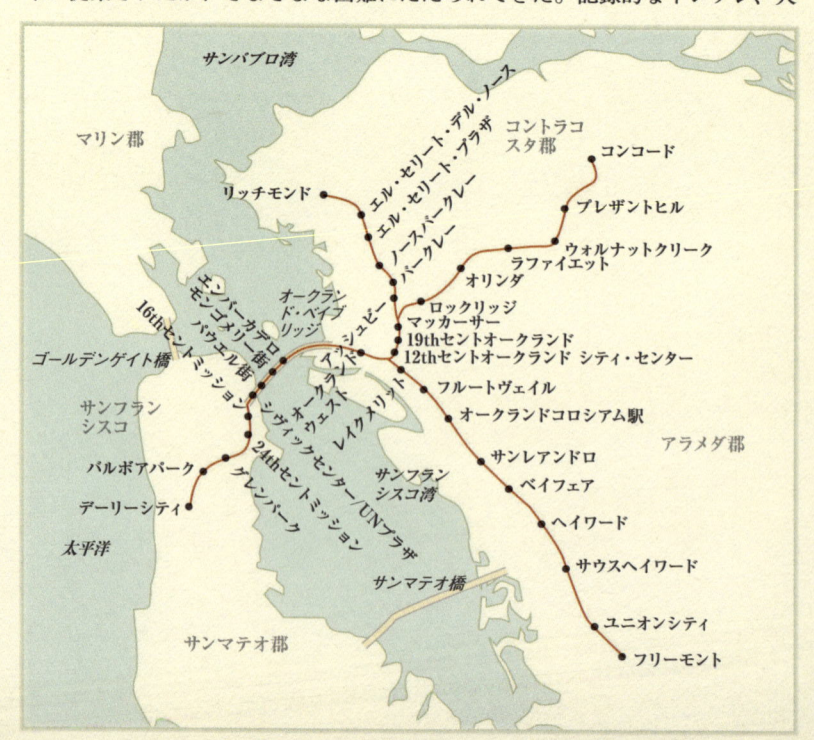

204　世界史を変えた50の鉄道

湾を横断する地下道
1965年、サンフランシスコ湾の下を通す、5.8キロのトンネル工事が始まった。4年後に完成した。

衆の移り気な要望、うなぎのぼりの建設コスト…。アメリカの地方自治体が手がけたものとしては、最大の単一公共プロジェクトだったが、道のりは険しかった。

当初の計画では、5つのカリフォルニア州の郡が協力して、全長115キロの高速鉄道の線路と、33の駅を、湾岸地域(ベイエリア)に作る予定だった。ところがサンマテオ郡とマリン郡が脱落し、残る3つの郡、アラメダ、コントラコスタ、サンフランシスコだけで、この計画をめぐる複数の法廷闘争に対処しなければならなくなった。裁判費用のためにコストが跳ね上がった。技術的困難もあった。新タイプの車両を開発しなければならない。サンフランシスコのマーケット街よりも24メートル以上も下に5階建ての駅を作らなければならないが、建設中に高圧の地下水と戦わなければならない…。難問続きではあったが、1972年9月、バートの駅の職員はピカピカのブレザー、ネクタイ、ラッパズボンに身をこらして、一番のりの乗客を迎え入れたのだった。

前に進む

20世紀の後半には、世界中の都市で、バートのような都市圏高速鉄道や地下鉄網が、安全かつ効率的、そして環境にやさしい形で人を移動させるための最高の方法であると考えられるようになってきた。1860年代に先鞭をつけたのはロンドンの地下鉄だったが（112ページ参照）、最近増えている高速鉄道は、自家用車が生み出している都市の麻痺・混沌を解消するために進化してきたものだ。

1950年代以降、自家用車は階級や地位のシンボルであり、かっこよさ、そ

ベイエリア高速輸送網　205

してなによりも自由を感じさせるものであった。たしかに自由そのものだ。——家族を海辺の小さな家につれていく。親父の車をかりてハイウェーで少々危ないことをしてみる。店に行ってごっそり買い物しても、それをかついでバスに乗らなくてもすむ。幼い子ども、よぼよぼの老人、とても貧しい人は別にして誰もが車をもてるし、行きたいところに、行きたいときに行ける。

しかし、ドライバーが自由を謳歌し、貨物が鉄道から道路へと移るにつれて、社会的コストが跳ね上がってきた。アスファルトの道は車でいっぱいだ。有毒のスモッグの雲がサンフランシスコのような都市の上にたちこめ、交通事故の数がそら恐ろしいほどの数となってきた。たしかに鉄道事故も恐ろしい。1951年、ペンシルヴァニアの客車〈ブローカー号〉がニュージャージーで脱線し、85人の乗客が死亡した。1958年9月、ニューヨークの通勤列車が障壁をつき破ってニューアーク湾に落下し、48人が溺死した。だが、その同じ日に、そしてその年のどの日にも、アメリカの道路で約100名の人が命を失っているのだ。

殺戮はずっと続いた。半世紀がすぎたが、WHOによれば、世界中の道路で毎日3500の命が失われているという。世界の国々は路上の死者の多さには目をつぶっているように見える。そして道路に代わる輸送機関に投資しようという政治的な意思は、交通事情が極度に悪化し、都市を麻痺させてしまうレベルにまで達したときに、ようやくやってくるようだ。シンガポールは、大量輸送システムを1987年に開通させた。2011年には、日に250万の人間を、102の駅のあいだで移動させている。中国の上海地下鉄は、1995年の開通以来成長をとげ、世界で最長の地下鉄網となっている。東京、ソウル、モスクワ——世界でもっとも使用頻度の多い地下鉄——で、1年にほぼ80億の人々が運ばれているのである。

マグレヴ

◆

イギリスの小説家ジョージ・オーウェルの小説『1984年』は、そのものずばり1984年が舞台になっている。その1984年に、イギリスのバーミンガム市は世界にさきがけて「マグレヴ」列車、すなわち磁力で浮揚する列車を運行させた。地面より高く作ったコンクリートのレールの上に1.25センチ浮き上がって、バーミンガム駅と空港とのあいだを走るのだ。とまどった乗客たちは運転士を捜したがそれはムダというもの。このマグレヴは運転士なしだった。バーミンガムのマグレヴは1995年に解体されたが、中国と日本では別の形で走りつづけている。

走る光
マグレヴの列車が、中国の上海浦東空港から出てきたところ。

モノレールのアイディア

　ほとんどの高速輸送システムで列車が用いられているが、それに代わる未来の移動手段への追求は続いている。そして高速の歩く歩道、リニアモーターカー（コラム参照）、モノレールなどが考えられている。イギリスのエンジニアだったヘンリー・パーマーは、1820年代にモノレールを提案した。頭上の1本のレールに吊された貨車が、馬に引かれて動くというものだった。パーマーの口を借りるなら、それは「雪によってひき起こされる障害から解放される」というただ1つの利点があった。

　1888年には、アイルランドのバリーバニオンで、地域のモノレールが走っていた（39ページ参照）。そしてその15年後には、アイルランドの発明家ルイス・ブレナンが、モノレールの列車の独自の設計で特許をとった。1909年にドイツ人のアウグスト・シャールがベルリン動物園でモノレールのデモンストレーションを行なうことをアナウンスすると、ブレナンは急いで自分の機械をドイツにもってゆき、対抗してみずからも行なってみせた。そして実際、モノレールが根づいたのはドイツだった。1901年にオーバーバルメンとフォーヴィンケルのあいだに、ヴッパータール・モノレールが開通した。それは1世紀後にも動いていて、毎年2500万人の乗客を運んでいるのだ。

　20世紀には、新たなモノレールが進化しつづけた。1950年代には、テキサス州ダラスのフェアパークで、未来世界を見るような〈スカイウェイ〉が開業した。カリフォルニアのディズニーランドでは、特別のモノレールの電車に乗ってテーマパークをまわる（ウォルト・ディズニーはモノレールにこそ未来があると信じていた）。シアトル万国博覧会に行く人はモノレールに乗って会場に行った。1980年代のシドニーでは、市の中を3.6キロのモノレールが走りはじめた。

　1世紀前に、リヴァプール・マンチェスター間の53キロを走る高速の旅客モノレールの計画が提案されていた。また、ロンドンと、71キロ離れたブライトンとを結ぶモノレールの計画もあった。こうした計画は実現にいたらなかったが、それは鉄道からの反対があったからだ。かつて運河の所有者が鉄道をとどめようとしたように、こんどは鉄道会社が自分たちの利益を守ることに懸命なのである。ところが、20世紀の中頃になると、モノレールをふくめて高速輸送システムへの攻撃が、別の方面から飛んでくるようになった。すなわち自動車の業界団体である。彼らのなりふりかまわぬ権謀術数は、バートの前身である、サンフランシスコ・キー・システムをめぐる

1本のレール
モノレールの単純な原理が、発明者のヘンリー・パーマーによって実演されている。モノレールはアイルランドのバリーバニオンで実現された。

> 輸送の話題について話すなら、偉大な都市というのは高速道路のある町ではなく、三輪車の子どもが安心してどこにでも行ける町のことだ。
> ——ボゴタの前市長、エンリケ・ペニャロサ

ベイエリア高速輸送網　207

鉄道による再生
◆

運転士なしの、レールをベースにした主要な輸送システムが、イギリスで作られた。ドックランド軽便鉄道がそれだ。1987年の開業。ロンドン東部の古い波止場を再生させるには交通網の整備が枢要な問題で、バスやモノレールなどさまざまの交通手段が考えられたが、最終的に軽便鉄道が選ばれた。20年あまり経過したが、34キロの線路、40の駅の鉄道網で、年間7000万人の旅客が輸送されている。

争いの中で白日の下にさらされることになった。

キー・システム

キー・システムと名づけられたのは、ルートマップが万能鍵［スケルトン・キー、skeleton key］に形がよく似ていたからだが、かつて、イーストベイ地域の人々の公共交通として、列車、フェリー、路面電車によって、オークランド、その他の地域からサンフランシスコ市内に入ってくる輸送サービスが提供されていた。オープンは1903年だったが、資金の提供は思わぬ方面からだった。すなわち、清潔なシーツへのアメリカ人のこだわりである。ボラックス［ホウ砂、ホウ酸ナトリウム］という物質がある。水溶性の結晶で、たいていの合成洗剤に用いられているが、このホウ砂で財を築いたフランシス・スミスという実業家が、キー・システムを、個人の輸送システムとして作ったのだ。

「ボラックスのスミス」と呼ばれたこの人物、ネヴァダ砂漠でホウ砂を見つけて掘り出し、ラバ隊の荷車にのせて260キロ先のセントラルパシフィック鉄道の駅まで運んでいた。1880年代になると事業を拡張し、同じ作業をカリフォルニアのデスヴァレーでも行なっていたが、さすがにラバ隊は卒業しようと思い、貨物のための鉄道を建設した。とはいうものの、スミスはトレードマークの「20頭だてラバ隊のボラックス、じょうずな洗濯屋さんはみんな使います」が忘れられなかった。日曜の休みになると、忠実な洗濯屋の女性たちがスミスのトロリーバスに乗って、終点の、テメスカル川の土手のアイドラ遊園地に行ったものだった。そこには目がまわる8の字の〈スカイレールウェイ〉［空中鉄道］があったが、しだいに遊園地は人気がなくなり、1929年にとり壊された。

ちょうどそのころ、サンフランシスコとオークランドをベイブリッジで結ぼうという計画が立てられていた。上段を自動車が走り、下段をキー・システムの列車が通るという設計で、このベイブリッジは1936年に開通した。そしてその隣には、6か月後に、有名なゴールデンゲート橋が開通した。

10年後、キー・システムは、ナショナル・シティ・ラインズという会社の所有となり、そこからさまざまな問題が生じはじめた。1948年に、会社はなれ親しんだ路面電車を、「不本意ながら」スクラップにしてバス路線へと転換させた。自家用車の人気が高まってきたため、やむをえない決断だったという説明がなされた。キー・システムの「自動車化」という避けがたいプロセスを進めるにあたって、会社は「断腸の思いで」料金の値上げをお願いせざるをえないというのだった。ところが、いくつか裁判が起こされて、この会社は、なんのことはない、自動車の業界団体のダミー会社だったことがばれてしまった。「ゼネラル・モーターズ」、「ファイアストン・タイヤ」、「スタンダード・オイル・オヴ・カリフォルニア」、「フィリップス・ペトロリウム」の4社の名が訴状にならび、封鎖・抹殺が目的で公共輸送システムを買収するという、全米

戦略を行なっているとして告訴された。しかし裁判のゆくえに関係なく、キー・システムは1958年に終了された。利用者数は10年あまりのあいだに半分以下に落ちこんでいたからだ。

キー・システムが失敗に終わったのに対して、ベイエリア高速輸送網は成功をおさめた。たまには通勤客からの苦情もなくはないが、2012年には40周年を祝った。カリフォルニアのこの鉄道実験は、現在では44の駅を擁しており、完全に成功だったと評価されている。そして2012年、週日の利用客が40万人の大台を超えた年は、ベイエリアの大気汚染度が、米国肺協会のスモッグ汚染地域のワースト25のリストからはずれた記念すべき年となった。

湾を渡って
重要路線の列車、自動車、路面電車を渡らせるために、オークランド・ベイブリッジが1936年に開通した。路面電車は、1948年にかんかんがくがくの議論のすえに廃止された。

未来の旅行
ニューヨークの地下鉄ほどには大きくないが、サンフランシスコの高速輸送システムは、アメリカでもっとも利用客の多い鉄道網となっていった。

ベイエリア高速輸送網　209

1976年 タリスリン鉄道

国：ウェールズ
タイプ：旅客輸送
全長：12キロメートル

◆社　会
◆商　業
◆政　治
◆技　術
◆軍　事

　20世紀も終わりに近づいてくると、自家用車の普及のあおりをうけて、汽車が線路から追われることが多くなった。ある小さなウェールズの鉄道が、ボランティアの人々の力でレールに復帰してから、鉄道を救おうとする努力にはずみがついてきた。

スレート列車

　1976年、マンブルズ行きの小さな汽車がレールと別れを告げて（14ページ参照）から16年後のこと、ウェールズ中部で、別の汽車が生まれてはじめてレールの上を走っていた。タリスリン鉄道の汽車だった。世界ではじめて鉄道が保存された例の1つだ。

　タリスリン鉄道は1866年に開業した。もとはといえば、アメリカの南北戦争によって誕生した鉄道だった。戦争によってマンチェスターの工場に綿の供給がとだえたので、工場の経営者たちが共同出資して、綿布に代わるビジネスに投資することにした。屋根を葺くスレートである。

　ヨーロッパの西の地域——スペインのガリシア、フランスのブルターニュ、イギリスのコーンウォール、カンブリア、スコットランド、ウェールズ北部——では、泥岩が何百万年も前に変質して、薄い層をなす灰色のスレートになっていた。この石は大工にとっては天の贈り物であった。スレートは強く、防水性があり、霜にも負けないので、それらの地方の建築物に好んで用いられ、塩や水の容器、まぐさ、開口部の下枠、階段、家の壁などに用いられた。床に敷くのにも、酪農場でチーズを作る台にも用いられた。タリスリン地方では、家畜が越えることができないよう、とがったスレートの板を針金で結びあわせて、牧場の境のフェンスにした。しかしなによりも、屋根材としてこれにまさるものはなく、ヴィクトリア時代の建築ブームの中で、大きな需要があった。

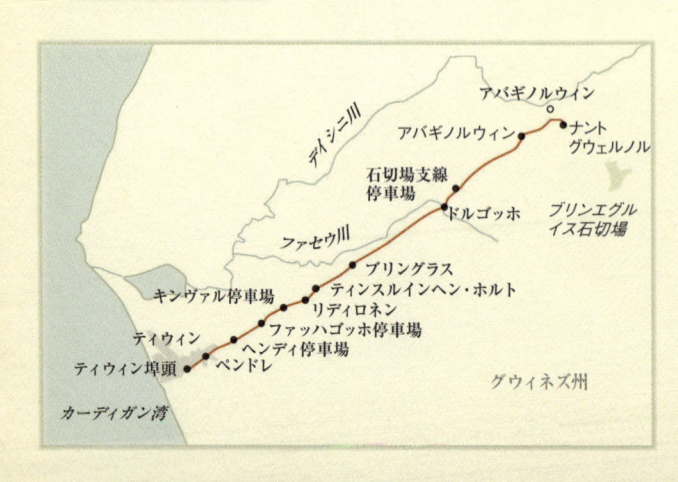

ウェールズの奇跡
1970年代のウェールズ中部で、昔スレートを運んでいた列車が注目の的となった。ボランティアベースの鉄道保存運動のはしりだった。

タリスリンの近くのブリンエグルウィスの石切場には、300人以上の男が雇われ、「皇后」、「公爵夫人」、「伯爵夫人」、「白衣修道女」をより分ける作業をしていた（スレートのサイズがこのような名で区別されていたのだ）。選別されたあと、荷車でティウィンの浜に運ばれた。タリスリン線は、スレートの輸送速度を高め、かつ人を運ぶために計画された。

　だが、人を運ぶというところに、鉄道検査官の任にあったヘンリー・タイラー大佐は不安を感じた。列車と橋のあいだの空間があまりに小さいと感じたのだ。鉄道側は、列車の片側のドアと窓をすべてボルトで留めることで対応し、タイラー大佐は気がすすまないながらも、認可せざるをえなかった。1890年代の終わりに、蒸気機関車と客車の入れ換えが行われたが、ブリンエグルウィスから収益を上げることは、石から水をしぼり出すほどむずかしかった。経営者たちは同じ車両を1951年まで使いつづけたが、石切場と鉄道はついに閉じられてしまった。

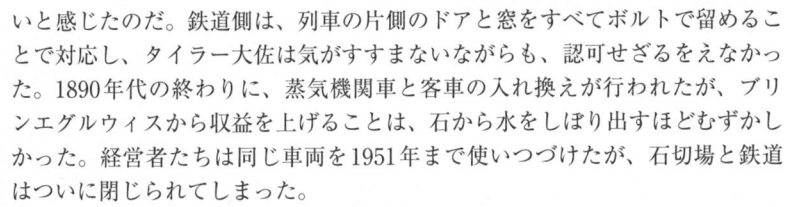

　21世紀では、保存鉄道は訪れる者に大いなる喜びをあたえてくれるが、新聞の見出しになることはほとんどない。すでにたくさんあるからだ。アメリカでは、2012年には250以上の路線と鉄道センターがある。イギリスには150、オーストラリアとニュージーランドには100…といった具合に。だが、1976年に、はじめての保存鉄道、すなわちタリスリン鉄道のアバギノルウィン・ナントグウェルノル区間がふたたび開通したときには、報道関係者が津波のように押しよせた。開通式のリボンをカットしたのはウィンフォード・ヴォーン゠トマス、ウェールズ出身のアナウンサー・ジャーナリストだったが、この瞬間の真のヒーローは、作家・ジャーナリストのトム・ロルトだと高らかに宣言した。

　1950年代、テルフォード、ブルネル、スティーヴンソン父子など数多い鉄道の巨人たちの伝記を執筆していたトム・ロルトは、ウェールズの鉄道を保存するための集会をバーミンガムで行なおうと呼びかけた。その10年後、うまいタイミングで国防義勇軍の手で橋の建設、鉄道の敷設が行なわれたおかげで、タリスリン鉄道は現役に復帰した。熱烈な鉄道ファンの熱気で動いたようなものであった。これが世界の記念鉄道のブームに火をつけたのだった。

列車に乗る方法をやっと見つけた。その前の列車に乗り遅れることだ。
　　——G・K・チェスタートン

山が動いた！
熱心な鉄道ファンの努力によって、タリスリン鉄道が廃止の憂き目から救われた。鉄道保存運動のお手本だ。

ウィルバート・オードリー
◆

　「きかんしゃトーマス」を生み出した牧師のウィルバート・オードリーは、熱烈な鉄道ファンだった。オードリーは1951年に、タリスリン鉄道が保存鉄道となった新聞記事の切りぬきを知人から送られて、ボランティア活動に参加することを決意した。オードリーは鉄道のシリーズ物語を書くなかで、自分の物語の中に、タリスリン鉄道の話を好んで織りこんだ。1997年に亡くなった後、物語を書いていた書斎はタリスリン博物館に移設された。その際、ファーカー鉄道（すなわち、オードリーの物語によく出てくる架空の鉄道）の模型列車のセットも移された。

1981年 パリ＝リヨン鉄道

国：フランス
タイプ：旅客輸送
全長：425キロメートル

◆社　会
◆商　業
◆政　治
◆技　術
◆軍　事

　パリ＝リヨン鉄道は数多くの有名人をフランス南部へと運んだ。ヴィンセント・ファン・ゴッホ、ポール・ゴーギャン、アーネスト・ヘミングウェー、F・スコット・フィッツジェラルド…。だが、1980年代に歴史を作ったのは人ではなく、列車だった。

スピード記録にせまる

　揺籃期の映画を作ったオーギュストとルイのリュミエール兄弟が、1890年代に映画『シオタ駅への汽車の到着』を公開したとき、観客はパニックを起こして逃げ出した。撮影機をあまりに線路の近くに置いたので、機関車が映画館の中に飛びだしてきそうに見えたのだ。

　この逸話は眉に唾をつけて聞きおいたほうがよいだろう（もっとも、リュミエール兄弟が後に作った3D版は本当に観客を怖がらせたらしい）。だが、2007年にユーチューブに投稿された映像は、作り物ではありえない。それはスピード記録を更新する列車に乗っている男たちの映像だ。きれいなセーターを着た、3人の軽く緊張気味の男が、フランスのＴＧＶ［Train à Grande Vitesse, 高速の汽車］の運転席に座るか立つかしている。うしろの客車では、設計家とエンジニアが一列にならんで、コンピュータをじっと眺めている。デジタルのディスプレイが時速574キロをさすと、一同の口からおさえた喚声がわき上がった。

　どちらの映像を見ても、あらためてオーギュストとルイの兄弟の天才に思いをはせないではいられない。リュミエール兄弟はフランス第2の都市リヨンに生まれ育った。リヨンは絹織物職人たちのすぐれた商才の上に繁栄してきた町で、現在では映画を誕生させたということで有名だ。1890年代、リュミエール兄弟は自分たちの作ったキネマ［映画］をパリ、ロンドン、ニューヨーク、モントリオールの観客に見

フランスの技術革新
〈高速の鉄道〉、すなわちＴＧＶはその名に恥じず、2007年に世界最高速を記録した。

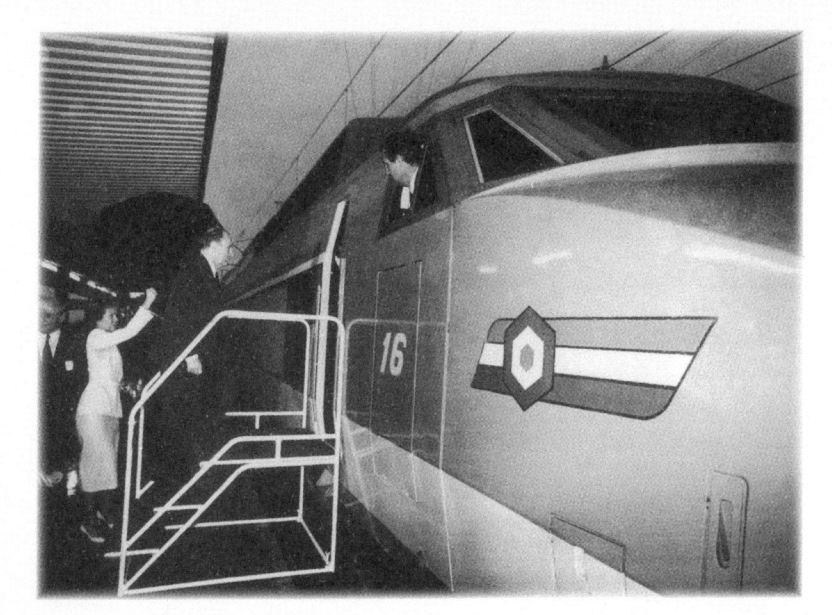

記録破り
ミッテラン大統領は、1981年、フランスTGVの開通記念運行の際に試乗した。この列車は世界最速の鉄道の１つとなった。

　せるため、汽車に乗ってリヨン駅を出ていった。パリまでの所要時間は、1880年代の25時間からは短縮されていたが、それでも長く退屈な旅だった。
　1960年代でさえ、くの字型に曲がった512キロの路線は、乗客に４時間以上のがまんを強いた。うまく電動のミストラル号に乗ったとしても、４時間をわずかにきることができるくらいだった（1967年、ミストラル号は時速200キロの壁を突破した）。日本の新幹線が登場した後で、フランスは自国でも高速鉄道を開発する計画を発表した。大衆のための列車を設計、製造し、走らせることを約束した。国有鉄道は「すべての人が恩恵をうけないなら進歩ではない」というスローガンをかかげたのだ。
　すべての急行列車を打ち負かす急行列車、〈グランドヴィテッス〉［偉大な速度］の列車は、リュミエール兄弟が昔使った、パリ・リヨン間を走ることになった。経費節減のため、線路は新規の高速レールと、既存の都市用レールを組みあわせて用いることになり、年間約100万人の乗客の利用を予想した（ふたを開けてみて過小評価だとわかった）。しかし建設費は高く、政府がのりだして、パトリック号とソフィー号のひな形、搭載されるガスタービン駆動の開発を支援することになった。
　1973年、西欧は中東問題に直面した。原油生産国同士の争いが、原油の輸出禁止にまで発展した。備蓄は少なく、イギリス政府は石油クーポンを配給し、車のドライバーがパニックにおちいった。車族はすぐにオイルショックを忘れた。あいかわらず高速道路の建設は続き、郊外型のトラックで補給するスーパーマーケットや、自家用車の所有を前提とする住宅地の開発が進められた。自動車メーカーはあいかわらず車を売りつづけた。かぎりある油の消費をいかにゆっくりにするかではなく、いかに速く時速60マイル［96キロ］まで加速できるかが、彼らの売りだった。これに対して、TGVの設計者たちは、石油ベースの未来を見すえて、それではダメだと考え

> バーン！　また駅をやりすごして、列車はおかまいなしに飛び去った。何もかもが飛んでいる。
> ——チャールズ・ディケンズ、パリ旅行の際に
> （「ハウスホールドワード」誌、1851年）

パリ＝リヨン鉄道　213

た。そして、ガスタービンを止めて、フランスの原子力発電によって得た電気で走る電車へと、方向転換がなされたのだ。

世界最速の列車がやってきた！

　1981年、TGVの試作列車が時速380キロの記録を作った。同じ年、後になってパトリック号とソフィー号は廃棄され、あらたなTGV列車がパリからリヨンへと処女航海にのりだした。時速270キロというなんとも平凡な速度だったが、それによって所要時間は半分になった。世界最速の列車がやってきたのだ。

　鉄道野郎たちは170年のあいだスピードを競いあってきた。1829年に、リヴァプール＝マンチェスター鉄道の重役たちは、リヴァプール郊外のレインヒルで、機関車レースを開催した。蒸気機関車でだいじょうぶかどうか見きわめるためだった（固定した蒸気エンジンによって、列車を牽引する可能性を考えていたのだ）。サイクロップト号、ノヴェルティ号、パシヴィアランス号、サンパレイユ号、そしてスティーヴンソンのロケット号がエントリーして競った。ノヴェルティ号は時速45キロというなかなかのスピードを記録した。13トンの貨車を、時速48キロで引いたロケット号だけが生き残った。

　蒸気機関車は1880年代にも死闘を演じていた。鉄道各社は、ドル箱路線であるロンドン・ポーツマス間、ロンドン・スコットランド間の市場をなんとか押さえようとしたのだ。イングランド南部では、列車を破壊活動から守るため、作業員を雇う鉄道会社もあった。それでも、ある鉄道会社がライバルの他社から蒸気機関車を盗んで、走り去るという事件がおきた。ロンドン・スコットランドのルートを制する戦いでは、2つの鉄道会社が時刻表を無視して、アバディーンの南のキンナバーまで競走させたので、プラットフォームの乗客は怒り心頭、といったていたらくだった。このような競走では、信号手が（わいろに弱いともいわれていたが）勝敗を判定するよう頼まれることが多かった。10年後にもイングランド南部で同じような場面があった。ロンドン・パリ・ブリュッセルをつなぐ最速の列車便をどの会社が提供できるか、競いあったのである。

エットーレ・ブガッティ
石油で走る汽車〈ロワイヤル号〉は、レーシングカーを製作しているブガッティが設計した。大戦間にパリ・リヨンのあいだを高速で疾走したが、TGV（右写真）によってすべての記録が破られた。

214　世界史を変えた50の鉄道

アメリカの華麗なカウボーイ、ウォルター・スコットにとっては、大事なのは他社に勝つことではなく、記録を作ることだった。1905年、スコットはアッチソン・トピカ・アンド・サンタフェ鉄道のロサンゼルス営業所に行き、5500ドルの札束をどさっと置いて、シカゴのディアボーン駅まで運んでほしいと言って承伏させた。3627キロの距離である。19組の乗務員と機関車が必要となる。アトランティック鉄道が9、プレーリー鉄道が4、パシフィック鉄道が3、などといった具合である。だが、これによって44時間54分という記録が樹立された。サンタフェ鉄道は、中西部・カリフォルニア路線で最高速の鉄道会社となった。

ドイツとイタリアも、それぞれ1930年代に記録を作った。世界最大の蒸気機関車アメリカン・ビッグ・ボーイズ号が、本来貨物を高速で運ぶよう設計されていたが、時速129キロを出していたのだ。だが、世界最速の蒸気機関車ということになれば、栄冠は誇り高きイギリス人に譲らなければならない。ナイジェル・グレスリーのマラード号が、1938年に世界最高速を記録した（コラム参照）。

第2次世界大戦によって、鉄道のスピード競走はひとまず中断となり、戦争が終わると今度は世界記録よりも、線路の上に残れるかどうかが心配になってきた。フランスは2万キロの鉄道を廃線にし、イギリスの鉄道も、ビーチング事件（143ページのコラム参照）の余波で、悲しいほど削られていった。

電化し、比較的クリーンなディーゼル機関車が登場しても、鉄道はもう古くさく、不便で、高いという印象をもたれた。道路の上の事故による死亡者がうなぎのぼりになっても、鉄道事故で少しでも犠牲者が出ると、おどろおどろしく報道された。

そこに、TGVがやってきた。フランスの実験には、やがて他の国の高速鉄道網も追随するだろうが、今のところは、TGVこそが未来の世界への明るい一歩を象徴しているのだ。

高速蒸気機関車

◆

1938年、流線型のマラード号が、イギリスのイースト・コースト線のサウスバンク［タイン川南岸］で、蒸気機関車のスピード記録を樹立した。その2年前に時速200.4キロを出した、ドイツ国有鉄道の蒸気機関車の記録をほんの少し上まわったのだ。マラード号はナイジェル・グレスリーが設計した。グレスリーは子どものころは機関車大好き少年で、イギリスのパブリック・スクール出身、大戦間の蒸気機関車設計の第一人者となった。ただし、グレスリーの蒸気機関車といえども、ドイツのシーネンツェッペリン［レールのツェッペリン］号にはとうていかなわなかった。BMWのエンジンで駆動するプロペラで走るという構造で、1931年に時速230キロを記録した。

イギリス海峡トンネル鉄道

2007年

国：イギリス
タイプ：旅客・貨物輸送
全長：108キロメートル

◆社　会
◆商　業
◆政　治
◆技　術
◆軍　事

100年のあいだ待ちに待った海峡トンネル鉄道がやってきた。こんなに列車を待たされた例は、歴史のどこを捜しても見あたらない。だが営業がはじまると、それは高速鉄道旅行の新時代の幕開けを告げるものとなった。

海のお世話にはならない

世界初の旅客列車が、ウェールズの海岸沿いをよたよたと走ってから200年がたった。ここはロンドン、いかにもヴィクトリア時代の建物らしい、華麗なセントパンクラス駅。いま、流線型の列車がとまり、旅行者の群れがもくもくとはき出されてきた。彼らはいわばモルモット、ヨーロッパに向かうハイスピード1（HS1）の路線で新型の快速列車の試乗をしてきたところだった。この列車を走らせたユーロスターは、鉄道旅行を根本的に変えるものになるだろうと、自信たっぷりに宣言した。

セントパンクラス駅のゴシック風の味つけは、ロンドンの街路にむかって、洗練された美しい顔を向けるために1870年代に創られた。堂々たる正面の裏側に、さまざまの実利的な機能が隠されいる。イーストミッドランド［イギリスの中部東側］からの列車はすべてここに到着する。とりわけ、バートン・オン・トレントのビール列車が見られないことはない。なんでも、この駅を建てたレンガ屋たちは、ビールの保管倉庫の寸法をとるのに、ビールの樽を使ったという。

ビールの樽は、1873年に駅のホテル〈ミッドランドグランド〉開業のためにヴィクトリア女王が来訪したときに、見えないところにしまわれた。その1世紀ほど後に、ヴィクトリア女王の玄孫にあたるエリザベス2世が、改修されたセントパンクラスに（ニューヨークのグランドセントラルのように、セントパンクラスも危ういところで解体の難をのがれた）、ブリュッセル行きの特急列車の初運行に乗るためにやってきた。女王が乗ったハイスピード1路線はケント州のいなかをかけ抜け、「ラ・マンシュ」（フランスではイギリス海峡をこう呼ぶ）の下にもぐっていった。1時間51分の旅だった。

イギリスのサッチャー首相と、フランスのミッテラン大統領がようやく合意に達して、イギリスとフランスをつなぐトンネルが1994年に開通となったが、その実現には長い年月を要した。1875年にある人が「パリ

イギリス海峡トンネル［ル・シュネル, le Chunnel］
フランスのアレクサンドル・ラヴァレイとイギリスのエドワード・ワトキンズが、1881年にトンネルの掘削をはじめた。現在のトンネルが完成したのは1994年。

ロンドン行き
2007年、貨物列車がイギリス海峡トンネルから出てくる。ハイスピード1（HS1）は、1889年以降ではじめてロンドンに乗り入れる主要幹線であった。

のJ・M・A・ラコム博士が、海峡を渡るための潜水式の車両を提案している」と述べたが、この予言はけっきょくあたらずじまい。同じ年、カッセル社「ファミリーマガジン」誌は、「ついにわれわれは海のお世話にならずに、陸を通って大陸に行けるようになるだろう」と述べ、「トンネルが完成すれば、それがどのようなものであろうと、2組のレールがその中に敷かれるだろう」と説明した。ところが、トンネルはまたもや棚上げとなった。

> 海峡の下のトンネルは、ずっと話としてはあった。そして…もうすぐ、事実として存在するだろう。
> ——カッセル社「ファミリーマガジン」誌（1875）

1985年、トンネルがまだ机上の議論でしかなかったところ、ドイツ国有鉄道が、ICE列車の運行を開始した。ICEは「InterCity Express」、すなわち「都市間急行」の略で、あるICEの列車が1988年にスピードの世界記録を樹立しはしたが（時速409.6キロ）、その主たる目的は、ドイツおよび周辺諸国（スイス、ベルギー、オランダ、デンマークなど）およびフランスのTGV（212ページ参照）との、高速列車同士の効率よいシステムを構築することにあった。TGVや新幹線とは違って、ICEは既存の鉄道網に統合されることになっていた。それは「ヨーロッパでもっとも快適で、文明的で、すばらしい高速鉄道だ」と、〈座席61番の男〉が言った。〈座席61番の男〉というのはもと鉄道マンのマーク・スミスのことで、旅行者に「飛行機より値打ちがあって、ストレスの小さい旅の案」を提供し、地球温暖化への貢献（!?）を減らすことを目的として、ホームページを開いている。〈座席61番〉とは何だろう？　スミスは言った——ハイスピード1の最高の席のことだよ、と。

高速のリンク
ドイツのインターシティ・エクスプレス（ICE）は、中央ヨーロッパの都市のあいだを高速列車で結ぼうという目的で作られた。

イギリス海峡トンネル鉄道　217

参考文献

Ackroyd, Peter, *London Under*, Chatto & Windus, London, 2011

Allen, Geoffrey F., *Railways Past, Present and Future*, Orbis, London, 1982

Barnett, Ruth, *Person of No Nationality*, David Paul, London, 2010

Brown, David J., *Bridges: Three Thousand Years of Defying Nature*, Mitchell Beazley, London, 2005

Burton, Anthony, *The Orient Express; The History of the Orient Express from 1883 to 1950*, David & Charles, Newton Abbott, 2001

Chant, Christopher, *The World's Greatest Railways*, Hermes House, London, 2011

Dorsey, Edward, *English and American Railroads Compared*, John Wiley, New York, 1887

Faith, Nicholas, *Locomotion: The Railway Revolution*, BCA, London, 1993

Garratt, Colin, *The World Encyclopaedia of Locomotives*, Lorenz, London, 1997

Garratt, Colin, *The History of Trains*, Hamlyn, London, 1998

Hollingsworth, Brian, and Cook, Arthur, *The Great Book of Trains*, Salamander, London, 1987

Kerr, Ian J., *Engines of Change: The Railroads that made India*, Praeger, Westport CT, 2007

Latrobe, John H. B., *The Baltimore and Ohio Railroad: Personal Recollections (1868)*, reprinted in Hart, Albert B. (ed.), *American History Told by Contemporaries*, vol. 3, 1927

Loxton, Howard, *Railways*, Hamlyn, London, 1972

Lyman, Ian P., *Railway Clocks*, Mayfield, Ashbourne, 2004

Metcalfe, Charles, 'The British Sphere of Influence in South Africa', *Fortnightly Review Magazine*, March 1889

Mierzejewski, Alfred C., *Hitler's trains: The German National Railway and the Third Reich*, Tempus, Stroud, 2005

Nock, O. S., *Railways of Australia*, A. C. Black, London, 1971

Parissien, Steven, *Station to Station*, Phaidon, London, 1997

Pick, Alison, *Far To Go*, House of Anansi, Toronto, 2010

Riley, C. J., *The Encyclopaedia of Trains and Locomotives*, Metro, New York, 1995

Ross, David, *British Steam Railways*, Paragon, Bath, 2002

Ruskin, John, 'Imperial Duty, 1870', *Public lectures on Art*, 1894

Smiles, Samuel, *The Life of Thomas Telford*, Civil Engineer, 1867

Smiles, Samuel, *The Life of George Stephenson and his son Robert Stephenson*, Harper and Brothers, New York, 1868

Sahni, J. N., *Indian Railways 1853–1952*, Ministry of Railways, Government of India, New Delhi, 1953

Theroux, Paul, *The Old Patagonian Express*, Penguin Classics, London, 2008

Tolstoy, Leo, *Anna Karenina*, Penguin Classics, London, 2003

Trollope, Anthony, *The Prime Minister*, Chapman and Hall, London, 1876

Whitehouse, Patrick B., *Classic Steam*, Bison, London, 1980

Wolmar, Christian, *Fire & Steam*, Atlantic Books, London, 2007

Wolmar, Christian, *Blood, Iron & Gold*, Atlantic, London, 2009

英文ウェブサイト

America's First Steam Locomotive
www.eyewitnesstohistory.com/tomthumb.htm

Australian Railway History
www.arhsnsw.com.au

Australian transport history
www.environment.gov.au/heritage

Best Friend of Charleston Railway Museum
www.bestfriendofcharleston.org

Cape to Cairo railway
www.tothevictoriafalls.com

Cité du Train – European Railway Museum
www.citedutrain.com

Darlington Railway Preservation Society
www.drps.org.uk

Grand Central Terminal
www.grandcentralterminal.com

Great Western Railway
www.didcotrailwaycentre.org.uk

Imperial War Museum, U.K.
www.iwm.org.uk

London Underground at London Transport Museum
www.ltmuseum.co.uk

Music and Railways
www.philpacey.pwp.blueyonder.co.uk

National Railroad Museum, U.S.A.
www.nationalrrmuseum.org

National Railway Museum, U.K.
www.nrm.org.uk

Otis Elevating Railway
www.catskillarchive.com/otis

Richard Trevithick
www.trevithick society.org.uk

Samuel Smiles' Lives of George Stephenson and Thomas Telford
www.gutenberg.org

San Francisco Bay Area Rapid Transit
www.bart.gov

Swansea and Mumbles Railway
www.welshwales.co.uk/mumbles_railway_swansea.htm

Talyllyn Railway Preservation Society
www.talyllyn.co.uk

The Man in Seat Sixty One
www.seat61.com

U.S. Railway and Locomotive Historical Society
www.rlhs.org

Volk's Electric Railway
www.volkselectricrailway.co.uk

Acknowledgements:

Staff at the National Railway Museum, York, the British Library and the Imperial War Museum (IWM Sound Archive, Caroline Rennles, 566/7 reels), Tristan Petts for assistance on China's railways, Ruth Barnett for permission to quote from *Persons of No Nationality* (David Paul, London, 2010), former evacuees Pamela Double and Mavis Owen (www.herefordshirelore.org.uk), Louise Chapman, and Chelsey Fox of Fox & Howard.

索引

ア〜オ
アイヴズ、ジェイムズ 79
ICE列車 217
『逢びき』 159
アイルランド式ゲージ 38-9
アウシュヴィッツ分岐線 194-5
青列車 104
アクロイド＝ステュアート、ハーバート 184
アスピンウォール、ウィリアム 92, 93
アスプディン、ジョーゼフ 62
アーノルド(博士)、トマス 51
アメリカ南北戦争 96-7
アレン、ホレイショ 35
イギリス海峡トンネル鉄道 216-17
イーズ、ジェイムズ 178
イースタンカウンティーズ鉄道 58
ヴァルテッリーナ鉄道 144-7
ヴァンダービルト、コーニリアス 161-2
ヴァン・ホーン、ウィリアム・コーニリアス 130, 132, 135
ヴィクトリア女王 6, 40, 56, 58, 70, 128-9, 216
ヴィグノールズ、チャールズ 26, 74
ヴィラ＝ロボス、エイトル 191
ウィリアムズ、ロバート 153
ウィルソン、ジェイムズ 70
ウィントン、ニコラス 188, 189
ウェスティングハウス、ジョージ 91
ウェリントン公爵 6, 20, 27, 203
ヴェルヌ、ジュール 87
ウォーカー、ジェイムズ 45
ヴォーゲル、ジューリアス 126
ウォーターズ、マディ 192
ウォレス、ジェイムズ 39
ウォレン、ハリー 192
ウッド、ラルフ 177

ウッドヘッド・トンネルのスキャンダル 72-5
映画 80-1, 212
エイムズ、オークス 59
エヴァンズ、オリヴァー 32-3, 135
駅 158-63
エメット、ローランド 79
エリス、ヴィヴィアン：「コロネーション・スコット」 192
エルー、ポール 162
エルサレム＝ヤッファ鉄道 136-7
エンガート、ヴィルヘルム・フォン 90
オゴーマン、メルヴィン 159
オズボーン、ジェレマイア 63
オーデン、W・H 110-11
オードリー、ウィルバート 211
オネゲル、アルテュール 191
親指トム号 28, 29, 35
オランダ鉄道 198-201
オリエント急行 105
音楽 190-3

カ〜コ
絵画 77-8, 81
カヴァレロヴィチ、イェジー 81
カーステット、ジョージ 109
ガスト、ジョン：「自明の運命」 123
カナディアンパシフィック鉄道 128-35
カマグエイ＝ヌエビタス鉄道 54-5
カラム、D・C 97
ガリー、ジェイムズ 70
カリアー、ナサニエル 79
ガルヴァーニ 144-5
カルグーリー＝ポートオーガスタ鉄道 174-5
カルティエ＝ブレッソン、アンリ 77, 81
観光旅行 67-71
カンドー、カールマーン 146
カントルーブ、マリー＝ジョゼフ 191
キー・システム(サンフランシスコ) 208-9
キッチナー(卿)、ハーバート 152, 171
切符 162
キート、ジョン 62-3
ギマール、エクトル 116
キャザーウッド、フレデリック 82
キャッチ・ミー・フー・キャン号 12
キュニョ、ニコラ＝ジョゼフ 8
キンダー、クロード 155-6
グーチ、ダニエル 63-5
クック、ジョン 67-8
クック、トマス 66-8, 71
クネオ、テレンス 79
クーパー、シオドア 180-1
クーパー、ピーター 28-9
グラッドストン、ウィリアム 63, 69, 114
グランドクリミア中央鉄道 94-9
グランドジャンクション鉄道 48-51
グランドセントラル駅(ニューヨーク) 158-63
グランドトランク鉄道 127, 133-5, 180
クリミア戦争 94-5
グレスリー、ナイジェル 215
グレートインド半島鉄道 84-9
グレートウェスタン鉄道 6, 60-5, 110, 160
グレンフェル、メアリー 16
クロッカー、チャールズ 124
京張鉄道 154-7
ゲーガ、カール・フォン 90
ケネディ、ジョン 24
ケープ＝カイロ鉄道 148-53
ゲーリング、ヘルマン 44, 187
ゲルストナー、フランツ・アントン・フォン 52-3
現物給与制度 75
ケンブル、ファニー 6, 19, 25
高速鉄道 137, 154-5, 202-3,

212-15, 217
ゴードン、マーク　192
ゴードン(将軍)、チャールズ　152
コラ、ベルナール　137
コールマン、ヴィンス　170
コールマン、ジェレマイア　140

サ～ソ

サウスカロライナ運河・鉄道会社　32-5
酒や食品の輸送　138-43
サザーランド、グレイアム　79
サザン鉄道　190-3
サドラー、ジョン　59
サンダーズ、ジョーゼフ　24
ジェイムズ、ウィリアム　22, 24, 25, 26
シェフィールド、アシュトンアンダーリン、およびマンチェスター鉄道　72-5
シカゴ＝セントルイス鉄道　100-5
児童疎開(第2次世界大戦の)　186-9
シドニーシティ鉄道　176-81
シベリア鉄道　164-7, 174
ジーメンス、ヴェルナー・フォン　145, 147
ジャーヴィス、ジョン・B　31
シャーラー、ヨハネス　43-4
シャール、アウグスト　207
ジュダ、シオドア　124
シュトラウス2世、ヨハン　191
シュネル、パウル　195
ジュリアン、アドルフ　77
シュリーフェン作戦　169
蒸気機関　10
ジョージタウン＝プレザンス鉄道　82-3
ジョーンズ、ケイシー　190, 191
ジルアール、エドゥアルド　152
シールズ、フランシス　38
新幹線　202-3
シンクレア、アプトン　127
スウィフト、ガスティヴァス・フランクリン　127

スウォンジー＝マンブルズ鉄道　14-17
スコット、ウォルター　215
スタンフォード、リーランド　119, 120, 124, 125
スティーヴン、ジョージ　130, 132, 135
スティーヴンズ、ジョン　93
スティーヴンズ、ジョン・ロイド　82
スティーヴンソン、ジョージ　13, 19-20, 24-6, 27, 35, 41, 44, 50, 57
スティーヴンソン、ロバート　24, 25, 49, 50, 61, 85, 146, 152, 179-80
スティーヴンソンのゲージ　37-9, 64
スティールズ、トマス　201
ストークス、ウィリアム・B　28, 29
ストックトン、リチャード　28, 29
ストックトン＝ダーリントン鉄道　18-21, 67, 178
ストライキ　198-201
ストローブリッジ、ジェイムズ　124
スペンス、エリザベス・イザベラ　15, 17
スマイルズ、サミュエル　7, 19, 24, 25, 27, 51, 58, 177
スミス、ドナルド　130, 132
スミス、フランシス　208
スミス、マーク　217
セアー、ジョン　134
ゼメリング鉄道　90-1
詹天佑　154, 155-6
セントラルパシフィック鉄道　118-25
セントレジャー　68
疎開児童の輸送　188-9
ソメイエ、ジェルマン　91
ゾラ、エミール：『獣人』　76-7, 81
孫文　156-7

タ～ト

第1次世界大戦(連合国軍の補給線)　168-73
タイラー(大佐)、ヘンリー　211
ダヴェンポート、トマス　144
ダーガン、ウィリアム　36-7
ターナー、J・M・W：「雨、蒸気、そして疾走」　64, 65
ダービー、エイブラハム　10, 18
タフ渓谷鉄道　201
ダブリン＝キングズタウン鉄道　36-9
タリスリン鉄道　210-11
ダルフージー(卿)　84-5
ダレル、ニコラス・W　35
ターンブル、ジョージ　86
地下鉄　112-17
チャドウィック、エドウィン　73, 75, 113
中国人労働者　92, 124, 131
ツァールスコエセロー鉄道　52-3
デイヴィス、ウィリアム・A　108
デイヴィッドソン、ロバート　144
ディケンズ、チャールズ　50, 70, 76, 160, 213
ディーゼル　157, 182-5
ディーゼル(博士)、ルドルフ　184-5
テイラー、チャールズ　40
デグノン、ジョン　35
テー・ジェー・ヴェー(TGV)　212-14, 215, 217
鉄道信号　27
デッブズ、ユージン　200
デニス、ポール・カミュユ　43-4
デ＝ミル、セシル・B　80
デュラント、トマス　119, 120
テューリン、ヴィクトル　111
テルフォード、トマス　36, 37, 179
ドイツ国有鉄道　194-5
ドイル、アーサー・コナン　76, 99
トウェイン、マーク　68, 102-3, 106, 110, 178
東海道新幹線　202-3

唐景星　155
ドゥコヴィル、ポール　169
時計　160
トマス、エドワード　168，173
トマス、ディラン　14，17
トマス、フィリップ・E　29-30
トマス高架橋　31
ドーミエ、オノレ：「3等車」　78
トルストイ、レフ：『アンナ・カレーニナ』　77
トレヴィシック、フランシス　13
トレヴィシック、リチャード　8，10-3，32，33
トレッドウェル、ソロモンとアリス　86
トロツキー、レフ　164
トロロープ、アントニー　160

ナ〜ノ

ナゲルマケールス、ジョルジュ　103-5
ナッシュ、ポール　79
ニコライ1世（皇帝）　52-3
ニコライ2世（皇帝）　165
錦織良成　81
ニューコメン、トマス　10
ニュルンベルク＝フュルト鉄道　42-5
ネイヴォン、ジョーゼフ　137
ネズビット、イーディス　186
ノリス、ウィリアム　31

ハ〜ホ

パイオニア・ゼファー号　182-3，184
ハイランド鉄道　138-43
バウアー、ゲオルク　9
バウチ、トマス　181
ハウプト、ハーマン　97
パガーノ、ジュゼッペ　147
バーキンショー、ジョン　20
バークリー、ジェイムズ　85-6，87
橋　176-81
バーダー、ヨセノ・フォン　43

ハックワース、ティモシー　13
ハッサル、ジョン　79-80
ハーディ、トマス　159
ハドソン、ジョージ　56-9
パードン、ウェリントン　73
パナマ鉄道　92-3
ハニバル＝セントジョーゼフ鉄道　106-11，178
パーマー、ヘンリー　207
ハーメル、ベント　81
パリ＝リヨン鉄道　212-15
パリ＝ル・アーヴル鉄道　76-81
パリ＝ルペック鉄道　46-7
ハンティントン、コリス　124
ハンフォード、ピーター　190-1
ピアソン、チャールズ　113
ビアダ、ミケル　54，55
ビアンヴニュ、フルジャンス　115
ピーズ、エドワード　18-19，67
ピーズ、ジョーゼフ　18，21
ビーチ、アルフレッド　114
ピック、フランク　79
ピートウ、サミュエル　83，95，99
ヒムラー、ハインリヒ　194，195
ヒューズ、ヘンリー　16
ヒューズ（大佐）、ジョージ　93
ヒル、ジェイムズ・J　130-1
ビルマ＝シャム鉄道　89，196-7
ファベルジェ、ペーター　165
フィンリー、ジェイムズ　177
フェル、ジョン・バラクロウ　91
フォード、ジョン　80-1
フォルク、マグナス　145，147
フガス（C・K・バード）　79
ブース、ヘンリー　23，24
フライング・スコッツマン号　163
フライング・ダッチマン号　63
ブラウン、サミュエル　178
ブラウン、ジョージ　29-30
ブラケット、クリストファー　12
ブラッグ、ウィリアム　83
ブラッシー、トマス　46，65，95
ブラッドフィールド、ジョン　179
プラトナー、ジョージ　43-4

プラネット号　27
プラハ＝リヴァプールストリート駅（ロンドン）　186-9
ブーラン、ビリー　193
フランス・プロイセン戦争　98
ブランソン、リチャード　163
フリーゲンダー・ハンブルガー号　184，185
フリス、ウィリアム：「鉄道の駅」　78-9
フリーマン、ラルフ　179
ブリュッセル＝メヘレン鉄道　40-1
ブルネル、イザムバード・キングダム　60-5，179，180
プルマン、ジョージ　8，100-4，105，200
ブレイド、W・C　41
ブレナン、ルイス　207
フレミング、サンフォード　131，132
ブロッグデン、ジェイムズ　91
文学　76-7，87
ベイエリア高速輸送網（バート）　204-9
ベイク、ウィリアム　41
ヘイズ、チャールズ・メルヴィル　134
ベイラ線　152
ペイン、トマス　177
ベック、ハリー　115
ベッツ、エドワード　95，99
ヘッド、フランシス　160
ベーデン＝パウエル、ロバート　98-9
ヘドリー、ウィリアム　13
ヘルツル、テーオドール　137
ベルリン＝ハンブルク鉄道　182-5
ペレール、エミール　47
ペロネ、ジャン＝ロドルフ　176
ペロン、ホアン　83
ペンシルヴァニア鉄道　174，192，199-200
ボーア戦争　98-9
ホイットニー、エイサ　121-2

ホークショウ、ジョン　45
ポーター、エドウィン　80
ポートチャーマーズ鉄道　126-7
ポニー・エクスプレス　107-8
ホプキンズ、マーク　124
ホムフレイ、サミュエル　11
ボーモント、ハンティンドン　9
ポーリング、ジョージ　150-3
ボルティモア＝オハイオ鉄道　28-31, 146
ボールトン、マシュー　8, 10
ホワイト、フレッド　167

マ〜モ

マクドナルド、ジョン　59, 129-30, 131, 133, 135
マグレヴ　206
マーケットガーデン作戦　199, 200
マーサーティドフィル鉄道　8-13
マシューズ、エドワード　141
マッケンジー、ウィリアム　46, 133
マードック、ウィリアム　8, 10
マヌル、ヴァルター　195
マラード号　215
マン、ウィリアム・ドールトン　103
マン、ドナルド　133
南満州鉄道　203
ミヒャエリス、ルートヒェン　188-9
ミラー、エズラ・L　35
ミラー、グレン　193
ミル、ジョン・ステュアート　73, 75
ミルク列車　140-1
ムッソリーニ、ベニート　147
ムーロン、アドルフ　79
メトカーフ、チャールズ　150
メトロポリタン鉄道　112-17
メルニコフ、パーヴェル・ペトロヴィチ　52, 53
メンツェル、イジー　81
モニエ、ジョゼフ　181
モネ、クロード　77-8, 80

モノレール　207-8
モルトケ（陸軍元帥）、ヘルムート・フォン　168-9
モンテフィオーレ、モーゼス　136

ヤ〜ヨ

郵便サービス　27, 106-11
ユニオンパシフィック鉄道　123, 124, 125, 182
ヨーク＝ノースミッドランド鉄道　56-9

ラ〜ロ

ライヒ、スティーヴ　193
ライプツィヒ＝ドレスデン線　45
ラコム（博士）、J・M・A　217
ラスキン、ジョン　71, 148
ラストリック、ジョン　22
ラッセル、ウィリアム・H　107
ラ・トロキタ　83
ラトローブ2世、ベンジャミン・ヘンリー　31
ラファイエット号　31
ラムジー、ジョン　109
ラルティーグ、シャルル　39
ランカイン、ウィリアム　47
リヴァプール＝マンチェスター鉄道　22-7, 108, 214
リーチ、ジョン　70
流線型　112, 184
リュミエール、オーギュストとルイ　212-13
リンカーン、エイブラハム　97, 100, 101, 122, 178
リンカーン、ロバート・トッド　101-2
リーン、デイヴィッド　159, 196
ルグラン、ルイ　47
ルシタニア号　173
ルーデンドルフ、エーリヒ　169, 172
ルートヴィヒ1世（バイエルン王）　42-3
レイ、マン　79
レイダーマン、ハリー　192

レインヒルでの速度試験　26, 35, 214
レオポルド1世（ベルギー王）　40
レオポルド2世（ベルギー王）　104
レカウント、ピーター　50
レスター＝ラフバラ鉄道　66-71
レ・ストレンジ、ヘンリー　70
レセップス、フェルディナン・ド　93, 137
レニー、ジョージ　26
レニー、ジョン　26, 179
レニーズ、キャロライン　172
レーニン、ヴラジーミル　164, 165, 167
連合軍の鉄道補給線（第1次世界大戦）　168-73
ロイドジョージ、デイヴィッド　171-2
ロケット号　27, 214
ロジャーズ（少佐）、A・B　131
ローズ、セシル　148-50, 151, 152, 153
ロスコー、ウィリアム　25
ロスマン、ベニー　71
ロック、ジョーゼフ　46, 50, 74, 179, 180
ロッシーニ、ジョアキーノ　191
ロビンソン、W・ヒース　79
ローブリング、ジョン　178
路面電車　15, 16, 145, 179, 208, 209
ロンドン＝グリニッジ線　49
ロンドン＝バーミンガム鉄道　48-51

ワ

ワゴンリー　68, 103-5
ワット、ジェイムズ　8, 10, 48
ワット、ジェイムズ（息子）　48

図版出典

1, 13 Left & Right, 37 Top, 47, 50 Top, 53, 57 Bottom, 65, 67, 95 Bottom, 106, 107, 113 Bottom, 115, 116, 125 Bottom, 127, 148, 151 Top, 157 Bottom, 180, 183, 191, 207, 215 ⓒ Creative Commons

3 ⓒ William Miller | Creative Commons

4, 11 Left ⓒ William Felton | Creative Commons

5, 39 ⓒ Dublin Penny Journal | Creative Commons

6 Top, 61 Bottom ⓒ Henry Evers | Creative Commons

6 Bottom ⓒ British Library | Robana | Getty Images

7 Top ⓒ Kunisada Utagawa | Library of Congress

7 Bottom ⓒ Dorling Kindersley | Getty Images

9, 37 ⓒ Project Gutenberg | Creative Commons

10 ⓒ Robert H. Thurston | Creative Commons

11 Right ⓒ John Linnell | Creative Commons

12 ⓒ SSPL | NRM | Pictorial Collection | Getty Images

15 ⓒ Mumbles Railway Society | Creative Commons

16 ⓒ Graces Guide | Creative Commons

17 Top ⓒ Ian Boyle | Creative Commons

17 Bottom ⓒ Woolfie Hills | Creative Commons

19 ⓒ Phil Sangwell | Creative Commons

20, 38, 70, 71, 141, 177 Bottom, 184 ⓒ SSPL | Getty Images

21 Top ⓒ Look and Learn | The Bridgeman Art Library

21 Bottom ⓒ iStock

23, 24, 25 ⓒ T. T. Bury | Creative Commons

27, 33 ⓒ The Mechanic magazine | Creative Commons

28 ⓒ Underwood & Underwood | Corbis

30 ⓒ Charles Martin | Getty Images

31, 69, 91, 93, 95 Top, 100, 111, 119, 123, 137, 152, 161 Top & Bottom, 162 ⓒ Library of Congress | Creative Commons

32, 34 ⓒ Popular Science Monthly | Creative Commons

37 Bottom ⓒ Tipiac | Creative Commons

41 ⓒ Ken Welsh | The Bridgeman Art Library

43 ⓒ Timeline Images

44 ⓒ Ralf Roletschek | Creative Commons

49 ⓒ Oosoom | Creative Commons

50 Bottom, 51 ⓒ Thomas Roscoe | Creative Commons

55 ⓒ CCI Archives | Science Photo Library

57 Top, 109 ⓒ Hulton Archive | Getty Images

59 Top ⓒ Robert Brown Stock | Shutterstock.com

59 ⓒ California Digital Library | Creative Commons

61 Top ⓒ Robert Howlett | Creative Commons

62 ⓒ Mary Evans Picture Library

63 ⓒ J. R. Howden | Creative Commons

64 ⓒ Rod Allday | Creative Commons

68 ⓒ Birmingham Museums and Art Gallery | The Bridgeman Art Library

73, 75 ⓒ Tameside Image Archive

74 ⓒ SSPL | Science Museum | Getty Images

76 ⓒ La Vie populaire | Creative Commons

78 ⓒ Honoré Daumier | Creative Commons

79 ⓒ William Powell Frith | Creative Commons

80 ⓒ Claude Monet | Creative Commons

81 ⓒ Coll. Lebourgeois | Creative Commons

83 ⓒ Gustavo Perretto | Creative Commons

85 Top ⓒ William Lee-Warner | Creative Commons

85 Bottom ⓒ Dip Chand | Creative Commons

86 ⓒ Fowler & Fowler | Creative Commons

87 ⓒ English School | Getty Images

88 ⓒ Alinari | Getty Images

96 ⓒ Mary Evans | Interfoto | Sammlung Rauch

97, 145, 172, 200 ⓒ The U.S. National Archives | Creative Commons

98 ⓒ De Agostini | Getty Images

99 ⓒ D. Barnett | Getty Images

101 ⓒ William S. Warren | Creative Commons

102 ⓒ Strobridge & Co. Lith | Creative Commons

103 ⓒ Peter Newark American Pictures | The Bridgeman Art Library

104 Top ⓒ Nadar | Creative Commons

104 Bottom, 134 ⓒ Universal Images Group | Getty Images

105 ⓒ Peter Bull | Getty Images

108 ⓒ John Oxley Library | State Library of Queensland

110 ⓒ Buyenlarge | Getty Images

113 Top ⓒ Illustrated London News | Creative Commons

114 ⓒ Pat Nicolle | Look and Learn

117 ⓒ Rosseels | Dreamstime.com

120 ⓒ John B. Silvis | Creative Commons

121 Bottom ⓒ J. Paul Getty Trust | Creative Commons

122 ⓒ Utah State History Archive

124 First & Third from Right ⓒ Crocker Art Museum | Creative Commons

124 Second from Right ⓒ UC Berkeley, Bancroft Library | Creative Commons

124 Fourth from Right ⓒ Stanford Family Collections | Creative Commons

125 Top ⓒ Thomas Hill | Creative Commons

129, 130, 131, 132, 133 ⓒ Library and Archives Canada

135 ⓒ Western Development Museum

139 ⓒ Klaus | Creative Commons

140 ⓒ National Archives, London | Mary Evans Picture Library

142 Top ⓒ Gregory | Creative Commons

142 Bottom ⓒ Boston Public Library

143 ⓒ Ben Brooksbank | Creative Commons

146 Top ⓒ J. G. Howes | Creative Commons

146 Bottom ⓒ David Gubler | Creative Commons

147, 208 ⓒ Neil Clifton | Creative Commons

150 ⓒ Ericsch | Dreamstime.com

151 Bottom ⓒ Leslie Ward | Vanity Fair | University of Virginia Fine Arts Library

153 Top & Bottom ⓒ digitalhistoryproject.com

154 ⓒ Xinhua | Xinhua Press | Corbis

156 ⓒ C.W. Kinder | Creative Commons

157 Top ⓒ Jan Reurink

159 ⓒ William J. Wilgus | Creative Commons

160 ⓒ Kazmat | Shutterstock.com

163 Top & Bottom ⓒ Cecil J. Allen | Creative Commons

165 Top ⓒ James G. Howes | Creative Commons

165 Bottom ⓒ Greenacre8 | Creative Commons

166 ⓒ Tyne & Wear Archives and Museums

167 ⓒ Sergey Ryzhov | Shutterstock.com

168, 170 ⓒ Henry Guttmann | Getty Images

171 ⓒ Buyenlarge | Getty Images

173 ⓒ Ironie | Creative Commons

175 ⓒ Amanda Slater | Creative Commons

177 Top ⓒ Roantrum | Creative Commons

178 ⓒ McCord Museum | Creative Commons

179 Top ⓒ University of Sydney Library | Creative Commons

179 Bottom, 181 ⓒ State Records NSW | Creative Commons

185 Top ⓒ Georg Pahl | Das Bundesarchiv

185 Bottom ⓒ Mike Robbins | Creative Commons

187 ⓒ Press Association Images

188 ⓒ Luděk Kovář | Creative Commons

189 ⓒ S. P. Smiler | Creative Commons

192 Top ⓒ Derek Berwin | Stringer | Getty Images

192 Bottom ⓒ Chris Hellyar | Shutterstock.com

193 ⓒ Gary Morris

194 ⓒ MaximilienM | Creative Commons

197 ⓒ Niels Mickers | Creative Commons

199 ⓒ M. B. Leiser | Creative Commons

201 ⓒ Spaarnestad Photo | Creative Commons

203 ⓒ Mrallen | Dreamstime.com

205 ⓒ Time & Life Pictures | Getty Images

206 ⓒ Alex Needham | Creative Commons

209 Top ⓒ Nasa

209 Bottom ⓒ Jacklouis | Dreamstime.com

211 ⓒ Epics | Getty Images

213 ⓒ Gamma-Keystone | Getty Images

214 ⓒ Armel Brucelle | Sygma | Corbis

217 Top ⓒ Pascal Rossignol | Reuters | Corbis

217 Bottom ⓒ Lucas Dolega | epa | Corbis

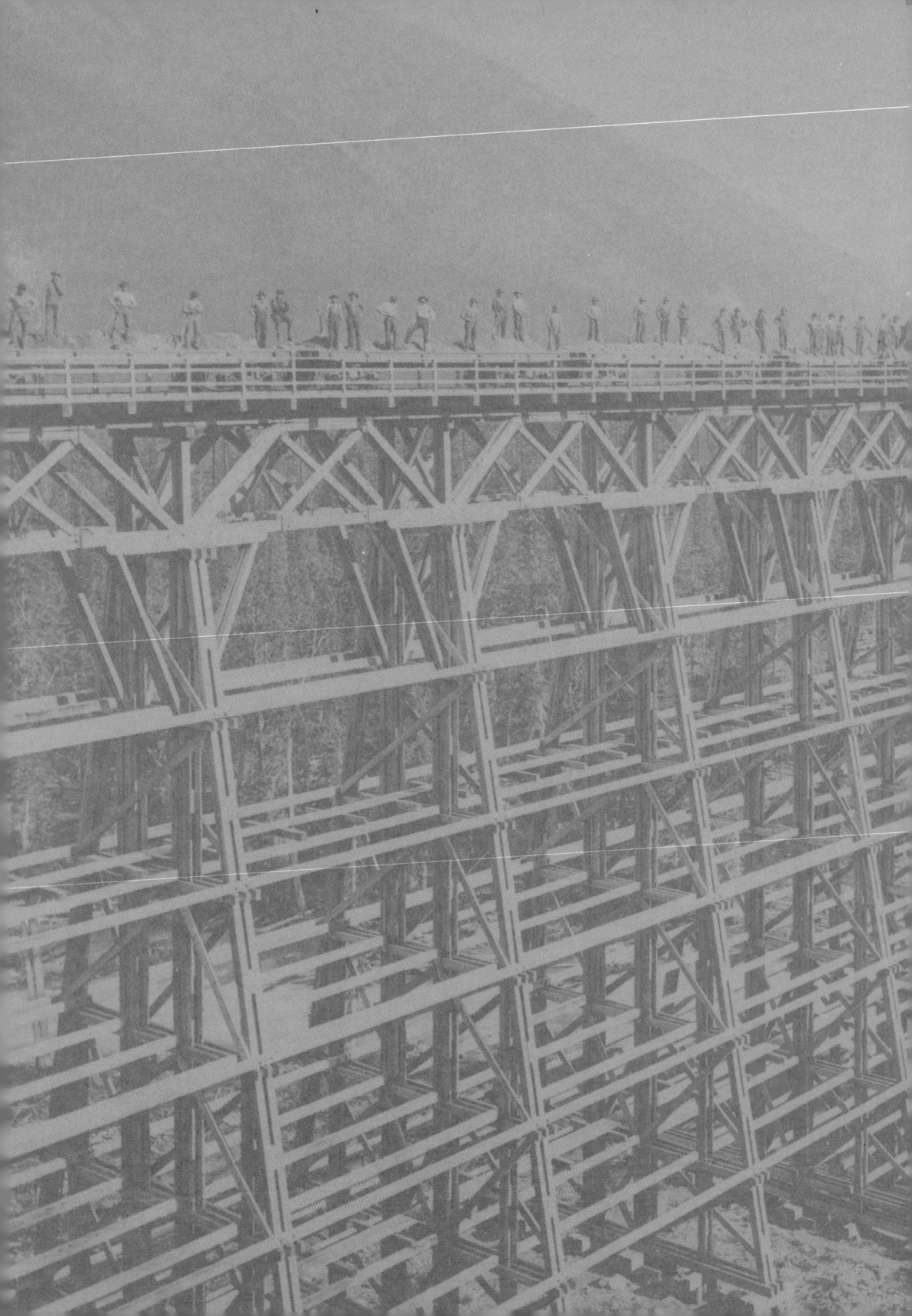